本书为浙江工业大学人文社科后期资助项目（SKY-ZX-20210153）成果

社会治理与刑事司法合作模式研究

王廷婷 / 著

SHEHUI ZHILI YU XINGSHI SIFA HEZUO MOSHI YANJIU

· 杭州 ·

图书在版编目（CIP）数据

社会治理与刑事司法合作模式研究 / 王廷婷著. —
杭州：浙江大学出版社，2022.7
ISBN 978-7-308-22288-4

Ⅰ.①社… Ⅱ.①王… Ⅲ.①社会管理—关系—刑事诉讼—司法制度—研究—中国 Ⅳ.①D63 ②D925.210.4

中国版本图书馆 CIP 数据核字(2022)第 016658 号

社会治理与刑事司法合作模式研究
王廷婷 著

责任编辑 蔡圆圆
责任校对 许艺涛
封面设计 春天书装
出版发行 浙江大学出版社
(杭州市天目山路 148 号 邮政编码 310007)
(网址：http://www.zjupress.com)
排 版 杭州青翊图文设计有限公司
印 刷 杭州良诸印刷有限公司
开 本 710mm×1000mm 1/16
印 张 15.5
字 数 295 千
版 印 次 2022 年 7 月第 1 版 2022 年 7 月第 1 次印刷
书 号 ISBN 978-7-308-22288-4
定 价 68.00 元

浙江大学出版社市场运营中心联系方式：0571-88925591；http://zjdxcbs.tmall.com

目　录

绪　论 …………………………………………………………………… 1

第一节　研究缘起 ……………………………………………………… 1
第二节　相关概念和理论 ……………………………………………… 6
第三节　研究内容、方法与创新 …………………………………… 18

上　篇

第一章　国家、社会与个人:一个分析框架 ……………………… 27

第一节　“国家与社会”范式的反思与借鉴 ………………………… 27
第二节　刑事司法中的国家、社会与个人 ………………………… 30
第三节　刑事司法中国家、社会与个人的关系 …………………… 50

第二章　社会治理模式变迁与刑事司法的历史之维 …………… 61

第一节　社会控制模式下的刑事司法(1949—1978) ……………… 62
第二节　社会管制模式下的刑事司法(1979—1995) ……………… 76
第三节　社会管理模式下的刑事司法(1996—2011) ……………… 93
第四节　社会治理与刑事司法的变迁规律 ……………………… 107

中　篇

第三章　创新社会治理的制度内涵 ……………………………… 115

第一节　创新社会治理的形成与发展 …………………………… 115

第二节　创新社会治理的地位与目标 …… 119
第三节　创新社会治理的主体与机制 …… 121

第四章　创新社会治理与刑事司法 …… 129

第一节　刑事司法在创新社会治理中的地位 …… 129
第二节　刑事司法在创新社会治理中的功能 …… 133

第五章　刑事司法模式创新:合作模式的引入 …… 144

第一节　新时代刑事司法的现实困境 …… 144
第二节　刑事司法合作模式的必要性与可行性 …… 151
第三节　刑事司法合作模式的基本内涵 …… 161

下　篇

第六章　基于被追诉人处分权的协商式合作 …… 175

第一节　刑事诉讼中协商式合作的价值 …… 175
第二节　国家与被追诉人之间的合作 …… 180
第三节　被追诉人与被害人的合作 …… 184

第七章　基于司法民主的参与式合作 …… 188

第一节　公民参与刑事司法的价值 …… 188
第二节　刑事诉讼中的公民参与 …… 189
第三节　公民参与刑事司法的地方经验 …… 195

第八章　基于社会协同的共治式合作 …… 198

第一节　社会力量参与社区矫正制度 …… 198
第二节　社会力量参与法律援助制度 …… 204
第三节　社会力量参与刑事司法的域外经验 …… 228

参考文献 …… 232

绪　论

第一节　研究缘起

刑事司法制度是一项重要的国家制度，在国家治理和社会发展过程中扮演着重要的角色，体系完备、运作高效的刑事司法制度是维护社会公共安全，实现社会稳定发展的基本保障。完善和发展中国特色社会主义制度，推进国家治理体系和治理能力现代化成为当今全面深化改革的总目标。在此蓝图之下，重新检视我国的刑事司法制度，对其制度体系和治理能力进行评估与反思、改进与完善，是推进国家治理体系和治理能力现代化的题中应有之义。

一、国家治理体系中的刑事司法

国家治理体系是在党领导下管理国家的制度体系，包括政治、经济、文化、社会、生态文明和党的建设等各个领域的体制、机制和法律法规安排，是一整套紧密相连、相互协调的国家制度。历史地看，在国家和社会的不同发展阶段，国家治理有不同的国情制约和使命目标，因此国家治理体系的构成及其相互关系也不同，具体到每一项制度设计的地位、价值、功能、作用在国家治理的不同阶段也被赋予不同的含义，刑事司法亦如是。新中国成立初期，刑事司法是镇压反革命，惩治危害人民利益的犯罪分子，巩固人民民主专政[①]，维护

① 孙谦主编《人民检察制度的历史变迁》，中国检察出版社，2009，第 174 页。

社会秩序的重要工具[①]。在“反右整风”“大跃进”“反右倾”“文化大革命”等一系列政治运动中，刑事司法一度丧失了独立的品格，违背了基本的司法规律。改革开放以来，我国刑事司法制度逐步走向正规，并在法治建设方面取得了巨大的进步，罪刑法定、司法人权保障、程序正义等一系列现代司法理念得以确立，程序法治建设取得了显著的成绩，1996 年、2012 年、2018 年三次《刑事诉讼法》的修改，铭刻了刑事司法制度现代化的进程。

制度的变迁一方面源于人们对制度规律认识的深化，另一方面来自现实危机的倒逼机制。[②] 我们国家经历了从计划经济向市场经济的转变，制度转型、社会变迁带来制度短缺、犯罪高发等一系列问题，刑事司法制度通过不断改革来应对不断变化的犯罪态势。进入 21 世纪以来，刑事司法改革风起云涌，如刑事和解、被害人补偿、社区矫正、死刑的司法控制等。这些改革措施有些是应对现实危机的制度创新，有些是针对刑事司法制度的顶层设计，目标是完成刑事司法体制的现代化改造。从改革的效果来看，刑事司法制度本身日趋完善，然而刑事司法体系的治理能力和治理效能并不理想：首先，刑事司法体系本身的运作效率问题，难以应对持续增长的刑事案件，案件得不到迅速审判，对当事人来说是一种不正义，同时也伤害了普通民众的法律信仰；其次，重大冤假错案的曝光，使刑事司法的公正性受到了来自社会层面的质疑；最后，犯罪率和再犯罪率的不断攀升，不得不使人们质疑刑事司法制度对犯罪问题的治理能力。2013 年，党的十八届三中全会开启了新一轮的司法改革。在此次改革的大潮中，刑事司法制度如何重新定位改革目标，寻找新的改革突破点，提高治理能力和治理效能，重塑刑事司法的公信力是我们需要认真思考的问题。

党的十八届三中全会通过的《中共中央关于全面深化改革若干重大问题的决定》将“完善和发展中国特色社会主义制度，推进国家治理体系和治理能力现代化”作为全面深化改革的总目标，同时提出“创新社会治理体制”“提高社会治理水平”。从“社会管理”到“社会治理”，一字之差，体现了党执政理念的转变，表明了党对社会发展规律认识的进一步深化，标志着在国家治理体系和治理能力现代化的背景下，我国社会建设进入了“社会治理”的新阶段。

党的十九届四中全会提出“坚持和完善中国特色社会主义制度、推进国家治理体系和治理能力现代化”，这意味着经过六年的不懈努力，“推进国家治理体系和治理能力现代化”这一深化改革的总目标取得了重大进展，各领

---

① 董必武：《董必武政治法律文集》，法律出版社，1986，第 99 页。

② 吴忠民：《社会矛盾倒逼改革发展的机制分析》，《中国社会科学》2015 年第 5 期。

域基础性制度基本形成，并在社会主义现代化建设中彰显出巨大的优势，进一步回答了未来中国的发展要“坚持和巩固什么、完善和发展什么”这个重大政治问题。

社会治理不仅是一个过程，更是一种目标追求，体现着人们对于社会公平、正义、自由、秩序、法治、安全、和谐等多元价值的追求，体现着人们追求幸福生活、实现中国梦的美好愿望。社会治理是一个宏大的课题，简单来说，社会治理的对象是社会生活的方方面面，社会治理与社会控制、社会管制、社会管理最重要的区别在于主体的多元性和保障公众参与公共事务的权利。从以往的经验来看，国家和政府是社会控制、管理的主体，创新社会治理强调在党的领导下，由政府组织负责，吸纳社会组织等多方治理主体，鼓励公民积极参与，通过法律、道德、文化、科技等多种方式，对社会公共事务进行治理，提倡社会自治。社会治理的最终目标是实现一个和谐、平安、信用、法治、健康、幸福的社会。犯罪作为一种社会问题，是社会治理的重要内容，良好的犯罪治理是实现社会治理的基本保障。社会治理的理念为我们重新审视刑事司法制度提供了新的视角，同时也对新时期刑事司法的治理能力提出了新的要求：在整个社会治理体系中，刑事司法扮演着什么样的角色，起到什么样的功能和作用？在社会治理的背景下，刑事司法制度应当如何调整国家、社会和个人的关系，如何回应民众对刑事司法体系的期待？社会治理的过程性、主体多元性、协商性和互动性等理念对刑事司法实现良法善治、提升治理能力和治理效能又有什么样的启示？

二、社会变迁与刑事司法

对上述问题的思考，是笔者写作本书的最初动力。随着思考的深入，我们发现社会治理理念的提出并不是无源之水、无本之木，是党的十八大提出的“加强和创新社会管理”理念的延续和提升，体现了传统的社会控制到现代社会治理的转变，是党对国家和社会关系认识的进一步深化。“国家与社会”的关系是一种经典的政治学研究范式，“随着经济改革的推进和社会问题的凸显，国家与社会关系研究越来越受到学术界的重视。新范式的倡导者不再‘盯住上层’，而是‘眼睛向下’，关注国家之外的社会领域”[①]。在新中国成立以来70多年的发展进程中，我们能够不断看到“国家与社会”在制度变迁过程中的互动。在法学领域，尤其是部门法领域，较少尝试从国家、社会、个人关

① 康晓光、韩恒：《分类控制：当前中国大陆国家与社会关系研究》，《社会学研究》2005年第6期。

系的角度去考量制度的变迁。刑事司法制度虽然是纯粹的法律制度，却带有浓厚的政治性、社会性，对于国家、社会和个人关系的关注，对于深刻理解刑事司法制度的地位、价值、作用、运作模式有着至关重要的作用。

新中国成立以来，中国经历了一系列的发展过程，作为与国家、政府相对应的社会，目前正在逐渐发育。在改革开放前的30年(1949—1979)，国家和社会高度统一，所有的社会组织都依附于党和政府，社会治理的重要方式是通过加强行政控制来确保这些组织按照正常的秩序运行，从而实现稳定的社会秩序。因此在这一阶段，国家与社会的关系可以概括为国社一体，国家对社会的治理方式为社会控制。在这一阶段，刑事司法制度的目的单一地体现了政治属性，刑事司法制度及政法机关的主要功能是人民民主专政的重要工具和维护政权的国家机器。在此目的导向下，刑事司法制度的结构和运作模式上体现出超强的犯罪控制的国家主义色彩。这种社会控制的治理模式一直延续到改革开放后数十年。

改革开放以后，实现了计划经济向市场经济的转型，经济体制改革不断深入，市场活力得以释放，市场与代表国家的政府逐渐分离。伴随着市场的发育，社会作为与国家相对应的概念从无到有、从弱小到成长。中国社会正在经历着国家、市场、社会三元结构的分化。社会结构复杂化，利益诉求多样化，社会矛盾突出化，社会的稳定和发展考验着国家对社会的治理能力。由于制度惯性和路径依赖①的存在，在改革开放以后相当长的时间内，国家与社会的关系仍然延续着“控制”的模式，但是政府作为国家的代表力量，认识到单纯的控制已经难以奏效，面对复杂的社会现实，实行全面的控制不仅在技术上难以实现，从经济上来看也缺乏效率。20世纪90年代后期，国家通过法律和行政的力量，实现对社会的管理，逐渐重视法治的作用和对人权的保障。这一时期，刑事司法的目的有了法治面向，在法治框架内突出了打击犯罪和保障人权的双重价值追求，其表现就是1996年《刑事诉讼法》的第一次修改，包括辩护制度、强制措施、审判程序、简易程序等各项制度改革，都体现了刑事司法治理过程中程序法治和人权保障价值目标的确立。

进入21世纪以后，社会组织在中国快速发展，登记在册的社会组织数量

---

① 路径依赖(Path-Dependence)，最早由经济学家诺斯在《经济史中的结构与变迁》一书中提出，是指人类社会中的技术演进或制度变迁均有类似于物理学中的惯性，即一旦进入某一路径(无论其是好还是坏)就可能对这种路径产生依赖。参见 North, D. *Structure and Change in Economic History* (New York: W. W. Norton&Co, 1983)。

由1999年的14万个增长到2020年底的89.4万个。[①] 社会组织不仅在数量上有了大幅度增长，并且出现了显著的结构优化趋势。这些社会组织活跃在社会生活的各个领域，在环境保护、困难群体教育、艾滋病防治、残障服务、养老服务、社区服务、灾害救助等公益服务领域发挥了巨大的作用，成为社会管理的重要力量。与此同时，一场围绕国家治理体系和治理能力现代化的伟大工程正在开启。社会治理是国家治理体系的重要组成部分，国家对社会从管理转变为治理，这既是社会对国家和政府的必然诉求，也是国家与社会的合作，实现社会更好更快发展的必由之路。创新社会治理的新理念新思想，必然会对刑事司法的理念以及运行带来影响，刑事司法制度体系必然要回应创新社会治理的需求。刑事司法所追求的价值目标，必然要回应社会发展的需求。2012年《刑事诉讼法》第二次修改，不仅进一步加强了对人权的保障，还增加了刑事和解程序、未成年人案件诉讼程序等特别程序，丰富了刑事司法制度体系，体现了对现实社会问题的关注。2013年党的十八届三中全会后，经过全面深化改革的推进，我们取得了哪些经验，蕴含在这些经验中有哪些制度优势需要我们提炼和概括，这既是重要的理论任务，也是刑事司法制度通过自身的完善来回应社会发展的实践需求。2018年《刑事诉讼法》第三次修改，此次修法一方面配合国家监察体制改革，与监察法相协调，形成了反腐的法律制度合力。另外，增加了缺席审判程序，与违法所得没收程序一起，构成了在犯罪嫌疑人、被告人缺席的情况下，对人和物进行追究的完整的责任体系。刑事诉讼与监察制度的衔接，进一步回应了社会民众对于反腐败问题的热切关注，对提高党和政府的公信力，稳定社会心态，营造风清气正的社会环境起到了重要的助推作用。作为近年司法改革试点的成果，速裁程序和认罪认罚从宽制度被写入刑事诉讼法，这种建立在被追诉人主动认罪基础上的程序设计，更多地尊重了被追诉人的权利处分意愿，减少了刑事追诉的对抗性，增加了刑事司法的合作因素，提升了刑事司法系统的效率。

三、基本规律及其启示

刑事司法的目标定位与社会发展程度、社会治理方式之间存在着一种客观联系。国情决定了社会治理模式，在不同的社会治理模式下，刑事司法被赋予了不同的目的，围绕着刑事司法治理目标的实现，设计了相应的刑事司

① 数据来源于民政部历年《社会服务发展统计公报》，见 http://www.mca.gov.cn/article/sj/tjgb/，最后访问时间是2021年3月15日。

法制度体系。刑事司法体系的运作，需要依靠社会治理体系的配合和支持，同时运作良好的刑事司法体系也对社会治理产生正向和积极的影响。

理论研究的目的在于推动实践的进步。在当前司法改革的大潮中，刑事司法的改革首当其冲，不管是制度的改革还是创新，刑事司法都需要保持一种开放性的张力。当前中国社会的治理模式从管理走向治理，国家、市场、社会领域的合作以各种方式如火如荼地进行着，这种合作治理的理念对于刑事司法既是挑战也是机遇。在刑事司法中系统地建立一种合作模式，对于提高刑事司法的治理能力，回应社会治理体制创新的要求，都是一种必要的选择。

第二节　相关概念和理论

早在20世纪90年代中后期，中国学术界就开始了对治理问题的研究，当时以介绍西方治理理论为主。2013年，党的十八届三中全会通过《中共中央关于全面深化改革若干重大问题的决定》，第一次在党的正式文件中明确使用"社会治理"这个概念，随后"社会治理"这一术语的内涵逐渐丰富与深化，完成了由学界引进到被官方认可的正式化过程。虽然西方治理理论有着强势的话语基础，"社会治理"也是基于西方的治理理论，但从本质上讲，当前我们所说的"社会治理"仍然是一个具有中国本土色彩内涵的词语，至今在西方传统治理理论中，并没有与"国家治理"和"社会治理"这两个词对应的词。可以说"社会治理"是中国共产党在马克思主义社会理论的指导下，继承我国社会建设的传统，借鉴和吸收西方治理理论的相关成果，结合我国的具体国情所形成的具有中国特定内涵的理论和实践成果。为了与一般的治理理论进行区分，准确清晰地定位研究对象，在此对本书涉及的基本概念，包括"治理""社会治理""刑事司法模式"进行阐释和界定。

一、治理及相关理论

在我国本土语境下，"治理"一词古已有之，但是作为西方学术界热词的"Governance"，治理又有其特定的含义。首先来看，在汉语语境下，治理的意思有以下几种：(1)统治；管理。如清王士禛《池北偶谈・谈异六・风异》："帝王克勤天戒，凡有垂象，皆关治理。"(2)理政的成绩。如晋袁宏《后汉纪・献帝纪三》："上曰：'玄在郡连年，若有治理，迨迁之，若无异效，当有召罚。何缘无故徵乎？'"(3)治理政务的道理。如清严有禧《漱华随笔・限田》："蒋德璟出揭驳之：'……由此思之，法非不善，而井田既湮，势固不能行也。'其言颇达治理。"(4)处理，整修：如治理淮河，主要是指对公共问题的处理。在中国传统文化的语义下，治理的内涵丰富且泛化，治理是一个统治和管理相结合的过程，其中蕴含了对治理规律的客观认识与总结，并在一定程度上关注公共事务的管理。

20 世纪 90 年代后期，随着西方"Governance"传入国内，"治理"成为"Governance"的主流译名。[①] 英语中的"治理"(Governance)一词源于拉丁文和古希腊语，原意是控制、引导和操纵，并且长期与"统治"(government)交叉使用，主要用于与国家公共事务相关的管理活动和政治活动中。从 90 年代以来，西方政治学家和经济学家赋予 Governance 新的含义，成为西方社会科学的流行术语。关于"治理"的定义主要有以下几种：

治理理论的主要创始人詹姆斯·罗西瑙在《没有政府的治理——世界政治中的秩序和变革》等著述中较为系统地提出了现代治理理论。他认为治理是一系列活动领域的管理机制，是由一种共同的目标支持的活动，这些活动的主体未必是政府，也无须依靠国家的强制力来实现。[②]

罗茨从"治理"的不同对象给出了六种定义：(1)作为最小国家管理活动的治理；(2)作为公司管理的治理；(3)作为新公共管理的治理，指将市场机制引入政府公共服务；(4)作为善治的治理，强调效率、法治、责任的公共服务体系；(5)作为社会控制体系的治理，指政府与民间、公共部门与私人部门之间的合作与互动；(6)作为自组织网络的治理，是指建立在信任与互利基础上的社会协调网络。[③]

研究治理理论的另一位权威格里·斯托克对目前流行的各种概念进行梳理后指出各国学者对作为一种理论的治理已经提出了五种主要的观点：(1)治理意味着一系列来自政府但又不限于政府的社会公共机构和行为者，

---

① "Governance"最早被引介到国内时，被译为"治道"，参见智贤：《Governance：现代"治道"新概念》，载刘军宁主编《公共论丛：市场逻辑与国家观念》，生活·读书·新知三联书店，1995，第 55 页。两年之后徐勇发表了《GOVERNANCE：治理的阐释》，提供了另一个译名的选择，参见徐勇：《GOVERNANCE：治理的阐释》，《政治学研究》1997 年第 1 期。毛寿龙教授在《西方政府的治道变革》一书中对 Governance 做了系统的介绍，也采用了"治道"的译法。后来的学者大多采用"治理"的译名，尤其是经过以俞可平为代表的中央编译局学术团队的推动，"治理"的译名成为主流的译法。本部分关于"Governance"被译为"治理"的过程参考了景跃进教授《党的重要文件中的治理话语》一文，载俞可平《推进国家治理与社会治理现代化》，当代中国出版社，2014，第 136 页。

② [美]詹姆斯·N. 罗西瑙：《没有政府的治理——世界政治中的秩序与变革》，张胜军等译，江西人民出版社，2001，第 2-11 页。

③ [英]R. A. W. 罗茨：《新的治理》，木易译，《马克思主义与现实》1999 年第 5 期。

政府不再是国家权力的唯一中心；(2)治理意味着在为社会和经济问题寻求解决方案的过程中存在着界限和责任方面的模糊性，社会越来越多地承担了原先由国家承担的责任；(3)治理明确肯定了在涉及集体行为的各个社会公共机构之间存在着权力依赖，组织之间需要进行资源交换、共同目标的谈判；(4)治理意味着参与者最终将形成一个自主的网络，并在特定领域与政府合作，分担政府的行政管理责任；(5)治理意味着办好事情的能力不仅限于政府的发号施令或运用权威，在公共事务管理中还有其他更好的方法和技术，政府有责任使用。①

在关于“治理”的定义中，全球治理委员会的定义具有很大的代表性和权威性，也是学者们在讨论治理问题时应用最多的。该委员会于 1995 年发表了一份研究报告《我们的全球伙伴关系》，对治理做出了如下界定：治理是各种公共的或私人的个人和机构管理其共同事务的诸多方式的总和。它是使相互冲突的或不同的利益得以调和并且采取联合行动的持续的过程。这既包括有权迫使人们服从的正式制度和规则，也包括各种人们同意或以为符合其利益的非正式的制度安排。它有四个特征：治理不是一整套规则，也不是一种活动，而是一个过程；治理过程的基础不是控制，而是协调；治理既涉及公共部门也包括私人部门；治理不是一种正式的制度，而是持续的互动。②

联合国开发计划署为“治理”做出了更为中肯和贴切的界定：治理是一个由诸多价值、政策和机构组成的体系，经由国家、社会组织和私营部门之间的活动，一个社会依凭其来管理经济、政治和社会事务。这是一个社会将其自身组织起来，做出决策并执行决策的方式，以实现相互理解、签订协议和采取行动。它包含了公民和群体表达利益、调和差异以及行使法定权利并承担义务的诸机制和过程，治理有着不同的维度——社会的、政治的和经济的，它运作于人类社会的任一层次，无论是家庭、村庄、都市、国家、区域还是全球。③

上述对“治理”的界定虽然各不相同，最终也未形成一个统一的定义，但是在对“治理”不断诠释的过程中，会有一些共同的关键词，使“治理”的内涵越来越清晰地展现在人们面前：第一，治理是一种管理过程。第二，治理体现了多元性，治理主体、治理对象、治理方式、治理的价值追求、治理的过程都排斥单一，强调多元化。第三，治理强调参与性自治，而非被动地接受管理。第四，治理理论产生于对公共事务的管理，治理的理论基础建立在“国家—社

① 俞可平：《全球治理引论》，《马克思主义与现实》2002 年第 1 期。

② 俞可平：《治理与善治》，社会科学文献出版社，2000，第 5 页。

③ UNDP：“Governance indicators：A users' guide”，www. undp. org，最后访问日期为 2016 年 3 月 15 日。

会”“公共领域—私人领域”“政府、市场、社会”这些西方政治学、管理学、经济学的基本概念和话语体系之上。第五，在西方学术话语语境中，“治理”一词意味着政府分权和社会自治。[①]

二、社会治理及相关理论

虽然“治理”(Governance)一词在 1995 年就被介绍到国内，但是“社会治理”一词并非像 Governance 一样是一个通用的术语。在西方语境中只有“治理”的概念，并没有“社会治理”的概念，而在国内人们通常在不同意义上使用该词。国内学者对社会治理问题的研究具有不同的分析对象和分析角度，通过对相关文献的梳理发现，目前关于“社会治理”的研究主要存在三个维度：一是基于西方治理理论的“社会治理”研究；二是宏观意义上社会治理结构与模式的研究；三是党的十八届三中全会后学者对《中共中央关于全面深化改革若干重大问题的决定》中“社会治理”的解读。

(一)基于西方 Governance 理论的“社会治理”研究

在中国，“治理”一词首先被经济学家引入，“公司治理”“公司治理结构”这类术语在讨论公司转型和企业改制中被广泛使用，后来被政治学家和社会学家采用，用于指称政府治理或公共治理[②]，与此同时也有学者们将 Governance 的理念应用于对社会的治理上，而形成了“社会治理”的用法。如孙晓莉认为治理理论中的多元主体参与的观点以及对新公共管理过于追求效率而忽视社会公正的纠偏对我国政府社会治理具有较大的借鉴意义。[③] 周晓丽认为西方国家社会治理机制蕴含着参与性、民主性、合作性和制度性的理念，我国在社会治理中也要建立多元参与型、协同合作型、民主化和制度化的社会治理机制，保障我国社会治理活动的顺利进行。[④] 张康之教授论证了社会自治在社会治理中的重要作用，社会治理主体的多元化问题。[⑤] 另外，很

---

① 王浦劬:《国家治理、政府治理和社会治理的含义及其相互关系》,《国家行政学院学报》2014 年第 3 期。

② 俞可平:《中国治理变迁 30 年》,社会科学文献出版社,2008,第 7 页。

③ 孙晓莉:《西方国家政府社会治理的理念及其启示》,《社会科学研究》2005 年第 2 期;孙晓莉:《多元社会治理模式探析》,《理论导刊》2005 年第 5 期。

④ 周晓丽:《西方国家的社会治理:机制、理念及其启示》,《南京社会科学》2013 年第 10 期。

⑤ 张康之:《论新型社会治理模式中的社会自治》,《南京社会科学》2003 年第 9 期;《论主体多元化条件下的社会治理》,《中国人民大学学报》2014 年第 2 期。

多学者注意到在社会治理过程中，第三部门、非正式组织协助政府、补充公益事业、充当社会控制中介和社会转型缓冲器的作用。[①] 这些研究的共同特点是通过介绍西方治理理论中的理念、思路，结合我国社会治理实践中的困境得出对我国社会治理的启示。

(二)宏观意义上社会治理结构与模式的研究

这类研究是基于人类社会历史变迁的经验，对社会治理的结构和模式进行总结和分类。如张康之教授在《论伦理精神》一书中认为与人类社会的农业社会、工业社会和后工业社会相对应的是三种不同的社会治理模式，分别是统治型的、管理型的和服务型的社会治理模式。[②] 刘双舟认为社会治理模式的变迁与人的独立意识之间存在着一定的对应关系，根据人的独立意识的成长，社会治理模式变迁的一般规律是由宗教治理、道德治理到法律治理。[③] 燕继荣依据治理理念和方式的不同，将社会治理分为三种：第一种是基于命令、行政手段和军事霸权等强力来构建统治秩序的“霸道”；第二种社会治理模式强调统治秩序的构建是基于权威、说服和道义合法性的“王道”；第三种社会治理模式是“民道”，强调统治秩序的构建是基于公民的同意、合法性和宪法制度。[④] 孙晓莉认为社会治理模式正由行政集权式向民主式、参与型转变。[⑤] 这类研究方式的共同之处在于，以历史发展的眼光看待社会治理问题，以某种标准对社会治理的模式进行分类，以期发现社会治理的发展规律。但是作为社会治理模式的划分标准和依据，则是从不同的学科和视角进行论述，比如人的独立意识、社会类型、权力(权威)的性质和来源、公共产品公共服务的提供方式等，涉及哲学、社会学、政治学、管理学等学科的研究偏好。

(三)深化改革语境下的社会治理

“社会治理”一词引起学术界关注是在党的十八届三中全会以后。图 0-1 是 2000—2019 年间，以“社会治理”作为关键词在知网上进行文献搜索的结

① 贺艺、刘先江：《非政府组织与社会治理》，《武汉科技大学学报(社会科学版)》2007 年第 8 期；孙辉：《转型社会与社会治理工作的转型——第三部门在消解社会矛盾、构建和谐社会中的作用分析》，《理论与现代化》2006 年第 3 期。

② 张康之：《论伦理精神》，江苏人民出版社，2010，第 130-134 页。

③ 刘双舟：《人的独立意识：分析社会治理模式变迁的一个视角》，《政法论坛》2008 年第 3 期。

④ 燕继荣：《三种统治模式下的社会治理》，《人民论坛》2012 年第 6 期。

⑤ 孙晓莉：《社会治理模式的变迁》，《学习时报》2005 年第 288 期。

果。2000—2007 年以“社会治理”为关键词的文献每年有几十篇。2008—2012 年间，每年大概有 100 多篇。党的十八届三中全会后，有关“社会治理”的文献数量出现了井喷现象，从 2014 年起，每年的文献数量均保持在 1500 篇以上，2019 年达到了 2015 篇。这一方面体现了党的十八届三中全会提出“创新社会治理体制”推动了学界对“社会治理”问题的关注；另一方面也表明，2013 年以后对“社会治理”问题的研究，主要围绕“推进国家治理体系和治理能力现代化”以及“创新社会治理体制，提高社会治理水平”展开。这一阶段关于社会治理问题的研究主要以党的十八届三中全会通过的《中共中央关于全面深化改革若干重大问题的决定》为背景，结合我国的实际情况，将西方治理理论本土化的过程。

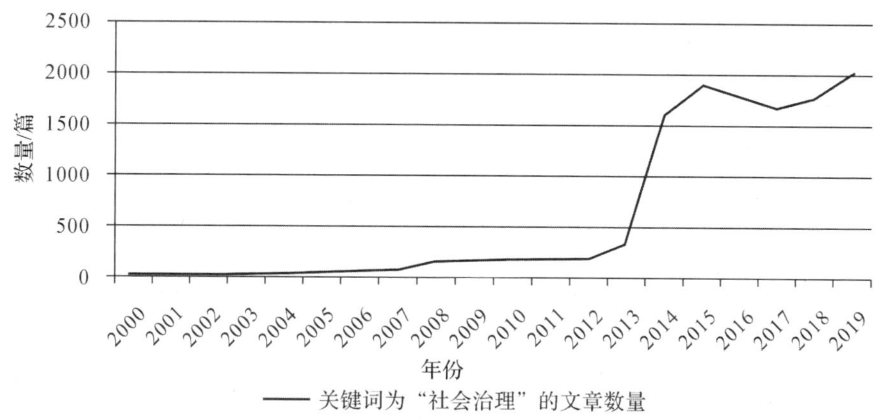

图 0-1　2000—2015 年知网有关社会治理研究的论文数量统计

2013 年以后对于社会治理的研究视角主要有三个：

(1)通过阐释国家治理体系的内涵，确定社会治理与国家治理的关系。如俞可平教授认为政府治理、市场治理和社会治理是现代国家治理体系中三个最重要的次级体系。① 王浦劬教授基于中国共产党治国理政理论和中国国情，分析了国家治理、政府治理和社会治理的基本含义，阐发了其间的包容性关系、交集性关系和区别性联系。②

(2)探讨从社会管理到社会治理转变的原因及内涵。如姜晓萍教授认为从社会管理转向社会治理意味着治理体制由国家本位走向国家与社会协同，

① 俞可平：《民主法治与国家治理的现代化》，载俞可平主编《推进国家治理与社会治理现代化》，当代中国出版社，2014，第 2 页。

② 王浦劬：《国家治理、政府治理和社会治理的含义及其相互关系》，《国家行政学院学报》2014 年第 3 期。

社会治理的价值目标由维持稳定转向维护民权，社会治理的工作重心由风险控制走向民生改善。[①] 贾玉娇教授基于对中国社会管理实践的反思，提出创新社会治理体制具有重要的时代意义，是对新的历史条件下中国社会矛盾的准确把握与及时纾解，是现代国家治理能力提升的重要路径。[②] 郁建兴教授从当代中国国家与社会良性互动的角度分析了从社会管控到社会治理的转变，探讨和解释了当代中国社会治理机制的生成逻辑。[③]

(3)探讨我国社会治理体制现代化实现路径。徐汉明教授论述了国家治理和社会治理需要以法治化作为前提和实现方式。[④] 姜晓萍教授从完善社会政策体系、构建公民权利保障体系、优化基本公共服务体系、强化社会组织培育体系、建立社会行为规范体系、创新社区治理体系、巩固公共安全体系、健全社会风险预警与应对机制等八个方面提出推进社会治理体系和治理能力现代化的实施策略。[⑤] 江必新教授认为社会治理创新需要转变政府职能、推行合作治理、依法治理，重视社会治理主体制度、公开制度、社会协商制度和责任制度的构建。[⑥]

(四)对国内社会治理研究的总体评述

从以上的梳理可以看出，学者们并不是在一个层面上讨论社会治理问题：西方治理理论对于社会治理的启示、历史变迁过程中的社会治理模式(这个其实已经脱离西方语境中的治理含义)再到党的十八届三中全会提出“社会治理”概念以后对社会治理问题的本土化研究。虽然着眼点不同，但是仍然具有内在的联系。人类社会的发展经历了不同的社会治理类型，特定的社会历史条件下，社会治理的理念和方式各有不同。西方国家在20世纪八九十年代经历了“治理危机”，从而催生了与“治理”有关的诸多理论，西方治理理论中鼓励社会参与、社会治理以及对效率的追求等理念对于我们国家社会治理具有值得借鉴的地方，但是这种借鉴要建立在治理理论本土化的基

---

① 姜晓萍：《社会治理现代化的内涵转变与关键环节》，载俞可平主编《推进国家治理与社会治理现代化》，当代中国出版社，2014，第73页。

② 贾玉娇：《从社会管理到社会治理：现代国家治理能力提升路径研究》，《吉林大学社会科学学报》2015年第4期。

③ 郁建兴、关爽：《从社会管控到社会治理——当代中国国家与社会关系的新进展》，《探索与争鸣》2014年第12期。

④ 徐汉明：《推进国家与社会治理法治化》，《法学》2014年第11期。

⑤ 姜晓萍：《国家治理现代化进程中的社会治理体制创新》，《中国行政管理》2014年第2期。

⑥ 江必新、李沫：《论社会治理创新》，《新疆师范大学学报(哲学社会科学版)》2014年第4期。

础上。因此，党的十八届三中全会以后，结合我国社会治理的现实需求，对于社会治理理论的诠释和解读以及对于社会治理实现路径的探讨都是十分必要的。

党的十八届三中全会的决定是在社会治理模式变迁这一层面上使用“社会治理”一词。也即是说，社会统治、社会管制、社会管理等概念都是国家对社会公共事务进行治理的一种方式。而就与之前“社会管理”的区别而言，党的十八届三中全会的提法是“创新社会治理体制”，也可以理解为，在“社会管理”体制上进行创新，融入“治理”(Governance)的一些理念，形成具有中国特色和内涵的社会治理体制。本书在使用“社会治理”一词时也是从广义上的国家对于社会的统治、管理、治理的角度而言，当具体意指党的十八届三中全会以后的社会治理时，会使用“社会治理体制创新”或“创新社会治理”等表述方式，以表明目前社会治理的方式是对之前社会管理方式的创新和升级。

(五)我国国家治理体系中“社会治理”的内涵界定

2013 年党的十八届三中全会正式提出“社会治理”这一概念，2015 年党的十八届五中全会进一步提出“社会治理精细化”。2016 年 3 月，十二届全国人民代表大会第四次会议通过的《中华人民共和国国民经济和社会发展第十三个五年规划纲要》中，专门用了一篇(第十七篇“加强和创新社会治理”)共四章阐述了国家关于社会治理的部署和政策。2017 年党的十九大报告明确提出了“加强和创新社会治理”，“打造共建共治共享社会治理格局”。2019 年党的十九届四中全会对社会治理做出了整体性的布局和目标要求，提出“坚持和完善共建共治共享的社会治理制度，保持社会稳定、维护国家安全”的总体任务，勾勒了“党委领导、政府负责、民主协商、社会协同、公众参与、法治保障、科技支撑”的六位一体的社会治理体系，明确了“建设人人有责、人人尽责、人人享有的社会治理共同体，确保人民安居乐业、社会安定有序，建设更高水平的平安中国”这一社会治理目标。在具体的制度安排上，明确了完善正确处理新形势下人民内部矛盾有效机制、社会治安防控体系、公共安全体制机制、构建基层社会治理新格局、完善国家安全体系五大系统工程。自此，在国家层面完成了社会治理从理念向实践和制度转变的过程，完成了国家对社会治理的顶层设计，形成了地位作用明确、目标功能清晰、制度健全、体系完备、方式多样的具有中国特色的社会治理制度。

三、刑事司法模式

刑事诉讼的模式是经常使用的学术语言，那么刑事司法模式与刑事诉讼模式，是不是相同的概念？本书研究刑事司法的合作模式，除了合作模式外，刑事司法还有哪些模式？在这里有必要对这两个问题进行阐释和说明。

（一）刑事诉讼和刑事司法

本书之所以选择“刑事司法的合作模式”而非“刑事诉讼的合作模式”主要基于以下考虑。首先，对于司法的性质，学术界也未形成一致意见。总的来说，对刑事司法的理解有狭义、中义和广义三个层面：一是基于三权分立的学说，将司法等同于审判；二是将司法视为国家办理案件的诉讼活动；三是将司法理解为广义的解决纠纷。[①] 陈光中主张，在将司法视为国家职权活动的前提下，将司法狭义地理解为审判，固然有其合理性，而且世界上许多国家的立法也是如此规定并被学界所认同，但将“司法”界定为诉讼，即国家解决纠纷、惩罚犯罪的诉讼活动，不仅在理论上有依据，更契合中国实际。因此从中观意义上而言，刑事诉讼便是刑事司法。本书在接下来的讨论中，在同一个意义上使用刑事诉讼模式和刑事司法模式。

需要注意的是，司法和诉讼具有一些细微但是很重要的差异。《布莱克法律词典》对这两个概念的解释是：刑事司法（criminal justice）是指社会对付那些被指控犯了罪的人的方法。刑事诉讼（criminal procedure）是指有关侦查、控诉、审判与执行机制的规则。日本学者松尾浩也认为所谓诉讼是指提起公诉以后的事情，而刑事司法这一用语重点在司法制度方面，用于论述司法组织和制度整体的运作情况。[②] 由此可见，刑事诉讼重在强调有关诉讼运作的程序规则，而刑事司法不仅包含这些程序机制，还包括了与之有关的司法组织与整体制度，是一国对付犯罪的制度与策略的总和。[③] 就本书的讨论内容而言，不仅是对刑事诉讼程序内的合作机制的讨论，而且还涵盖了刑事司法本身的功能定位、运行机制等问题的讨论，在合作模式中不仅涉及了刑事诉讼侦查、起诉、审判各个主要环节的合作，还关注了犯罪预防，犯罪矫治

---

① 陈光中、崔洁：《司法、司法机关的中国式解读》，《中国法学》2008 年第 2 期。

② ［日］松尾浩也：《日本刑事诉讼法》（上），丁相顺、张凌译，中国人民大学出版社，2005，第 2-3 页。

③ 马明亮：《协商性司法——一种新程序主义理念》，法律出版社，2007，第 26 页。

等方面的合作，公民与刑事司法系统的沟通、互动等内容，因此本书以"刑事司法的合作模式"作为研究的对象。

（二）关于"刑事司法的合作模式"

在刑事司法领域，对于模式的讨论，最早是从刑事诉讼的角度开始的。从人类法制文明史的角度而言，不同的历史时期存在不同的刑事诉讼模式；在相同时代，不同地区和国家的诉讼模式也不尽相同，对诉讼模式最为传统的划分方法是以大陆法系的"纠问模式"和英美法系的"弹劾模式"，及由此演化而来的"职权主义模式""当事人主义模式""强职权主义模式"和日本战后形成的"混合主义模式"。①

现代刑事诉讼模式理论始于20世纪60年代的美国。1964年，美国学者赫伯特·帕克教授提出的"正当程序"和"犯罪控制"模式开启了现代刑事诉讼模式研究的先河。这一问题引起众多学者的兴趣，他们提出了一系列新的模式理论，如格里费斯的"争斗模式"与"家庭模式"理论，戈德斯坦的"纠问模式"与"弹劾模式"，达马斯卡的"阶层模式"和"同位模式"。② 我国对于刑事诉讼模式的研究成果也很多，涉及刑事诉讼模式的方方面面，主要关注点包括：历史演进、国外刑事诉讼模式的评析、中国刑事诉讼模式的评析。我国学者关于刑事诉讼模式理论的研究主要有线形结构、双重结构、三角形结构等观点。③

国内外关于刑事领域的模式研究主要着眼于刑事诉讼的模式，虽然也有涉及整个刑事司法的问题，但是总体而言，并没有对刑事诉讼模式与刑事司法模式做出严格的区分，刑事诉讼模式与刑事司法模式的研究是重合的。实际上刑事司法与刑事诉讼既有联系又有区别，刑事诉讼模式着眼于刑事案件从侦查、起诉到做出裁判这一完整体系的结构分析，并且主要关注于刑事司法系统对于刑事案件的解决能力，侧重于通过一定的程序设计最大限度地发

---

① 对于以上模式的历史成因、演进及特点，汪海燕教授在其博士学位论文中进行了详细的分析和介绍，参见汪海燕：《刑事诉讼模式的演进》，中国人民公安大学出版社，2004。

② 关于以上美国刑事诉讼模式的学说分析，参见李心鉴：《刑事诉讼构造论》，中国政法大学出版社，1992，第21-64页。

③ 如左卫民教授提出的线形结构说，龙宗智教授提出的双重结构说，马贵翔教授提出的等腰三角形结构说，李心鉴博士提出的在审前阶段也需要建立控、辩、审三方相互制约的结构等等。参见：左卫民：《刑事诉讼基本结构论纲》，《上海社会科学院学术季刊》1993年第1期；龙宗智：《刑事诉讼的双重结构辨析》，《现代法学》1991年第3期；马贵翔：《刑事诉讼的"双重结构"质疑——与龙宗智同志商榷》，《现代法学》1991年第6期；李心鉴：《刑事诉讼构造论》，中国政法大学出版社，1992，第2页。

现事实真相而做出正确的裁判。而刑事司法则侧重于犯罪问题和刑事纠纷在实践层面的有效解决，对于犯罪的预防、裁判及对于罪犯的有效矫治都是刑事司法的考虑对象，刑事司法模式比刑事诉讼模式具有更丰富的内涵，刑事诉讼模式包含于刑事司法模式之中。

在关于刑事司法模式的讨论中，最早涉及合作因素的应该是格里菲斯提出的"家庭模式"。格里菲斯认为国家与个人之间存在调谐性，甚至相互支持的利益。国家对被指控人要像父母对待犯错的孩子一样，给予各方面的关怀和照顾。格里菲斯的家庭模式重新审视刑事司法对国家和社会的功能，认为国家在追求"控制犯罪"目标的同时，在"正当程序"的理念基础上，将刑事诉讼的关爱、教育功能超越其惩罚、控制犯罪的功能。[①] 格里菲斯的"家庭模式"主张看到国家和个人之间非对抗性的、和谐的以及利益一致的一面，提出刑事司法的关爱、教育功能，这些因素使在刑事司法中消除紧张的冲突以致达成合作成为可能。

国内陈瑞华教授最早提出"刑事诉讼的合作模式"，他认为在刑事司法领域存在着"对抗性司法"和"合作性司法"两种模式。传统的刑事司法模式，不管是"犯罪控制"还是"正当程序"，都是建立在控辩双方紧张对抗的基础上，这种对抗模式需要投入巨大的司法资源来保障正当程序的有效运转。对抗性司法模式在那些被告人自愿认罪的案件中，失去了存在的前提和基础，也无法解释控辩双方的诉讼合作情况，对于被害人的诉讼参与也没有给予重视。与对抗性司法模式相对应的是合作式司法模式，在被告人自愿认罪的情况下，国家与被告人具有进行合作的可能性，控辩双方为了最大限度地获取共同的诉讼利益而放弃对抗的诉讼模式，表现在国家追诉机构与被告人经过协商、妥协而进行的诉讼合作，称为"协商性的公力合作"；被害人与被告人经过协商达成和解协议的，称为"私力合作模式"。[②] 陈瑞华教授提出的合作模式的概念，其主要贡献在于提出对抗性司法和合作性司法这种研究的范式，并提出合作性司法作为一种独立的理论框架，拓展了刑事司法的价值观，即实用主义的利益观、建立在诉讼合作基础上的司法正义观，以及独立于实体正义和程序正义的第三种法律价值观。[③]

马明亮博士提出，以被追诉人与刑事司法机关是通过相互对抗、利益对

---

① John Griffiths,"Ideology in Criminal Procedure or a Third'Model'of the Criminal Process", Yale Law Journal,1970(79):359.

② 陈瑞华:《刑事诉讼的中国模式》,法律出版社,2010,第77-101页。

③ 第三种法律价值观包括关爱、教育、效率以及社会和谐等价值,参见陈瑞华:《司法过程中的对抗与合作——一种新的刑事诉讼模式理论》,《法学研究》2007年第3期。

峙的方式来解决争端，还是通过对话、协商的方式来解决争端为标准，刑事司法可以分为两大类：对立式司法与合作式司法。合作式司法主要有两种形式：一是恢复性司法，二是协商性司法。协商性司法是指诉讼主体通过对话与相互磋商，达成互惠的协议，以此来解决刑事争端的一种司法模式。[①] 马明亮提出的协商性司法主要讨论在刑事诉讼的过程中国家公权力机关与被追诉人之间的协商、合作问题。魏晓娜博士也对协商性司法进行过研究，她认为“协商性刑事司法”是在刑事诉讼中避免正式审判程序，通过协商解决刑事案件的方式方法的统称。在对协商性司法的中国模式进行讨论时，援引了陈瑞华教授的“公力合作模式”和“私力合作模式”的划分方式。[②]

从现有研究来看，刑事司法的合作模式是通过某种标准对刑事司法提出的一种划分方式，但是具体的划分标准以及确切的内涵并不十分明确，有时候这种合作模式被称为协商性模式。就其具体的制度表现形式来看：一是国家与被追诉人的合作与协商，包括污点证人作证豁免制度、暂缓起诉、附条件不起诉、辩诉交易、刑事速裁程序、认罪认罚从宽程序等等；二是被追诉人与被害人之间的合作与协商，主要是刑事和解制度。可以说，目前关于刑事司法合作模式的研究主要是围绕刑事纠纷的解决方式展开，合作的主体被限定为国家以及刑事诉讼中的被追诉人和被害人，合作方式在于诉讼程序内通过协商达成合意。

本书提出的“刑事司法的合作模式”正是基于这种开放性的考虑，在内涵上相对于上述合作模式有较大的扩展。首先，从“合作”的对应面而言，现有的合作模式相对的是对抗模式。本书提出的合作，不仅是就“对抗”而言，还与“单干”相对应。也就是说，使刑事司法系统保持一种开放性，不仅是系统自身的运作，而且是接纳各种力量开展合作，从而使刑事司法实现更好的运作。其次，从合作主体而言，不限于国家公权力机关、被追诉人和被害人，还包括社会公众、社会组织、社区等主体。再次，从理念的角度来看，现有的合作是一种纠纷解决的理念，也即在诉讼的框架内如何更好、更有效地促进个案纠纷的解决。而本书的合作更强调治理犯罪问题，使刑事司法制度在最大限度内解决效率、效用问题以及公信力问题，促进社会治理体制的创新。最后，从合作的方式来看，不仅包括上述协商、和解制度，还包括公民参与刑事司法，以及社会力量参与犯罪预防、矫治等形式。

历史地来看，刑事司法的模式经历了从简单到复杂，刑事司法的价值、功

① 马明亮：《协商性司法——一种新程序主义理念》，法律出版社，2007，第 57 页。

② 魏晓娜：《背叛程序正义——协商性刑事司法研究》，法律出版社，2014，第 164-190 页。

能、主体、结构从单一到多元的发展趋势。最初的研究从控、辩、审的法律地位及其相互关系出发分析刑事诉讼程序本身的运行模式，着眼于国家和被追诉人二元关系的架构。随着社会结构的变迁和复杂化，刑事司法所需要考量的因素越来越多。从价值的角度来看，在传统的实体正义和程序正义的价值之外，越来越关注"效率""关爱""教育""社会和谐"等其他价值；从功能角度来看，从惩罚犯罪到实现被追诉人权利保障再到关注被害人权利最后到恢复社会关系和社会和谐；从主体角度来看，从国家一元主体到国家与被追诉人二元对立、承认被害人的主体地位再到倡导公民作为主体有序参与刑事司法；从程序角度来看，从单一的侦查、起诉、审判程序到辩诉交易、简易程序、刑事和解程序、未成年人司法程序等在正式程序基础上的多元化的案件处理程序。刑事司法模式呈现出一种开放式的发展趋势，而这种开放性必然要求一种最广泛的合作视角，而不是仅仅局限于诉讼内的合作。因此本书提出的刑事司法合作模式，是一种广义上的合作，是在保持刑事司法系统开放性的基础上，通过最广泛的合作主体，在制度化的构建下，使之有序地参与刑事司法运作过程，实现刑事司法治理能力的提升，更好地满足社会治理体制创新的需要。

第三节　研究内容、创新与方法

本研究主要讨论社会治理与刑事司法的关系，探讨在创新社会治理的背景下，刑事司法应当进行必要的模式创新，通过设计最广泛的合作模式，提升刑事司法的治理能力和治理效能。本书包括绪论、上篇、中篇、下篇四部分，本节主要介绍研究的主要内容、研究创新与研究方法。

一、本书的主要内容

绪论主要分为三节。第一节介绍本研究的缘起，主要是对研究背景进行介绍。新一轮的司法改革风起云涌，刑事司法改革首当其冲。党的十八届三中全会提出社会治理的理念，给刑事司法改革带来了新的思路。以实现善治为目标，对刑事司法进行新的定位，是写作本书的初衷。第二节对本书所涉及的相关概念和理论进行了界定和阐释，包括治理、社会治理、刑事司法模式。第三节介绍了本书研究的主要内容、研究方法以及研究的创新之处。

上篇为研究核心部分的起点，主要探讨社会治理与刑事司法变迁之间的基本规律，包括两章。第一章引入国家、社会、个人作为分析框架，从理论层面探讨在刑事司法中国家、社会、个人的利益表达及相互关系。刑事司法中国家、社会、个人利益的引入是作为一种分析框架，来展现不同社会治理模式下，国家、社会、个人三种要素在刑事司法中的地位以及利益格局，以此展现不同社会治理模式下刑事司法的特征。第二章是社会治理模式变迁与刑事司法的历史之维，主要分析了在不同社会治理模式下刑事司法的不同特点，以揭示两者之间的内在规律。第一节分析了改革开放前，我国社会的治理模式以及刑事司法的运行状况。第二节分析了改革开放初期的十几年间，我国社会的分化以及社会治理方式的转变，在转型期刑事司法体现出的运行特点。第三节分析了20世纪90年代中后期，我国进入了社会管理的治理模式、社会管理呈现出的特点以及刑事司法的运行状况。第四节在历史分析的基础上总结刑事司法与社会治理模式之间存在一种内在联系，也即社会治理的模式决定了刑事司法的运行模式，同时刑事司法模式的变迁是为了适应社会治理的需求。

中篇探讨创新社会治理体制与刑事司法的关系。第三章在深化改革语境下对创新社会治理进行了解读，包括创新社会治理的形成和发展过程，创新社会治理的地位和目标，创新社会治理主体与机制。第四章分析了刑事司法与创新社会治理的关系，主要包括刑事司法在创新社会治理体系中的地位和功能。第五章基于创新社会治理体制对于刑事司法提出的新要求以及目前刑事司法面临的现实困境，提出刑事司法的合作模式。第一节分析了在现阶段，刑事司法的现实危机使其无法满足社会治理的需要。第二节分析了合作模式的可行性和必要性。第三节提出刑事司法合作模式的基本内涵，包括合作的主体、理念及方式。并提出刑事司法信息公开是合作模式的前提条件。

下篇探讨刑事司法合作模式的具体内容。从三个层面的合作，构建刑事司法合作模式的体系。第六章探讨基于被追诉人处分权的协商式合作，这种合作着眼于个案纠纷解决的效率性和效用性，体现了尊重当事人意思自治、妥善解决矛盾纠纷、长期来看有利于犯罪问题的整体治理等社会治理目标的实现。第一节主要探讨了刑事诉讼中协商式合作的价值。第二节讨论国家与被追诉人的合作。第三节讨论在有被害人的犯罪案件中，被害人与加害人之间的矛盾冲突的化解以及合作的可能性。第七章基于司法民主的参与式合作。司法民主的理念在于公民参与司法，分享司法权，体现了刑事司法系统与社会的互动性，社会公众通过知情、参与、监督等价值目标的实现，使得刑事司法的公信力得以重塑。第一节讨论在社会治理的背景下，公民参与司法的价值。第二节分别探讨了在侦查、起诉、审判等诉讼活动中公民参与刑事司法的相关制度和未来发展展望。第三节分析了公民参与司法的一个地方性经验。第八章基于社会协同的共治式合作。主要讨论在社会治理的背景下,社会协同治理是未来发展的趋势。基于此,社会力量参与刑事司法,包括三节,分别是社会力量参与社区矫正制度、社会力量参与法律援助制度、社会力量参与刑事司法的域外经验。这种合作充分调动社会资源,分担了刑事司法的某些功能,体现了社会治理功能的优化,适合由社会组织提供的公共服务,交由社会组织承担,一方面为刑事司法"减负",提升刑事司法的治理能力;另一方面激发了社会组织的活力,开辟了社会力量参与社会治理的新领域。

二、研究创新

(一)思路创新

多学科的视角审视刑事司法治理问题。刑事司法不是一个单纯的法律问题,从社会学、法学、政治学多个学科视角去观察刑事司法的治理问题,才能跳出法律的封闭系统,为提升刑事司法的综合治理能力打开新视角。

从归纳到演绎的逻辑分析思路。通过刑事司法与社会治理关系的历史脉络梳理,总结规律,推论出在创新社会治理背景下刑事司法制度改革创新的方向。

以创新社会治理的理念指导刑事司法模式创新。社会治理的精髓在于"多元主体"参与公共治理,实现共建共治共享。在这一理念指引下,寻求刑事司法治理的最大公约数,构建刑事司法最广泛的合作机制。

(二)观点创新

发现刑事司法与社会治理的内在联系。社会治理的水平和方式,决定刑事司法的功能、价值和运行方式。刑事司法的治理效果制约着社会治理的治理效能。把握这一规律对于未来刑事司法制度改革、社会治理现代化具有重大意义。

刑事司法模式是社会发展到不同阶段的历史选择,刑事司法模式从简单到复杂、从单一到多元的发展趋势必然有其内在的规律,通过研究发现并提出社会的发育程度、社会治理模式变迁是刑事司法模式生成与变迁的原因。在特定的社会结构之下,为了实现社会治理目标,刑事司法制度被赋予了特定的功能，为了实现这种功能，刑事司法制度被设计成某种特定的结构并且遵循着一定的规律运行。社会治理的方式与目标决定了刑事司法模式的生成。同时，刑事司法在实际运行过程中不断与国家和社会发生互动从而反作用于社会治理目标的实现。本书将在社会治理模式变迁的视角下，以刑事司法中国家、社会和个人的互动关系为切入点，探讨我国刑事司法模式的生成和变迁的规律，为深化改革语境下提出刑事司法的合作模式提供理论依据。

拓展刑事司法合作模式的内涵。首先，合作不仅是相对对抗而言，还与“单干”相对，在创新社会治理背景下，应吸收更多主体进入刑事司法治理过程。其次，合作不仅仅是打击犯罪中的合作，而且是将犯罪预防、惩罚犯罪以及犯罪矫正看作整体过程，通过三个过程之间的合作，来提升刑事司法犯罪治理的能力和水平。最后，合作要将刑事司法看作一个开放的系统，在社会治理其他制度、体系和场域之间开展合作。

提出刑事司法新模式——合作模式。通过三个维度，构建了刑事司法的合作模式：一是基于被追诉人处分权的协商式合作；二是基于司法民主的参与式合作；三是基于社会协同的共治式合作。新中国成立以来中国社会与国家高度统一，社会管理的目标是稳定政权、控制社会秩序，行政命令则是行之有效的手段，刑事司法制度的功能和目标是实现特定的政治功能，刑事司法的模式带有浓厚的行政化和运动式的色彩。改革开放初期，社会利益分化、转型社会矛盾加剧，通过社会管制实现社会稳定是重要的社会管理目标。社会转型以及社会维稳的需求体现在刑事司法上，一方面是刑事案件数量增加，司法机关不堪重负；另一方面是刑事司法承担着惩罚犯罪与保障人权的两种功能，并且这两种价值选择处于不断的博弈之中。进入 21 世纪以后，社会组织在中国社会不断成长。公民参与意识在刑事司法方面体现为普通民众对于刑事司法制度形成一种独立的诉求和期待：刑事司法需要有效地治理犯罪问题以满足人们对于社会秩序的期待；同时刑事司法应该彰显公平正义，给普通群众带来法律上的安全感，每个人都可能成为刑事追诉的对象，保证无辜的人不受公权力的侵犯便是这种安全感的来源。公民对于刑事诉讼的诉求和期待的实现基础在于知情权和参与权的保障，国家应当通过法治化的形式来回应这种需求。社会治理既是一种目标也是一种手段，社会治理的精髓在于合作治理，刑事司法制度需要重新审视其功能和结构，在传统的国家、个人（被追诉人、被害人）二维框架内，加入社会的考量因素，通过合作治理的模式，在国家、社会、个人三个层面之间进行互动，以期在刑事司法领域实现社会治理的目标。

（三）方法创新

将“国家—社会”研究范式引入法学分析。“国家—社会”的分析范式在社会学和政治学领域运用较为广泛，在法学领域尤其是部门法领域较少使用。本研究在“国家—社会”的分析范式基础上引入“个人”，形成“国家—社会—个人”的分析框架，作为理论分析的基础。

定性与定量相结合的分析方法。传统法学研究以理论分析为主要方式，随着社会科学实证研究的繁荣，实证主义法学研究在法学领域尤其是诉讼法学领域逐渐兴起。本研究在分析社会治理与刑事司法的关系时，采取定性与定量结合的分析方法，不仅注重对政策、报告等文献资料的定性分析，还兼顾数据间相关性的定量分析，有助于推进实证法学研究的进一步发展。

三、研究方法

（一）基本视角和研究范式

学科交叉的研究视角。学科交叉研究是当下中国法学研究方法论创新的突破口。长久以来，法律人在自身构建的法律框架内研究法律现象和法律问题，形成了一个封闭的系统，一直以来的努力都是让这个系统本身更加精致，却忽视法律本身就是一种社会现象。比如说，刑事犯罪是任何社会形态都要面临的问题，为解决刑事犯罪而发展出来的刑事司法制度也是构成现代法治社会的重要基石。本书探讨刑事司法的社会治理问题，涉及法学、社会学和政治学三个学科。政治学中关于社会治理的理论是本书重要的理论基础，国家与社会关系的分析范式是本书重要的分析方法。社会学对罪因体系和社会控制的研究成果是本书探讨刑事司法功能的基础，社会学结构功能主义的研究范式是本书内在的逻辑。将刑事司法这一法律命题，置于社会学和政治学的视野下，会是一种新的研究思路。就未来的趋势来看，法学将与其他社会科学之间建立更广泛的合作。

法律现实主义视角。本书的研究重点是通过刑事司法的社会治理，对犯罪的治理是社会治理的重要内容，随着国家与社会结构的变迁，刑事司法所体现的功能也随之改变，包括刑事司法在内的一切法律制度，都应该将目光更多地投向对于现实的关怀。传统概念法学的形式主义研究范式，在立法过程中注重既定规则和法律条文内部精密的逻辑性和体系的完整性，在司法过程中主要表现为广泛运用三段论的方法，以法律规定或者判例作为大前提，以具体的事实作为小前提，然后推导出机械的、形式的结论。随着人类步入高速发展的工业社会，政治、经济、文化等各个方面变动速率增大，社会结构处于不断变迁之中。就中国而言，新中国成立70多年来，经历了西方国家几百年才完成的现代化过程。剧烈变迁中，社会生活多样化、社会纠纷的复杂性尤为突出，法律形式主义对于社会现实的解释度和实用性受到一定限制。现实主义法学主张法律应置于社会环境之中，强调法律作为整体社会的一部分，要与社会系统中的其他子系统之间建立起密切联系，将司法看作化解社会矛盾，解决社会纠纷，维护社会有序运行的过程，是社会控制与整合的机制。进而言之，在刑事司法中，法律现实主义者反思形而上的、纯理论的人权保障或者严惩犯罪的思想观点，希望把案件处理的过程集中于法律与现实社会关系之上，关注现实社会中的纠纷解决，反对割裂刑事司法与社会现实，更加关注公平正义的多种面向以及多元的实现途径。法律现实主义特别强调刑事司法中的司法行为问题，致力于解释什么是"现实"的法律与司法过程。本书提出的刑事司法的合作模式正是基于现实世界的复杂性和开放性，探讨在刑事司法体系中，传统的正当程序与多元的治理模式之间进行合理分工、合作以实现刑事司法善治目标。

"国家与社会"的研究范式。"国家与社会"的关系是政治学基本的研究范式，也是认识当代中国基层社会的一个重要分析框架。从学术渊源上看，这一学术研究范式较多地受到了研究中国政治的西方学者的影响。1983年，倪志伟(Victor Nee)编辑了《当代中国的国家与社会》一书[①]，收集了美国学者采用"国家—社会"关系视角研究中国政治的成果，"国家—社会"的关系成为中国政治研究的重要理论基础，并在20世纪90年代一跃成为主流分析视角。本书对刑事司法社会治理的论述离不开国家与社会这一宏观的背景。首先，社会治理本身就是以政府为代表的国家与社会组织、企事业单位、社区等各种社会主体，通过平等合作的伙伴关系对社会事务进行规范和管理，使得公共利益实现最大化的过程。其次，从法律与国家、社会的关系来看，法律是国家制定的、并依靠国家强制力保证实施的调整社会关系和秩序的规范，国家与社会关系的决定着法律调整社会关系的广度和深度。刑事司法制度，一方面连接着国家公权力机关，另一方面连接着社会秩序中最基本的安全秩序，国家与社会的关系决定着刑事司法制度中国家层面和社会层面的利益权衡

---

① Victor Nee and David P. Mozingo. *State and Society in Contemporary China* (New York.: Cornell University Press, 1983).

与博弈。研究刑事司法的社会治理，必不可少地要纳入国家与社会关系的视角之内。

(二)具体研究方法

文献研究方法。为了研究的需要并获得相关的数据和信息，本书从两个方面做了文献调查：一是通过对政府工作报告的梳理获得社会治理方式变迁的资料；对相关文献的梳理获得刑事司法结构与功能变迁的资料。二是查阅国家统计年鉴和法律年鉴获得相关数据。三是通过对最高人民法院工作报告的梳理，获得刑事司法作用、功能、任务、审判原则与政策的相关内容。

数据统计与分析法。在分析社会变迁、分化相关内容时，通过选取反映社会变迁因素的相关指标，并对指标历年变化数据进行收集，在此基础上进行统计分析，总结变化趋势，并运用 Stata 软件对指标间的相关性进行分析。

词频分析法。词频分析是近年来社会科学中兴起的一种分析方法，在此之前其常被用于情报检索与文本挖掘，用以评估一个词对于一个文件或一个语料库中的一个领域文件集的重要程度。通过最高人民法院工作报告中有关国家、社会等词语的出现频率，并在对与之相关词语的分类统计的基础上，用定性分析的方法解读国家、社会在特定时期所具有的不同含义，以发现刑事司法中国家、社会、个人利益的变化趋势。

上　篇

第一章　国家、社会与个人：一个分析框架

“国家与社会”是学术研究常用的分析范式，其含义可以表述为：个人从身份制的、血缘或地域性的共同体获得解放，在旧的共同体瓦解的基础上，取而代之的是直接以个人为基本单位的新的社会结合形式。这样一种结合形式，一方面表现为统治及于个人的民族国家，另一方面则是通过个人自由结合而形成的，自立于国家的社会领域，国家与社会是一个经常被使用的概念或框架。①

第一节　“国家与社会”范式的反思与借鉴

一、“国家与社会”范式的基本观点

围绕“国家与社会”的分析框架，形成了一些基本的观点，学者肖瑛在《从“国家与社会”到“制度与生活”：中国社会变迁研究的视角转换》中对此进行了较为详尽的梳理：

首先，“国家与社会”的分析范式，预设了两个基本范畴，即“国家”和“社会”，每一个范畴都具有内部的统一性以及外在的独立性和自主性。其中，“国家”在特定空间边界内作为一个权力统一体而存在，不同层级、部门以及代理人之间不存在明显的利益和权力的冲突和分割倾向。虽然相比于“国

① 徐赫喃：《刑事诉讼中的国家、社会与个人》，博士学位论文，中国政法大学，2004。

家”的单数形式，学者们都承认“社会”的复数性，但与“国家”一样，“社会”也被想象为一个有着自身独特的结构、边界和运行逻辑，自觉追求独立性和自主性，追求与国家相区分的社会领域。

其次，“国家”与“社会”的关系，如果国家和社会被想象成两个独立的实体，那么其逻辑结果就是把二者的关系想象为一个二元论的、既对立又相互依赖、在力量上此消彼长的互动模式，如“强国家弱社会”“小政府大社会”，又或是“强国家强社会”，等等。

改革开放后，中国经济领域的市场化，改变了中国总体性社会的格局，从国家全面控制走向国家向市场分权，各种资源要素流入市场和社会，开启了中国社会领域的发育进程，尤其是随着 20 世纪 80 年代以来中国民间组织的兴起和涌现，国家与社会的互动与合作，社会组织被赋予了更重要的期待。

最后，现代性在政治和社会上的表现之一就是独立、自主，公民自我组织、自我管理的社会领域的成熟，社会能够对国家权力进行制度性的监督和约束。

二、对“国家与社会”范式的反思

对“国家与社会”范式的批判主要集中于“国家”“社会”作为两个有着自身独特的结构、边界和运行逻辑的实体概念，“国家”和“社会”的概念不断受到质疑和挑战。

米格代尔认为，与权力边界明确且高度统一的理论上的“国家”不同，实践中的“国家”是碎片的，缺少协调性；国家要面对诸如家庭、宗族、政党、跨国公司等各种社会组织，它与不同社会组织之间的斗争逻辑并不一样，既有重叠又有冲突。因此，他认为“国家处在社会中”[①]。还有学者认为，作为政权的单位，国家也并非单一的主体。在中国，地方政权与中央政权之间也存在着某种互动，“只说单一国家能力”的“以国家为中心”的观点“会遮蔽国家与社会诸关系以及国家能力的某些重要方面”。[②]

与此同时，也有学者对“社会”的概念进行解构，米歇尔·曼对一元、自成整体、有着一致边界、完型的社会系统想象作了否定，并试图以“多重相互叠

---

① [美]乔尔·S. 米格代尔:《社会中的国家:国家与社会如何相互改变与相互构成》,李杨、郭一聪译,江苏人民出版社,2013。

② Elizabeth J. *Remick*, *Building Local States*: China during the Republican and Post-Mao Eras (Cambridge: Harvard University Asia Center, 2004), pp. 8-9.

压和交织的权力的社会空间网络"取代"社会"概念。[①] 亚历山大认为，首先，"国家与社会"范畴中的"社会"在现实中是多元和复杂的，既包括各种"公民领域"，也包括各种"非公民领域"（如国家、经济、宗教、家庭和共同体）[②]，"社会"本身具有复杂性、多面性，抽象地套用"国家与社会"可能遮蔽"社会"的丰富形态及其内部的复杂构成。

对于"国家与社会"范式运用的批判，主要在于两点：一是在使用这一框架时，没有对"国家"与"社会"的内涵进行清晰的限定，只是在笼统的意义上使用，将社会作为国家之外的兜底范畴。二是研究着眼于抽象的国家和社会，以及它们之间的互动关系，而忽视了国家和社会本身的复杂性以及国家和社会内部因素的变化，可能会影响整体研究结论的信度。[③]

三、"国家与社会"范式的借鉴

学术界对于"国家与社会"范式的批判，意味着我们对"国家与社会"的关系进行更深入的思考，同时对于这一研究范式进行不断的改进。在使用或运用这一范式时，我们需要思考以下几个问题。

（一）对研究中的"国家"和"社会"进行界定

"国家"和"社会"是否有清晰的边界、明确的内涵、确实的实体，在笔者看来并不是很重要，这个问题就像是先有鸡还是先有蛋一样。或者追问，是先有国家还是先有社会，社会在国家中，还是国家在社会中，这些都不是非此即彼的，或者有标准答案的问题。任何概念都经不起追问，如果"国家"这个概念在我们脑海中还有一些清晰的形象，当我们继续追问国家到底是什么，那恐怕也很难回答清楚。而"社会"这个词就更有趣了，从它诞生之日起就是一个包罗万象的概念，比如人类社会、中国社会、古代社会、民间社会……因此想要对社会做一个统一的定义，恐怕是徒劳，但在研究中漫无边际地使用社

---

① Michael Mann, *The Source of Social Power* (Cambridge: Cambridge University Press, Vol. 1, 1986), pp. 1-2.

② Jeffrrey C. Alexander, *The Civil Sphere* (New York: Oxford University Press, 2006), p. 196.

③ 肖瑛：《从"国家与社会"到"制度与生活"：中国社会变迁研究的视角转换》，《中国社会科学》2014 年第 9 期。作者在文章中指出，先入为主地预设了"国家"和"社会"这两类系统的存在，而可能忽视西方社会理论建构中复杂和严苛的理论前提，或者仅仅关注社会变迁的某些片段，而略过了其复杂过程，把研究焦点放置在两类组织间的二元互动上，较少分析各自内部的分化和冲突及其对外部关系的影响和作用机制，从而简单化了现实情境中正式权力与其施加对象之间的复杂关联。

会这个概念,显然也是有失严肃的事情。如果采用“国家与社会”的研究范式,一定要结合研究内容、研究对象、研究方法,在本研究情景下对“国家”和“社会”进行明确、合理的界定。

(二)理论研究的层次问题

对“国家与社会”研究的批判,一个很重要的观点是,国家与社会过于宏观与抽象,对国家和社会系统内部复杂性的认识尤其难以穷尽和把握。在此前提下谈国家与社会的互动关系,犹如空中楼阁。这种顾虑不无道理,不过也应明确的是,不管是理论研究还是实践研究,都具有层次性,既需要微观层面的概念深描,也需要中观层面的体系构建,还需要宏观层面的理论抽象。这几种研究并不冲突,反而循序渐进、互为表里,共同推进和扩展人类的认知领域。在有关国家和社会内部各种细节问题的研究基础上,探讨国家与社会外部的互动关系,应该可以也是可能的。

(三)本书对“国家与社会”范式的借鉴

本书的论述起点是寻找社会治理变迁与刑事司法之间的关系,因此需要一个分析框架来展示社会治理模式与刑事司法运行模式的变迁过程。社会治理在我国当代的语境下,是指国家对于社会的治理,因此“国家与社会”的关系便是贯穿于社会治理模式变迁过程的主要线索。而对于刑事司法而言,其本质上反映的是国家公权力对犯罪的治理,并且最终体现在国家对个人的关系上。虽然社会并不直接体现在刑事司法过程之中,但是任何形态的刑事司法都是嵌入客观社会结构之中的,在刑事司法中客观上存在着国家、社会与个人三方关系。

不论是社会治理模式的变迁还是刑事司法模式的变迁,其中都内含着国家、社会、个人的关系这样一条主线,因此本书首先引入国家、社会与个人这样一种分析框架,通过刑事司法中国家、社会、个人的利益分析,来描述在应然层面上刑事司法中国家、社会与个人的关系。在后文中,会对本研究当中国家、社会和个人进行明确的界定。

第二节　刑事司法中的国家、社会与个人

从人类对犯罪的救济方式的发展来看,最早是通过血亲复仇、同态复仇

的私力救济来处理犯罪问题。随着国家的产生,强大而完善的国家机构的建立,犯罪不仅是个人与个人之间的纠纷,更是上升为对国家秩序的破坏,对政权统治秩序的挑战。于是原来的血亲复仇、同态复仇演化为由国家来代替进行这种复仇,由法律设置的刑罚来取代私人的同态伤害。现代刑事司法是指国家司法机关依照宪法、法律赋予的刑事司法权、各司其职、互相配合,并按照一定的法律程序办理刑事案件、执行国家刑罚所进行的活动。狭义的刑事司法就是由公安机关、检察机关、审判机关、司法行政机关共同参与、分工协作的刑事诉讼过程,一般分为侦查、起诉、审判、执行四个环节。

一、刑事司法中国家、社会、个人的内涵

刑事诉讼是"国家对个人发动的一场战争",显然国家是刑事诉讼中最重要的角色,虽然国家的内涵非常丰富,有地理层面、民族层面、文化层面、政治层面的内容,但是在刑事司法中,我们所说的国家,仅指政治层面的含义。对犯罪的追诉权和刑罚权归国家所有,不仅包括狭义的处理刑事案件的行政、司法机关等刑事诉讼中的专门机关,还包括掌握国家政权,拥有治理国家权力的政党和政府。

刑事司法中的个人,简单理解为参与刑事诉讼的人,但是这种理解失之宽泛。刑事司法中除了国家专门机关,根据与刑事案件结果的关系来划分,有直接利害关系的诉讼参与人,为刑事诉讼的当事人,主要包括被追诉的对象(犯罪嫌疑人、被告人)[①]、被害人,在刑事诉讼中自诉人、附带民事诉讼的原告人、被告人也是案件的当事人,他们在绝大多数情况下与被害人和被追诉人是重合的,少数情况下不一致。另外在刑事诉讼中,与案件结果没有直接利害关系的为其他的参与人,如法定代理人、诉讼代理人、辩护人、证人、鉴定人、翻译人员。根据刑事诉讼控辩结构来看,上述人员可以分为两类,一是被追诉一方的,包括被追诉人(附带民事诉讼的被告人)及其法定代理人、辩护人;二是被害人(自诉人、附带民事诉讼的原告人)及其法定代理人、诉讼代理人。由于证人、鉴定人、翻译人员是以中立的立场参与刑事诉讼的,所以他们属于一般普通的社会公众,可以划归刑事诉讼中的社会范畴。综上,在本研究中所指称的刑事诉讼中的个人主要指刑事诉讼中的被追诉人及其利益相关的一方、被害人及其利益相关的一方。在通常情况下意指被追诉人和被害

① 本书其他地方也使用加害人、犯罪人的表述。

人，如果有涉及利益相关者，会明确指出。

传统刑事诉讼理论中，并没有社会的概念，但是我们仍然能看到社会的身影。如通常我们强调的司法审判要注重法律效果、政治效果、社会效果相统一；再比如我们认为刑事司法主要的功能之一就是保障国家安全和社会公共安全，维护社会主义社会秩序。由此可见，“社会”这个概念虽然没有明确的定义，但是切实存在于刑事诉讼中的。那么在刑事诉讼中，社会是以什么形态存在的？社会是如何影响刑事诉讼的？本研究中刑事诉讼中的社会是指什么呢？我们讨论的社会治理是在我国深化改革背景语境下，以国家治理能力与治理体系现代化为总体布局的社会治理。简单来说，就是以“完善共建共治共享的社会治理制度，保持社会稳定、维护国家安全”“确保人民安居乐业、社会安定有序，建设更高水平的平安中国”为目标，建设“完善党委领导、政府负责、民主协商、社会协同、公众参与、法治保障、科技支撑的社会治理体系”，突出社会个体的动员和参与，建设“人人有责、人人尽责、人人享有的社会治理共同体”。

在这种理念的指引下，刑事司法中的社会，至少包含以下两层含义：一是作为社会公众参与的主体，泛指社会中的每一个人。普通公民参与刑事诉讼，分享国家司法权是司法民主的题中应有之义。我国的刑事司法体系中也设计了公民参与司法的相关制度，如人民监督员制度、陪审员制度、公民扭送、公民见证等，甚至证人、鉴定人、专家辅助人制度，都离不开普通社会大众的参与。长久以来，我国刑事诉讼证人出庭率低的问题，可以看作公民对于出庭作证价值的认知不充分，公民参与公共事务所应有的公共精神的缺失。因此，社会大众以个体身份参与刑事司法，体现了社会治理过程中的公众参与理念，也体现了对于犯罪治理的过程，人人有责、人人尽责、人人共享安全的社会环境、稳定的社会秩序。二是作为社会协同治理过程中的社会力量，主要是指有组织的社区、社会组织、企事业单位等。以社会组织为代表的社会力量，在现代社会治理中发挥了重要的作用。社会组织在党委领导、政府负责的社会治理体系下，参与协同治理，完成组织再造，提升社会自治能力，是未来我国社会治理的发展趋势。如果将刑事司法看作对犯罪问题的治理过程，那么要解决的问题就不单单是侦查、起诉、审判和执行这一简单的诉讼过程。对于犯罪的源头治理、犯罪破坏的社会关系的修复以及犯罪者的再社会化都不是刑事司法本身所能解决的问题。因此，保持一种开放的态度，吸纳社会力量参与刑事司法治理，才是刑事司法提升治理能力和治理效能的最佳选择。

以上对刑事司法中的国家、社会、个人的具体指向进行了说明。这三方主体参与刑事司法活动，均有各自的利益追求，实现其参与诉讼的目的。利益是人类结成社会的基本动因,马克思主义认为人类要创造历史,就必须先能生存,"为了生活,首先就需要衣、食、住、行以及其他东西"[①],而"人的需要总是一种带有社会性的需要,总是通过一定的社会关系,转化为一定的利益形式来实现的"[②]。不同利益主体具有不同的利益诉求,由于人们的社会地位不同,活动方式和内容存在差别,社会利益体呈现出多种维度和层次,这些利益具有普遍性和协调性,同时也体现出特殊性和竞争性,于是由利益所产生的冲突和纠纷必不可免。人类一切制度设计从本质上来看都是平衡利益冲突,也可以说利益平衡是人们结成经济关系、阶级关系和政治社会关系的动因。利益也是法律的起点和基本命题,柏拉图认为社会之所以要有法律,是因为人的本性只考虑个人利益而不谋求公共利益,通过法律可以制裁或者惩罚人们的不善行为。庞德也指出法律的目的和任务就是调整各种相冲突的利益。[③] 法律关系中的利益诉求影响了法律的制定和运行模式,同时特定时期的法律和法律运行模式反映了当时历史条件下不同利益主体的利益分配格局。

一般来说,刑事司法体现了国家公权力机关与被追诉人之间的关系,其中控、辩、审三者之间的关系也是刑事诉讼最基本的结构。在刑事司法过程中,国家和被追诉人有不同的利益诉求,甚至是代表国家公权力的侦查、检察部门以及法院部门的利益诉求也有相当的区别。除了最直接的利益相关者国家和被追诉人,被害人及其亲属、被追诉人的亲属也会直接或者间接地参与到刑事司法过程中来,并且具有不同的利益主张。作为由普通民众组成的抽象意义上的社会,虽然不直接与刑事司法结果有利害关系,但是普通民众对刑事司法仍然有公共利益诉求,并且会通过特定方式表达出来。特定时期国家、社会、个人的关系格局,决定了刑事司法制度的根本目的,决定了刑事司法制度的利益分配格局,或者说是对不同利益的保护力度。

二、刑事司法中的国家利益

(一)国家利益基本含义

一般来说,国家利益是指民族国家追求的主要好处、权利或收益点,反映

① 马克思、恩格斯:《马克思恩格斯全集》(第三卷),中共中央马克思恩格斯列宁斯大林著作编译局译,人民出版社,1960,第 31 页。

② 刘德厚:《广义政治论》,武汉大学出版社,2004,第 136 页。

③ 沈仲衡:《西方法哲学利益观评述》,《当代法学》2003 年第 5 期。

这个国家全体国民及各种利益集团的需求与兴趣。从政治学角度看，国家利益具有丰富的内涵和外延，国家利益的界定有内在的和外部的两方面因素，这些因素既有给定的、不会改变的内容，比如一国的地理环境、人口状况、国家实力等[①]，这些不变因素决定着一个国家基本的发展方向和外交政策。同时决定一个国家利益的也有不断变化的因素，这又分为内生变量与外生变量：内生变量主要是指广义上的社会生产方式和国家政治形态；外生变量主要指一个国家的外部环境所包含的各种相关成分，如国际和平与冲突的状况、大国关系和国际组织内的合作分工、邻国和相近区域的经济基础、世界经济成长的总体状况等。[②] 国家利益富有层次性和历史性。人们认识国家利益的基本构成及其表现形式的角度是多样的，不同的认识与判断标准会产生不同类型的国家利益构成，如根据国家利益的时效性，可以分为永恒利益和可塑利益；根据国家利益的强度，可将其分为生存利益、重大利益、主要利益和次要利益；根据国家利益的具体内容可分为经济利益、政治利益、文化利益、安全利益和外交利益等等。在不同历史时期，作为社会生产方式和国家政体形态内含的诸要素之间相互依赖、相互制约、相互博弈的结果，国家利益呈现出不同的形态，并且不断完善、调整和自我更新，体现出历史性。

虽然国家利益的内涵和外延非常丰富，在不同时期，不同的人，站在不同的角度，对于“什么是国家利益”的问题，会有不同的答案：军事家可能用它指一个国家的领土完整和神圣主权不可侵犯，经济学家可能用它指一个国家的经济开放而稳定地成长，社会学家可能用它指一个国家的社会和谐及民族团结的局面等等。抛开这些具体的方面，从抽象意义上来说，一个国家最基本的利益不外乎生存和发展。美国政治学家摩根索认为国家利益应当包括三个重要方面：领土完整、国家主权和文化完整。在这三个方面中，最本质的问题就是一个国家的生存问题，其余方面都是次要的问题。[③] 结构现实主义学派代表人物肯尼思·华尔兹也认为生存是国家唯一的利益。[④] 在国家利益丰富的构成要素中，生存和发展是最基本的立足点，其中秩序作为生存的基础历来是国家利益的重要方面。

秩序是指“自然进程和社会进程中都存在着某种程度的一致性、连续性和确定性”[⑤]，一般来说人类面临着两种秩序：一是自然秩序，是一切自然现象

---

① 高伟凯：《国家利益：概念的界定及其解读》，《世界经济与政治论坛》2009 年第 1 期。

② 王逸舟：《国家利益再思考》，《中国社会科学》2002 年第 2 期。

③ 徐若琪：《汉斯·摩根索的“国家利益”概念探究》，《国际论坛》2015 年第 3 期。

④ [美]肯尼思·华尔兹：《国际政治理论》，信强译，上海人民出版社，2003，第 135-142 页。

⑤ [美]默登海默：《法律哲学与法律方法》，邓正来译，中国政法大学出版社，1999，第 219 页。

发生、发展和运作的秩序，如四季轮换、日夜交替等等；二是社会秩序，社会秩序是连接和维系人类社会关系的纽带，是人类生存和发展的基本条件。[①] 有了社会秩序，人们的行为有了依据，人与人之间的行为具有可预测性，人们会根据社会行为的准则采取行动，减少行为的错误和成本，社会运行有条不紊，即便他人的行为给自己造成损失，也可以通过既定的秩序得到补偿，社会实现较高效率的运行。正是秩序之于国家和社会的重要意义，"凡是人类建立了政治和社会组织单位的地方，他们都曾力图防止出现不可控制的混乱现象"[②]。

对于政治国家来说，追求社会秩序利益最根本的目的在于维护统治秩序。若在社会不受控制陷入失序的状态，会威胁到一个政治国家的生存：从内部统治角度来看，会丧失政权，改朝换代；从民族国家的角度来看，外来侵略者有机可乘，国家会陷入亡国灭种的危境。因此，国家的统治者会通过多种手段建立社会控制系统以维持稳定的统治秩序，这些手段一般包括信仰体系和制度体系，其中信仰体系包括社会价值观、舆论、宗教等，制度体系包括法律、教育、经济等。在所有不同的社会控制工具中，法律作为"社会使用的最特别和高度精致完美的控制机器"居于最高地位。[③] 法律是维护秩序、实现社会控制最广泛、直接和有效的手段，法律以一定社会主体的权利和义务为基本内容，表现出确定性、一致性、连续性，并且以特殊强制力保证实施，这些特点使法律相较于其他社会控制手段能够更有可操控性地维持社会秩序。庞德在《通过法律的社会控制》中，把法律定义为政治组织一种高度专门化的社会控制形式。[④]

（二）刑事司法体现的国家利益[⑤]

我国刑事司法对国家利益的维护，体现在《刑事诉讼法》的目的和任务上。我国《刑事诉讼法》第一条规定了刑事诉讼的目的，是"保证刑法的正确实施，惩罚犯罪，保护人民，保障国家安全和社会公共安全，维护社会主义社会秩序"，第二条规定了刑事诉讼的任务，"保证准确、及时地查明犯罪事实，正确应用法律，惩罚犯罪分子，保障无罪的人不受刑事追究，教育公民自觉遵

① 周旺生：《论法律的秩序价值》，《法学家》2003 年第 5 期。

② ［美］默登海默：《法律哲学与法律方法》，邓正来译，中国政法大学出版社，1999，第 220 页。

③ ［美］E. A. 罗斯：《社会控制》，秦志勇等译，华夏出版社，1987，第 81 页。

④ ［美］庞德：《通过法律的社会控制》，沈宗灵译，商务印书馆，1984，第 58 页。

⑤ 刑事司法是一个国家的基本制度，虽然也会涉及国际刑事司法合作的内容，但其主要着眼点是国家内部关于犯罪和公共安全的问题，在此将从国家内部的角度来探讨国家利益。

守法律，积极同犯罪行为做斗争，维护社会主义法治，尊重和保障人权，保护公民的人身权利、财产权利、民主权利和其他权利，保障社会主义建设事业的顺利进行”。从法律文本上分析，我国刑事司法在于通过惩罚犯罪的社会控制形式，保障国家安全和社会公共安全，实现社会秩序。从刑事诉讼的任务来看，国家的秩序利益有两层含义。

(1)通过刑事司法的惩罚犯罪和教育大众的功能实现社会控制。犯罪是一种客观存在的社会事实，是社会根据一定的价值标准予以否定评价的行为，其本质是一种冲突，在国家产生以后并通过法律介入这种冲突的解决以后，这种否定性的行为被定义为法律上的犯罪行为。犯罪行为被认为是对国家统治秩序和社会公共秩序的破坏，马克思认为犯罪是“孤立的个人反对统治关系的斗争”，“罪犯是国家的公敌”。[①] 因此国家基于统治职能和社会管理职能，需要有效地惩罚秩序破坏者，维护国家安全和社会秩序，实现对社会的控制。刑事司法对秩序的维护一方面体现在查清事实、惩罚犯罪，追究其刑事责任，以对犯罪分子进行改造、剥夺犯罪条件、剥夺生命等方式使其不再危害社会秩序，从而实现特殊预防的作用。另一方面通过追诉犯罪、惩罚犯罪，让一般公民认识到犯罪行为的必然受罚性，依照“趋利避害”本性和刑罚的威慑作用，使公民自觉遵守法律，并且为了维护社会秩序而积极地同犯罪行为做斗争，实现刑罚一般预防的目的。

(2)通过对公民权利的保护实现社会秩序。人民的认同和支持是国家和国家公权力机构获得合法性的来源。卢梭在《社会契约论》中提出每一个社会成员放弃了本身的“自然权利”以换取法律之下的新权利，社会秩序不是建立在强力的基础上，而是建立在权利的基础上，因为最强者无法一直保持强势霸权，除非他能把强力转化为权利，把服从转化为义务。在那种情形下，权利与强力就要互换位置。如果必须用强力使人服从，人们就无须根据义务而服从了；因而，只要人们不再是被迫服从时，他们也就不再有服从的义务。当人们出让了自己的天然自由，履行对国家或者政治共同体的服从义务，愿意为了获得社会秩序而服从国家和政府的管理，则国家有义务维护公民法律上的权利，并为社会成员提供社会秩序。我国宪法也规定了“中华人民共和国的一切权力属于人民”“国家尊重和保障人权”“任何公民享有宪法和法律规定的权利”。

由此可见，不管是西方基于自然法和社会契约论构筑的政治理论还是我

① 马克思、恩格斯：《马克思恩格斯全集》(第三卷)，中共中央马克思恩格斯列宁斯大林著作编译局译，人民出版社，1960，第379页。

国的具体情况，保护人民权利是国家的基本职能，同时也是国家实现秩序利益的题中应有之义。刑事司法对公民权利的保护主要体现在以下几个方面：(1)通过对犯罪问题的治理，维持较低的犯罪率和较好的社会治安水平，使普通民众的人身权利、财产权利、民主权利和其他权利不受犯罪的侵害。(2)在刑事司法过程中，国家权力的行使要谨慎、规范，通过法律规定对国家权力进行合法限制，从而保障公民不受权力非法行使的侵犯。(3)在刑事司法过程中，法律积极赋予诉讼参与人尤其是最容易受侵犯的被追诉人防御国家权力的权利，在尊重和保障人权的基础上，查明案件事实，使犯罪分子得到应有的惩罚，并确保无罪的人不受刑事追究。

以上对于刑事司法国家利益的分析是基于我国现阶段国情的应然状态的分析，就像国家利益所具有的层次性和历史性特点一样，刑事司法的国家利益要素之间并不总是指向同一的方向，在某一特定时期，刑事司法的国家利益是由社会生产力方式和国家政治形态所含有的所有因素相互依赖、相互制约的结果，在不同历史时期刑事司法的国家利益会在犯罪控制和权利保护这两种基本的价值之间进行权衡和博弈，并展现出不同的刑事司法制度形式(或称模式)，后文将对这一问题进行讨论。

三、刑事司法中的个人利益

被追诉人(在不同的诉讼阶段和情景下又被称为犯罪嫌疑人、被告人、加害人)通过刑事诉讼被定罪、量刑或者宣告无罪，是刑事诉讼最直接的利益相关者。被害人(受害人)是犯罪行为的直接受害者，通过刑事诉讼追究加害人的刑事责任，使被害人心理上得到安慰，同时被害人通过刑事附带民事诉讼获得经济赔偿，或者获得国家的救济和帮助。因此被追诉人和被害人是与刑事司法的过程和结果联系最为密切的个人。这部分内容将讨论被追诉人、被害人在刑事司法过程中的利益诉求，刑事司法对于个人利益的保障是实现社会治理的重要目标。另外，本节讨论刑事司法的个人利益，除了被追诉人、被害人，具体到每个案件中，侦查人员、检察官、法官也有不同的个人利益诉求，比如案件的侦破率与侦查人员的绩效和晋升密切相关等等，但是基于他们作为国家公职人员，在刑事司法过程中履行的是职务行为，在此假定他们只服从于国家利益，不对其个人利益做出具体的讨论。另外，被追诉人亲属以及被害人亲属也常常参与到刑事司法过程中去，在通常情况下，他们的利益从属于被追诉人或者被害人，当然在特殊情况下，也可能会与被追诉人或者被害人的利益不一致。本部分内容只是在一般意义上讨论被追诉人和被害人的个人利益诉求，在此对这种特殊情况也不做具体的讨论。

(一)刑事司法中的被追诉人利益

1.被追诉人诉讼权利保障和获得公正判决的利益

被追诉人最基本的利益诉求莫过于在刑事诉讼过程中其合法权利受到合理对待和充分保障，并最终获得公正的判决。被追诉人的合法权利范围较为广泛，既有实体方面的权利，也有程序方面的权利。“在自己的权益面临威胁时，人们不仅关注自己利益被剥夺的实际结果，而且也重视自己被对待的方式。”①这个方式既包括司法的观念、制度，也包括执法的过程，既包括实体的公正，也包括程序的正义。②

刑事诉讼是以国家为代表的控方发动的对于被追诉人个人的一场战争，国家强大的物质和人力资源使其在侦查和控诉过程中能够大展拳脚，而被追诉人不仅是一个人在战斗，而且还被剥夺了一定的战斗能力，犯罪嫌疑人进入了刑事程序，意味着其作为公民的合法权益将被部分地剥夺，比如为确保侦查工作的顺利进行，或者为了防止新的犯罪行为而对犯罪嫌疑人所实行的拘留、逮捕等强制措施，剥夺犯罪嫌疑人的人身自由等。显然，为了能够平衡控辩双方的力量，必然需要赋予被追诉人必要的权利来抵御国家的进攻，并且从“平等武装”的原则来看，刑事诉讼中的权利义务配置应当适当向辩方倾斜③，否则这将是一场力量悬殊、恃强凌弱的对抗，丧失了法律最基本的公平和正义。“国家专门机关在追诉犯罪的过程中，最容易侵犯的是犯罪嫌疑人、被告人的权利，如果我们不将被追诉人权利保障问题视为刑事诉讼人权保障的核心，则刑事诉讼人权保障将很容易陷入混乱。”④被追诉人在刑事司法过程中的基本权利主要是指除依照法律规定可以限制或剥夺的权利以外应享有的合法权利⑤，一般是指人身、人格、自由、平等等基本人权和各种诉讼上的权利，如辩护权、不被强迫自证其罪的权利、接受公开审判的权利等。不管是实体上的人权保障还是程序上的权利保障，都是为了指向一个公正的司法判决，这是被追诉人最终的利益诉求。公正的司法判决包括有罪的人得到与罪

① 陈瑞华：《刑事诉讼的前沿问题》，中国人民大学出版社，2000，第2页。

② 谢海生：《我国刑事司法功能之检讨及其重构：从犯罪嫌疑人（被告人）的视角》，《中国刑事法杂志》2001年第4期。

③ 王秀梅：《论国际刑事辩护“平等武装”原则》，《刑法论丛》2014年第2期，第394页。

④ 胡铭：《刑事司法民主论》，中国人民公安大学出版社，2007，第291页。

⑤ 徐益初：《刑事诉讼与人权保障》，《法学研究》1996年第2期。

行相当的罪名和惩罚，无罪的人不受刑事追究和惩罚。

2. 被追诉人获得再社会化的利益

除了合法权利得到保障，被追诉人的另一项重要利益诉求是在刑罚执行完成以后顺利回归社会，也即再社会化的权利。一段时间以来我国主流的刑罚理论认为，“社会主义国家本身不产生犯罪，犯罪源于资产阶级和封建残余的影响，以及国内外敌对势力的破坏和对抗”[①]，国家对犯罪强调的是打击和镇压，犯罪人员被看作是专政的对象，缺乏一种理性的角度来看待犯罪和犯罪人，甚至在20世纪五六十年代刑事司法运动的过程中提出了“消灭犯罪”的目标。随着犯罪学的发展，人们理性地认识到“迄今为止的人类历史经验表明，犯罪可以控制，但无法消灭。这是基本犯罪规律决定的……提出‘消灭犯罪’或类似要求，都是不切实际的幻想。超现实的期待可能导致适得其反的后果”[②]，从历史、制度、文化、地域等多维视野来考察，犯罪产生的原因和犯罪控制的规律在人类社会中具有一致性，储槐植教授指出人类社会是一个复杂的有机整体，犯罪是一种社会现象。因此，犯罪的原因必然是多因素的，同时这些因素之间又必然具有内在联系。[③] 犯罪学的研究表明，犯罪是一种不可避免的社会现象，其中既有犯罪行为人的道德和人格的缺陷，也有社会自身的原因和责任。因此在刑事司法过程中，对犯罪行为人处以一定的惩罚是必要的，但是处罚绝不是控制犯罪的最好策略，除了那些被判处死刑立即执行的，其他犯罪行为人都面临刑罚执行完毕以后回归社会的问题，而国家和社会也应当承担起相应的矫正任务。

犯罪行为人再社会化的基本权利也是刑事政策人道主义的重要原则。刑事政策人道主义原则要求国家对于即便是粗暴地践踏人类共同生活诫命的人，仍然要以公民和生活于社会共同体的人类平等一员的地位予以对待，并且要致力于使其重新回归和融入共同体。[④] 卢建平认为，刑事政策的人道原则要求刑事政策展现其道德底蕴和人文关怀，关心社会秩序的维护、社会基本价值体系的维系以及社会公众普遍福祉的同时，关心被追究刑事责任的犯罪人的社会复归。[⑤]对于罪犯的再社会化应当视为刑罚的重要目标和执行自由刑的最高标准。

---

① 李楯：《法律社会学》，中国政法大学出版社，1999，第521页。

② 肖剑鸣、皮艺军：《犯罪学引论》，警官教育出版社，1992，第5页。

③ 储槐植：《刑事一体化》，法律出版社，2004，第11页。

④ 樊文：《犯罪控制的惩罚主义及其效果》，《法学研究》2011年第3期。

⑤ 卢建平：《刑事政策学》，中国人民大学出版社，2007，第190页。

目前在我国刑事司法实践中，存在突出的惩罚主义特征，注重积极的特殊预防和强化规范效力，而忽视了防止犯罪行为人再犯并促进其再社会化的“人本”和“一般预防”的思想。[①] 对犯罪行为人的教育和改造是刑罚的基本功能，一些国家近几十年来对犯罪原因以及犯罪改造的思想都有了很大发展，并且大量被运用到刑事立法和实践中，产生了显著效果。[②] 例如德国在刑事司法政策上展现出刑罚轻缓化的发展趋势，自由刑尤其是短期自由刑的适用受到严格限制，制裁程度较轻的替代措施被大量采用，在确定量刑标准上，量刑的基础是行为人的罪责，同时还考虑到刑罚效果对行为人将来社会生活的影响，即要考虑行为人的再社会化，并且较多地适用刑罚方法以外的各种措施预防和控制犯罪，在行刑方面以社会化原则为核心，优先考虑以行为人的再社会化作为刑罚执行的目的。这些变革措施一方面解决了监狱危机的现实需求，消除了犯罪亚文化的侵害、缓解了监狱设施内人满为患的紧急状况；另一方面体现了刑罚执行的目的由惩罚转向教育、矫正，以使犯罪行为人重新复归社会的思想。[③] 保障和满足犯罪行为人的再社会化权利，积极培养其积极负责的生活态度和重新融入社会的能力，具有现实的意义，也是当前刑事司法社会治理的重要目标和任务。

（二）刑事司法中被害人的利益

1. 被害人利益的历史变迁

被害人是犯罪行为最直接的受害者，从刑事诉讼发展的历史来看，被害人的地位和利益保障是不断发展变化的。“原初和奴隶社会初期犯罪被看作只是侵害个人利益的行为，对犯罪的追究和惩罚通常求助于以血亲复仇和同态复仇的原始解决方式，犯罪被看作只是侵害个人利益的行为。此时，被害人同时也充当了刑罚执行者的角色。”[④]在这一时期，被害人对自身权益受到侵害的救济，完全处于主动地位，集刑事追究、刑事审判和刑事执行于一身。国家和国家司法制度出现以后，犯罪行为不仅被视为对个人利益的侵害，更重要的是对国家和社会利益的侵害，同时被害人直接处罚加害人的权力让渡给了国家。在最初的“弹劾制”诉讼模式下，在不告不理的原则下，被害人只

---

① 樊文：《犯罪控制的惩罚主义及其效果》，《法学研究》2011 年第 3 期。

② ［美］戴维·波普诺：《社会学》，李强译，中国人民大学出版社，1999，第 231 页。

③ 马登民：《德国刑事政策的任务、原则以及司法实践》，《政法论坛》2001 年第 6 期。

④ 郭建安：《犯罪被害人学》，北京大学出版社，1997，第 6 页。

有请求刑罚的权利，也就是说，被害人享有的对加害人的惩罚权转化为诉讼上的权利。随着刑事司法制度的发展，“纠问式”诉讼模式的确立，国家司法机关具有依职权主动追究犯罪行为人的刑事责任，对犯罪行为的追究不依据被害人的告诉为前提，被害人丧失了刑事诉讼的主体地位，成为辅助查清案件事实的被纠问对象。“在封建社会中，对犯罪进行制裁，不完全依赖于被害人的意志，司法机关可以主动地进行追究，国家将控诉职能和审判职能集于一身，对犯罪的侦查、起诉和审判成为司法机关的主要职能。”①国家刑罚权和公诉制度的确立，提高了对犯罪行为的追诉效率，减少了私力救济的社会成本，在一定程度上有利于维护被害人的利益，但是同时被害人也失去了应有的诉讼地位，被害人的利益诉求被忽视甚至被遗忘。

2. 被害人利益保障的被忽视

自意大利刑法学家贝卡利亚在《论犯罪与刑罚》一书中提出保障犯罪人人权以来，现代刑事司法制度非常强调犯罪人人权的保障问题，很多国家都建立了以犯罪为本位的司法制度，被告人的人权状况得到了前所未有的改善，特别是联合国召开第一届预防犯罪和罪犯待遇大会并制定了《囚犯待遇最低标准规则》后，国际社会关于犯罪权利保障的法律文书或条款不断增加②，刑事法学家也从正当程序、无罪推定、沉默权、非法证据排除等理论和制度的角度，为刑事被追诉人构筑起一道道权利保护屏障，虽然这些制度在实践运作中并非都令人满意，但至少说明对被追诉人的利益保护获得了较大程度的关注。与此形成鲜明对比的是，作为刑事司法中的弱势群体、犯罪行为最直接的受害者的权益保障却没有获得足够的重视。“从前被害人在刑事司法活动中居于核心地位，而今国家成立专门的公诉机构和行刑机构，负责起诉犯罪和执行刑罚，除了少数犯罪轻微案件在一些国家还允许被害人自诉，对犯罪的起诉和惩罚成为国家的权力，而不再取决于被害人的意志，而且看起来似乎已经与被害人无关，使被害人成了被遗忘的‘角落’。此时国家利益上升为首要的、第一位的，被害人遭受的痛苦成了次要的、第二位的，被害人从一个诉讼的直接当事人沦为一个客体，一个对付犯罪的工具，是国家用来

---

① 李心鉴：《刑事诉讼构造论》，中国政法大学出版社，1992，第 84 页。

② 国际社会相继制定的罪犯权利保障的法律文书或条款主要有：《切实执行〈囚犯待遇最低限度标准规则〉的程序》《囚犯待遇基本规则》《保护所有遭受任何形式拘留或监禁的人的原则》《关于外籍囚犯待遇的建议》《保护被剥夺自由少年规则》《保护人人不受酷刑和其他残忍、不人道和有辱人格待遇或处罚的宣言》《少年司法最低限度标准规则》等，转引自董士昙：《犯罪被害人权利保护的理论与实践》，《法学论坛》2005 年第 2 期。

对犯罪人定罪的证据之一。"[①]

犯罪行为本身已经对被害人造成了人身或者财产方面的损失及由此造成的精神伤害，由于刑事司法缺乏对被害人应有的保护机制，被害人的实际损害被化约为抽象法益，刑事审判仅在乎是否能达成抽象的正义。在犯罪事件中最直接受到侵害的犯罪被害者，不仅被当作刑事追诉的工具，更经常在追诉过程中遭受国家机关的冷漠对待，在法庭外受到被告的威胁，或是在法庭上受到被告律师的羞辱。被害人会在刑事诉讼中遭受"二次被害"。"我觉得我想哭，我感受到了侮辱，我讨厌被告律师的提问，我觉得有罪的反而被证明是无罪的，我想，被告律师和我们开了一个大玩笑。我想，他与我们谈话，就像我们是白痴。倘若我们不能记住那些要点，他们就问我们为什么记不住。虽然强奸已经不可避免地发生了。被告律师不让我们说，我真想对他大喊，如果我是你的妻子或者姐妹，你会这样吗？"[②]有学者将被害人在刑事司法过程中遭受的伤害，称为"第二次被害人化"，意指刑事审判中的被害人化，被害人在刑事诉讼过程中心理上再次受到侵害的过程，例如，在侦查、起诉、审判过程中，有时候被害人不得不怀着痛苦的心情与犯罪分子面对面对质，或者向其他人叙述被害细节，使其再次受到情感上的伤害。[③]

另外，被害人会因为犯罪行为直接或间接地遭受经济上的损失，如因身体伤害带来的巨额医疗费用或者丧失劳动能力，生活陷入困境。目前来看，犯罪人对被害人赔偿的情况并不乐观。有媒体报道过一个案例：一个 23 岁的女孩为了反抗强暴，坠楼摔成高位截瘫，54 岁的父亲为了给女儿治病借了十余万元外债。女儿能忍受疼痛却忍受不了成为家里累赘的现实，央求父亲杀了她；父亲可以忍受生活的艰辛，却受不了女儿的央求，亲手结束了女儿的生命。[④] 这个案件令人唏嘘，案件背后也反映了被害人因犯罪行为带来身体上的伤害和经济上的困顿，其自身和家庭陷入了绝境。

3. 被害人利益的主要内容

基于以上对被害人在刑事司法中的地位和现实情况的分析，笔者认为被害人以下利益诉求是刑事司法社会治理应当予以关注的。

首先，犯罪行为发生后，被害人希望得到心理、精神和情绪上的安抚，以

---

① 郭建安：《犯罪被害人学》，北京大学出版社，1997，第 208 页。

② 肖建国、姚建龙：《女性性犯罪与性受害者》，华东理工大学出版社，2002，第 45 页。

③ 王延军：《被害人化问题刍议》，《法学研究》1990 年第 3 期。

④ 阿锋：《父亲掐死瘫痪女儿　百姓联名求情》，http://hn.rednet.cn/c/2006/02/23/816995.htm，最后访问时间 2016 年 3 月 15 日。

避免二次伤害的发生。被害人被害后的心理表现是十分复杂的，愤怒、恐惧、羞辱、绝望等心理反应在其身上是常见的。比如强奸被害人被害后常常会发生被害后果恐惧感、强烈的羞耻感、明显的自责感等心理反应。复杂的心理反应左右着被害人的行为，影响着其正常的社会生活，因此被害后出现什么样的心理变化，直接关系着被害人的未来。[①] 通常在刑事司法过程中，被害人需要心理和精神方面的安抚。这种安抚一方面来自被追诉人及其家人真诚的慰问和道歉，另一方面来自诉讼过程中包括国家机关工作人员以及律师、媒体的尊重和公平对待。

其次，被害人希望通过刑事程序的参与来表达对被告人的责难、报应或者宽宥等诉讼请求，刑事司法对于被害人的知情权、参与权、辩论权等诉讼权利应当有所回应。现代刑事诉讼制度使被害人及其亲属让渡私力报复的权利，追究犯罪的权利转移给了国家，但是“检察官不是也不应该是片面追求打击犯罪的追诉狂，而是依法而言，客观公正的守护人，有利不利一律注意”[②]，因此，在刑事诉讼中公诉机关基于国家、社会利益的平衡，不可能完全代表被害人的利益，被害人有权利通过对侦查、起诉、审判享有知情权、话语权，参与其中，表达对被追诉人责难、报应甚至是宽宥的态度，主张自己的利益。

在李某某案件中，受害人杨女士表示：自己当时在孤立无援的情况下，被李某某等人肆意殴打、侮辱，并轮番施暴，“身体和心灵都受到极大摧残”。案发后，又多次受到李某某的恐吓和威胁，对方极力阻止其将此事张扬出去。受害人一直没有收到任何关于李某某的监护人或者家庭最起码的人道慰问与歉意，在得知被告人律师将作无罪辩护时，受害人表示：“他们没有尊重一名被害女性，也没有站在一个受害者的角度替我想想，这等于是对我的第二次伤害！”另外，该事件被媒体报道后，杨女士受到网友人肉搜索，个人隐私泄露，引起部分网民的人身攻击。这个事件反映出被害人遭受来自犯罪行为、被告人事后威胁、社会舆论的伤害，被害人表达了其渴望通过被告人及其家庭的歉意获得尊重和精神抚慰的内心需求。被害人尽管经其律师解释，认识到辩护人有权为被告人作无罪辩护，但得知李某某的新聘律师欲为其作无罪辩护，她仍然感到极其震惊、愤怒和悲哀，并就此委托律师发表了声明。[③] 被害人希望通过这种方式就犯罪对其造成的影响做出陈述，积极地参与到刑事

---

① 王延军：《论被害人被害后心理的恶性变化——兼论非被害人化过程》，《求是学刊》1997 年第 1 期。

② 林钰雄：《检察官论》，中国法律出版社，2008，第 8 页。

③ 张源：《“无罪辩护”是对受害人的二次伤害》：http://news.sina.com.cn/c/2013-07-12/074927647914.shtml，最后访问时间 2016 年 3 月 15 日。

诉讼程序中去，表达自己的利益诉讼，并希望能够影响案件的最终判决。

最后，被害人因犯罪而遭受的经济和物质损失得到赔偿或补偿是其利益的最终体现。我国刑事立法和司法实践中，一般是通过刑事附带民事赔偿作为被害人获得经济赔偿的主要方式，我国《刑法》第三十六条规定，由于犯罪行为而使被害人遭受经济损失的，对犯罪分子除依法给予刑事处罚外，并应根据情况判处赔偿经济损失。《刑事诉讼法》第一百零一条规定，被害人由于被告人犯罪行为而遭受物质损失的，在刑事诉讼过程中，有权提起附带民事诉讼。但是由于诉讼机制自身的局限性，尤其是被告人及其他责任主体赔付能力的限制，诉讼实际结果与刑事被害人应得的赔偿差距太大。[①] 比如犯罪发生后案件久侦未破，不能确定犯罪系何人所为；即使犯罪分子确定，如果尚未归案，被害人也无从提出刑事附带民事诉讼请求；即使案件及时侦破，罪犯的赔偿能力也大大影响了刑事被害人请求权的实现，因为有的犯罪分子虽曾掠取了大量财物，但归案时已挥霍精光，其面临着长期监禁，即使法院判决罪犯对被害人进行民事赔偿，罪犯的赔偿责任也无法兑现，法院判决书也就成为“法律白条”。[②] 公安机关公布的数据表明，自2001年以来，我国每年刑事犯罪立案率均在400万起以上，破案率均为40％～50％，那么不算已经破案的，我国每年大约有200万的被害人无法从罪犯那里获得赔偿。据最高人民检察院统计，全国大约80％的刑事被害人无法从犯罪人那里获得赔偿。[③] 被害人因为犯罪行为陷入生活的困境和苦难，是刑事司法社会治理必须直面的问题，如果刑事司法无法妥善解决被害人的困境，决不能说其实现了对犯罪问题的良好治理。

四、刑事司法的社会利益

（一）社会利益的一般概念

由于对社会利益内涵有不同的认识，对于什么是社会利益也有不同的答案，最极端的看法认为，不存在独立的社会利益，如边沁提倡个人利益第一，虽然个人利益与公共利益统一，但真实存在的还是个人利益。社会公共利益

---

① 陈彬等：《刑事被害人救济制度研究》，法律出版社，2009，第3-6页。

② 赵国玲：《被害人补偿立法的理论与实践》，《法制与社会发展》2002年第3期。

③ 傅剑锋：《最高人民检察院力推刑事被害人补偿立法》，《北京纪事（纪实文摘）》2007年3月15日。

是许多私人利益的相加，增进私人利益，就增进了整个社会的利益。[①] 但是从各方面看，否认社会利益独立存在的观点是不符合客观实际的，人们在论及个人利益的时候，总是与社会利益相对应、相结合。当代社会法学派大师庞德在《通过法律的社会控制：法律的任务》一书中，提出了著名的社会利益学说，他将利益分为三大类，即个人利益、公共利益和社会利益，其中社会利益是最重要的利益，是指"包含在文明社会生活中并基于这种生活的地位而提出的各种要求、需求或愿望"[②]。庞德认为社会利益包括六个方面：一是应受一般保障的社会利益，如和平与秩序的要求、一般安全、健康状态、占有物的保障；二是关于保障家庭、宗教、政治和经济的各种社会制度的安全；三是一般道德方面的利益；四是使用和保存社会资源方面的利益；五是社会、政治、经济和文化等方面的一般进步的利益；六是个人生活方面的利益，这种要求能使个人获得政治、社会和经济等各方面的机会。国内学者也对社会利益的基本内容提出一些看法，如孙笑侠认为社会利益是公众对社会文明状态的一种愿望和需求，其内容也不像人们所说的那样抽象得不可捉摸，它包括：(1)公共秩序的和平与安全；(2)经济秩序的健康、安全及效率化；(3)社会资源与机会的合理保存与利用；(4)社会弱者利益的保障；(5)公共道德的维护(这在任何市场经济国家及其任何发展阶段都显得特别突出)；(6)人类朝文明方向发展的条件。[③]

"社会利益"与"社会"一样，是一个富有张力的概念，对于社会的不同理解会使"社会利益"具有不同的内涵。如果将"社会"作包罗万象的广义理解，社会利益就是人类社会生存发展的一切利益，居于一切利益的顶端。而事实上，人们很少从这一层面来使用社会这个概念，较多地是指一定时空范围内，基于一定共同利益相互联系的人群而形成的社会。

在这样的社会定义之下，社会利益是指一定时空范围内的社会全体成员，在一定的物质条件下，基于生存和发展的共同需要所体现的利益形态，它既是广泛个体利益的集中体现，又是具体的、独立的利益形态。学者们也正是从这个层面上来讨论社会利益的内容。从各种观点来看，不管具体内容如何划分，社会利益的内容基本上都会涉及秩序、安全、发展和道德(或称核心价值)这几个核心的问题，秩序和安全是社会赖以存在和发展的前提，道德是社会整合的重要力量。同时，社会利益在不同的社会关系领域或不

---

① 赵震江：《法律社会学》，北京大学出版社，1998，第 245 页。

② [美]庞德：《通过法律的社会控制》，沈宗灵译，商务印书馆，1984，第 37 页。

③ 孙笑侠：《论法律与社会利益》，《中国法学》1995 年第 4 期。

同的法律部门，各有侧重也各有不同的表现，比如在劳动法和消费者法方面，社会利益的含义侧重于社会弱者的利益；在环境法和资源法方面，社会利益的含义侧重于社会资源的合理保存和利用；在刑法和治安方面，社会利益的含义则是以秩序的和平与安全为重点。[①]

（二）社会利益与个人利益和国家利益的区别

要明确的是社会利益有别于个人利益和国家利益。虽然社会是由所有的个人组成，但是每个人的个体利益千差万别，由个人组成的利益集团也有不同的利益诉求，显然这些个人利益、集团利益不能简单相加成为社会利益，只有将个人利益抽象为普遍的个人应当拥有的权利，一切的个人权利就有机地构成了社会整体的利益，社会利益与个人权利之间既有一致性也有冲突性。国家利益与社会利益有一定程度的重叠，从国家职能构成来看，一方面是统治职能，也即通过社会控制来维持政权的稳定和安全；另一方面是管理职能，也即监护社会利益的职能，作为社会利益监护者的国家利益便是一种社会利益。[②] 但同时社会具有独立于国家利益的特殊利益，例如国家在以社会利益维护者的身份行使权力时，容易产生权力的扩张和滥用，社会利益便是抗衡国家权力的力量。另外，社会在服从国家治理和管理的同时，仍然有按照自身发展规律实现自我整合和自我管理的利益。我国宪法第十三条规定：国家依照法律规定保护公民的私有财产权和继承权，同时规定了国家为了公共利益的需要，可以依照法律规定对公民的私有财产实行征收或者征用并给予补偿。这一规定很好地体现了个人利益、社会利益和国家利益之间的关系。国家有义务和责任维护个人的私有财产权和继承权，个人的财产利益上升到全体公民的普遍层面，便是整个社会层面的公民私有财产权和继承权，成为一种社会权益。同时，国家作为社会利益的维护者，可以征收征用公民个人的私有财产，体现了在特定情况下个人利益对社会利益的让位。但是依法对公民进行补偿，便是社会利益对国家权力制衡的体现。

（三）刑事司法的社会利益

前文已明确，刑事司法中的社会是指国家机关及与刑事案件直接相关的

---

① 孙笑侠：《论法律与社会利益》，《中国法学》1995 年第 4 期。

② 王婧：《庞德：通过法律的社会控制》，黑龙江大学出版社，2010，第 144 页。

被追诉人和被害人等案件当事人之外的，由普通社会大众构成的社会主体，包括一般的社会公众和人民团体、社会组织、社区等社会力量。社会公众除了作为证人、鉴定人等诉讼参与人以及作为人民陪审员和人民监督员参与刑事诉讼案件，一般不直接与刑事司法过程产生联系，但是社会公众对于刑事司法过程的关注度非常高。如评选出来的2005—2014年10年间的100例全国影响性诉讼案件中，有60件涉及刑事案件，可见公众对刑事案件的关注度远高于民事、经济、行政案件。另据英国的一项调查，在抽样中2/3的人会经常或相当经常地谈论犯罪问题，谈论量刑问题的比例与此相当，在社会问题谈论度排序中，经济和健康问题在部分公众那里远远不如刑事司法问题，70%的人说他们在前几周里与家人或朋友谈论过犯罪问题。[①] 因此，作为普通大众，虽然很少直接参与刑事司法活动，但其仍然对刑事司法保持着高度的关注，这种关注体现的是社会公众对刑事司法的利益诉求，特别是在刑事案件经过媒体报道成为社会热点以后，刑事司法社会利益表达呈现出井喷的现象，人们通过各种方式来表达对刑事司法公平公正、维护社会安全与秩序的能力、保障人权的尺度等问题的看法，并希望能够通过积极地参与来影响案件朝着公正的方向审判。

"司法民意"是近些年的热门话题，从湖北邓玉娇案的民情激愤到广州许霆案的民间同情，随着自媒体时代的到来，社会公众对刑事案件有了更广泛的信息源和发言权，"司法民意"对刑事审判有了巨大的影响力。[②] 在司法领域，民意包含了朴素的正义、对社会公害的憎恶、对公权力滥用的抱怨、对公德的关注、对贫富差距的愤恨，并通过情绪化的方式表达出来，另外，民意具有非独立性、盲从性、集群化、碎片化等特点[③]，使民意在司法审判中成为一柄双刃剑，既可能促进司法公正，也可能干涉司法导致司法不公，因此民意并不简单地等同于社会利益。

抛开个案所展现的具体、生动、复杂的民意诉求，刑事司法中的社会利益表达可以抽象为公正、安全和参与这些基本的要素。在2003年，英国著名的民意调查公司MORI的一项关于公众对于刑事司法信任(以及相关论题)的民意测验中，有关于公众对刑事司法功能的主要观点的探究，受访者被要求对刑事司法的20项功能进行打分，其中"公平地对待所有人，不分种

① Walker, N., Hough, M. and Lewis, H. (1988b) "Tolerance of leniency and severity in England and Walse", in N. Walker and M. Hougheds. *Public Attitudes to Sentencing. Surveys from Five Countries*. (Aldershot: Gower, 1988b).

② 胡铭：《司法公信力的理性解释与建构》，《中国社会科学》2015年第4期。

③ 孙笑侠：《公案的民意、主题与信息对称》，《中国法学》2010年第3期。

族"和"创建一个人们感到安全的社会"得到了最高的评分。[①] 虽然这项调查只是针对英国民众,但是对公正的追求及对公共安全和秩序的维护是刑事司法在全球范围内被广泛认可的价值追求。可以说这项调查在一定程度上反映了民众对于刑事司法的期待,同时也是公众对刑事司法社会利益的表达。

首先,社会大众对刑事司法所具有的公正利益诉求表现为两个方面:一是刑事司法对社会大众的朴素正义观的维护,具体表现为人们出于良知和朴素的正义感,希望刑事司法判决能将穷凶极恶的歹徒、恃强凌弱的权贵、贪得无厌的官员等社会公害绳之以法,为社会降妖除魔,彰显社会公平正义。沈阳的刘涌案、广州的许霆案、湖北的邓玉娇案以及云南的李昌奎案,都体现了公众社会正义观与刑事司法正义观的博弈:黑社会老大要不要判死刑,几乎所有民众都认为不判死刑是不可容忍的,应当判死罪,因为群体渴望强权,群体希望法院是执行和实现他们愿望的工具。[②] 近年来,官员贪腐问题严重伤害了社会公众的情感,贪腐案件的审判所引起的高度关注也反映了社会公众希望通过刑事司法对贪官的审判来实现社会正义的诉求。刑事司法不能一味地迎合民意,但是应当尊重社会对于公正的利益诉求,在法治的框架内尽量满足公众的这种正义诉求,得到社会大众认可的公正,才能称得上现代法治意义上的公正,也是司法艺术和魅力之所在。二是社会大众对刑事司法的公正诉求还体现在刑事司法本身的公正,这是整个刑事司法制度获得合法性的基础。近年来,司法不公、司法腐败等问题使刑事司法系统陷入了信任危机,特别是佘祥林、赵作海、张氏叔侄、呼格吉勒图等冤案的曝光,加深了公众对刑事司法能否实现公正审判的质疑。面对公众的质疑,刑事司法需要通过深化改革,通过加强对被告人的辩护权保障、促进程序公开、法官中立及确立以审判为中心的诉讼制度改革等措施,提高刑事审判的质量,重塑刑事司法的公信力,以回应社会对于刑事司法正义的诉求。

其次,刑事司法的另一项重要的功能是维护社会秩序,"创建一个人们感到安全的社会"。社会对刑事司法的社会安全利益诉求也可以从两方面来解读:一方面,社会期待刑事司法通过惩罚、威慑以及矫正措施有效地治理犯罪,减少犯罪,形成良好的社会治安环境,让人们切实感觉到人身、财产不受侵犯,生活、工作秩序不受非法侵害。另一方面,国家权力具有天然的扩张本

---

① Hough, M. and Roberts, J. V., Confidence in Criminal Justice. An International Review. ICPR Research Paper No. 3. London: King's College, 2004a.

② 孙笑侠:《公案的民意、主题与信息对称》,《中国法学》2010 年第 3 期。

性，人们希望刑事司法能在制约国家权力、保护公民权益方面带来安全感。例如广受社会关注的拆迁问题，2009 年唐福珍自焚维权案件、2010 年江西宜黄拆迁自焚案、2014 年山东平度拆迁纵火案等等，反映了有些地方政府以“公共利益”的名义，入侵公民权利领域的现象；河南灵宝“跨省抓捕”案、陕西渭南警方“进京抓作家”案、张家川微博少年因言涉罪案、陈平福发帖被捕案等案件，反映了公民言论自由与政府执法的法律边界。人身权、财产权、言论自由权是宪法规定的公民的基本权利，并且与人们的生活息息相关，公众对这些刑事案件的关注就是希望通过公正的审判来确定规范政府权力的边界，从而获得人身、财产、言论自由等合法权益受到法律维护的安全感。刑事司法的侦查权、起诉权、审判权以及刑罚权等权力是国家公权力的重要组成，国家机关可以合法地限制和剥夺公民的人身自由和财产等权利，因此这些权力使用的规范性也是公民获得安全感的来源。近些年，公众颇为关注的云南“躲猫猫”案、河南“喝开水死亡”案以及“阜阳白宫”举报人李国富死亡案，反映了公众对刑事司法过程中权力滥用的担忧。因此，对于社会公众的安全利益诉求，刑事司法一方面应当提高对犯罪的治理能力，创建良好的社会治安秩序，另一方面需要通过公正的判决以及规范自身权力运行机制来维护公民合法权利。

最后，合法有序地参与刑事司法，是公众通过刑事司法获得公正感和安全感的重要途径。公民参与是 20 世纪 90 年代以来主要的政治命题之一，司法民主直接关联政治民主，政治民主是司法民主的核心本质。[①] 佩特曼在总结历史上的参与民主理论家的观点之后指出：真正的民主应当是所有公民直接充分参与公共事务的决策的民主，从政策议程的设定到政策的执行，都应该有公民的参与。只有在大众普遍参与的氛围中，才有可能实践民主所欲实现的诸如负责、妥协、个体的自由发展、人类的平等这些基本价值。佩特曼认为，对民主的参与能够促进人类的发展，提高人们的政治效能感，减少人们对于权力中心的疏离感，培养对公共问题的关注，有利于形成一种积极的、富有知识的并能对政府事务敏感和有兴趣的公民，从而有助于一个参与性社会的形成；一个民主政体如果存在的话，就必须相应地存在一个参与型社会，即社会中所有领域的政治体系通过参与过程得到民主化和社会化的一个社会。[②] 中国社会在经历了 40 多年的改革以后，公民精神在政治、经济的发展过程中

① 张敬博：《公民参与刑事司法的空间与制度设计——公民参与司法与人民监督员制度学术研讨会观点综述》，《人民检察》2011 年第 13 期。

② ［美］卡罗尔・佩特曼：《参与民主理论》，陈尧译，上海人民出版社，2006，第 97-104 页。

逐渐得以确立，随着公民意识、个体意识、权利意识和法治精神的觉醒，社会公众越来越多地表达了参与政治生活的意愿，尤其是在互联网“自媒体”时代，人们习惯并愿意通过微博、微信、论坛等新兴信息平台来表达对公共生活的意见，“人民”获得了某种“自在”的存在，它不再是纯粹仰赖于给定的渠道发出声音，而是具有“自为”的强大影响力。①

经验和事实的研究表明，社会公众有主动参与刑事司法的良好意愿。②全面深化改革以来，社会治理理念深入人心，激发社会组织活力，鼓励和支持社会各方参与社会治理正是对现代社会、公民参与良好意愿的正视和呼应，刑事司法的社会参与是现代社会民主化和社会化的重要利益表现，当下的司法改革的重要任务之一便是在理论上梳理公民参与刑事司法的正当性、合法性和有效性，在实践上加快公民参与刑事司法的制度化建设，规范公民的参与形式，积极回应公众社会参与的利益表达和诉求。

第三节　刑事司法中国家、社会与个人的关系

前文分析了刑事司法过程中国家、社会和个人的不同利益诉求，然而需要明确一点，不可能所有的利益都能得到彻底保护。刑事司法中的国家利益、社会利益和个人利益在有些情况下是一致的，但是在某些情况下是相冲突的，因此刑事司法在保护上述利益的过程中必然面对价值衡量的问题，哪些利益能够得到承认以及在何种程度上得到保护，需要联系特定时空的政治、经济、文化等先决条件进行考量。本节将讨论刑事司法中国家利益、社会利益和个人利益的协调与冲突。

一、刑事司法中国家利益、社会利益、个人利益的一致性

(一)国家利益与社会利益、个人利益存在一致性

国家利益的刑事司法表达为通过惩罚犯罪以教育公众的犯罪治理，实现

① 陈洪杰：《从“群众参与”到公民参与：司法公共性的未来》，《法制与社会发展》2014 年第 1 期。

② 胡铭教授在 2008 年的一项对民众刑事司法观念的调查显示，49.8%的被调查人表示很高兴作为陪审员参与刑事审判，这一数字超过了“不愿意参加”和“坚决不参加”的人数总和。参见胡铭：《刑事司法的国民基础之实证研究——一项基于城市问卷调查的分析》，《现代法学》2008 年第 3 期。

社会控制以维持统治秩序，保护公民权利以获得正当性、合法性基础。在这一层面上，国家利益与刑事司法中的被追诉人和被害人的个人利益以及社会公众的利益具有一致性。在社会动荡、政权交替的环境下，不管是个人还是社会都不可能独善其身，历史的经验也证明在战乱年代，基本政治、经济秩序遭到破坏，人们的基本权益无法得到保障，更遑论罪犯和被害人的人权保障，因此稳定的政治秩序是个人利益和社会利益得以实现的前提。国家通过惩罚、矫治犯罪行为，一方面恢复被害人的正义，另一方面通过惩罚使罪犯感受到法律的威慑力，通过矫治促进其重新回归社会，也符合被追诉人和被害人的利益。最后国家对犯罪的治理、恢复因犯罪行为而被损害的社会秩序，创设一个路不拾遗、夜不闭户的安定有序的社会环境也符合社会大众对于安全的根本需求。因此国家通过刑事司法的社会控制，在本质上符合社会及个人的根本利益。在刑事司法中，国家对公民的权利保障一方面确保被追诉人受到公平的审判、使被害人获得救济，另一方面满足社会公众对于社会正义的诉求。

（二）被追诉人与被害人之间存在利益一致性

从被害人的角度来看，犯罪人对被害人真诚地道歉、悔过，可以使被害人的情绪得到安抚，从被伤害的阴影中走出来。被害人通过对案件的参与，双方有效的沟通可以使被害人了解到犯罪人的背景以及与案件有关的各种因素，使被害人理解犯罪原因和犯罪人的处境，能够促成被害人对犯罪人的谅解，从而平复其内心的仇恨，双方达成和解，也能消除被害人担心犯罪人日后报复的紧张情绪，更有利于被害人日后心理和行为的调适。被告人积极主动地赔偿被害人，可以使被害人不至于因犯罪行为陷入生活上的困境，同时也容易使被害人谅解犯罪人。从犯罪人的角度来看，犯罪人与被害人的沟通，可以让犯罪人看到并感受到自己的犯罪行为给被害人带来的伤害，从而意识到自己行为的危害性。犯罪人在犯罪之后总会或多或少地怀有负罪感，被害人的谅解可以在一定程度上减轻这种负罪感，让犯罪人得到内心的救赎，从而对以后的行为产生约束力，这是对犯罪人进行改造、矫治、促进其日后回归社会的重要一步。犯罪人积极地对被害人进行赔偿，获得被害人的谅解，一方面表现了犯罪人对被害人的愧疚，另一方面在法庭审判过程中可以作为从轻、减轻处罚的量刑参考依据。总之，犯罪人与被害人之间的利益由冲突走向一致，是刑事司法化解矛盾纠纷最理想的状态。

(三)社会利益与国家利益、个人利益存在一致性

社会公众对公平正义、安全等社会秩序的追求是国家进行犯罪治理、权利保障的动力,同时社会对司法公正、公权力制约的诉求会形成对国家权力运行的有效监督。刑事司法中社会的参与诉求是国家治理犯罪力量的重要补充,公民、社会组织在侦查、审判以及犯罪矫治中的广泛参与,能够有效缓解国家犯罪治理资源紧张的困境,提高犯罪治理的效用。对于被追诉人和被害人来说,社会对司法过程的参与和监督,能够确保司法公正以及公权力的合理运行,从而使被追诉人得到公正的审判,在促进被追诉人与被害人和解方面,社会力量的参与使社会关系得以修复,从而恢复对社会秩序的信心。在对犯罪人的改造和矫正方面,通过社区矫正、社区服务等形式,使社区成员有机会和途径了解犯罪人的心理和行为的特点,消除对犯罪的恐惧心理,帮助犯罪人改过自新、重新社会化,成为一个合格的社会人,重新融入正常的社会生活,这对于预防犯罪、形成良好的社会秩序具有重要的作用。另外,社会组织在被害人救助方面也是重要的力量,目前国情决定了全部由国家力量来承担对被害人的救助不具有现实可行性①,由社会公众、社会组织自发组成的对被害人心理、诉讼、经济等方面的救助可以帮助被害人走出困境,防止被害人因为犯罪陷入绝境而成为新的社会矛盾激化点,有助于良好社会秩序的发展,符合社会公众的利益诉求。

二、刑事司法中国家、个人、社会的利益冲突

(一)刑事司法中国家与被追诉人的利益冲突

国家与被追诉人之间的利益冲突,集中表现为打击犯罪与保障人权之间的矛盾——当国家权力与个人权利之间发生激烈冲突时(以国家名义剥夺个人人身自由乃至生命),国家权力行使的界限和个人权利受法律保护的底线之间的矛盾。打击犯罪和保障人权之间的矛盾,从价值角度来看体现了秩序和自由、效率与公正之间的矛盾。犯罪是任何社会都不可避免的问题,犯罪现象不仅侵犯公民的个人权益,更会挑战稳定的社会秩序,国家要保持社会秩序的稳定,实现社会管理职能,就必须打击、惩罚犯罪,在查明犯罪的过程

① 陈彬:《由救助走向补偿:论刑事被害人救济路径的选择》,《中国法学》2009 年第 2 期。

中，必然要限制和剥夺公民一定的自由。秩序和自由的矛盾体现在，国家在通过权力行使来追求秩序利益的同时如何确保公民的自由不受权力非法行使的侵犯，以及国家应赋予公民哪些自由和权利来防御国家权力的侵犯。现代社会贫富分化加剧，社会关系日益复杂化，犯罪呈不断上升的趋势。由于犯罪的多发性和隐蔽性，加之科技和信息化的发展，犯罪的技术含量也越来越高，犯罪案件的发现、侦破以及定罪的成本也越来越高，这需要国家投入更多的资源来治理犯罪。受经济和社会发展水平的限制，国家在犯罪治理上投入的人力、物力等司法资源总是有限的。因此国家总是希望以尽可能少的资源投入来取得更多的诉讼成果。在犯罪控制的效率目标指引下，国家机关要在第一时间抓获并惩罚犯罪分子，迅速地逮捕和羁押，有效地审讯以获得真相以及用最快的速度定罪量刑，不容有太多的程序性挑战。国家机关的工作方式更倾向于行政化，以服从和配合为特点，实现效率的最大化。

但是刑事司法不仅需要效率，公正也是其主要的目标和价值追求，在公正目标的指引下，刑事司法需要确保准确性，采取各种措施防止出现差错和误判，美国学者帕克将刑事司法中，通过正当程序来保护的公正价值比喻成跨栏比赛(Obstacle Course)：法律设置了许多标准，犹如一道道障碍，跨栏选手要想跑到终点，就必须克服所有的障碍(法律准则)。为了保障个人权利，防止国家权力的滥用，这种制度性的“障碍”是必需的。[①] 而这些障碍的设置便大大降低了打击犯罪、查明真相的效率。秩序与自由、效率与公正、打击犯罪与保障人权之间并不是截然对立和水火不容的，现代刑事司法正是在这些价值和目标之间博弈和平衡中不断向前发展，人们往往希望既能高效地打击犯罪、维护秩序又能实现公正以保障公民的权利和自由。然而现实情况是受人类认识能力和社会历史条件的限制，这些价值目标之间的矛盾难以根本消除，只是在不同的历史时期此消彼长，有时候秩序和效率更受到关注，而有时候个人权利和自由更受到重视。

(二)公诉案件中国家与被害人的利益冲突

国家对犯罪人的追诉是站在中立的立场上，以事实和证据为基础确保犯罪人受到公正的审判，遵从的是“刑罚的正义性”。而被害人对于犯罪人的复仇欲望具有深刻的人性基础，同时也是报应刑观念的历史源头，体现的是一种“复仇的正义”。通常来说，人们认为“复仇的正义”是一种原始的、利己的

① [美]虞平、郭志媛编译：《争鸣与思辨：刑事诉讼模式经典论文选译》，北京大学出版社，2013，第5页。

"野蛮正义",不受等价原则或比例原则的限制,具有野蛮性和无限性。而刑罚则是一种"理性正义",遵循罪刑法定和刑罚相适应原则,是对犯罪的"制度性报应"。[①] 虽然"复仇正义"能在一定程度上为"刑罚正义"所吸收,但是仍然有一部分会被排除在外。另外,在个案中"刑罚正义"并不一定能全部实现,在这种情况下"复仇正义"便无法得以实现。因此国家利益和被害人利益在一些情况下会产生冲突。

1. 对犯罪人是否追诉与如何追诉,国家与被告人之间有时候存在不同主张

有时候被害人要求对被告人判处比国家主张的罪名或刑罚更加严重,有时候被害人要求对被告人判处比国家主张的更宽容的结果或者根本不希望被告人受到追诉,这主要是被害人基于自身特殊利益的权衡。例如比起严惩犯罪人,被害人更愿意谅解被告人并获得经济赔偿。在我国,除了刑事和解程序中明确规定了获得被害人谅解、双方达成和解可以对被告人从宽处理的规定,在其他情况下,被害人谅解的作用并没有得到法律明确的认可,当然刑事司法制度是各种法律利益平衡的结果,尚未将被害人意见纳入刑事法律的规范层面上来是基于法的稳定性、确定性以及诉讼的效率等多重价值角度。[②] 例如在一起强奸幼女案中,被害人的母亲与被告人的父母私下达成了"以赔代刑"的协议,由被告人赔偿被害人 11 万元,并且被告人愿意娶被害人为妻,而被害人母亲则出庭做伪证,证明案发时被害人已经年满 14 周岁。[③] 显然,如果从社会习惯的角度来看,这种私下的协议符合被害人的利益,在中国传统的观点中认为被强奸并不是一件好事,而被告人愿意娶被害人,则避免了被害人因曾被强奸而遭受爱情婚姻上的挫折以及周围人的议论,并且被害人也能获得经济上的赔偿。但是这种协议是不被国家法律所认可的,并且触犯了刑法的相关规定,构成了犯罪,被害人的母亲以及被告人的父母因此被判

---

① 韩流:《论被害人诉权》,《中外法学》2006 年第 3 期。

② 被害人谅解被作为酌定量刑情节写入我国的有些司法解释或准司法解释性文件中,如最高人民法院 2010 年 2 月 8 日发布的《关于贯彻宽严相济刑事政策的若干意见》中规定:"被告人案发后对被害人积极进行赔偿,并认罪、悔罪的,依法可以作为酌定量刑情节予以考虑。因婚姻家庭等民间纠纷激化引发的犯罪,被害人及其家属对被告人表示谅解的,应当作为酌定量刑情节予以考虑。犯罪情节轻微,取得被害人谅解的,可以依法从宽处理,不需要判处刑罚的,可以免予刑事处罚。"但是在司法实务中,对与被害人谅解的适用并不统一,有的法院较多地适用了被害人谅解作为酌定情节,也有的法院并未采纳被害人谅解作为量刑依据。参见王瑞君:《刑事被害人谅解不应该成为酌定量刑情节》,《法学》2012 年第 7 期。

③ 肖俊林等:《被害人母亲缘何替被告人说话》,《检察日报》2015 年 12 月 2 日第 04 版。

处妨害作证罪。这一案件在一定程度上反映了刑事司法中国家利益与个人利益的冲突，当然这种冲突并不代表国家利益需要向个人利益妥协，因为基于法律维护社会正义和秩序的需要以及刑罚的一般防卫目的，被害人的父母和被告人的父母确实触犯了法律，应当受到法律的追究，但是从刑罚个别化[①]的角度来看，他们不具有人身危险性，可以在量刑以及刑罚的适用方面予以更多考虑。

2. 当国家追诉不成功时，罪犯没有得到应有的惩罚，被害人利益无法实现，会与国家利益之间存在冲突

国家追诉不成功，第一种情况是被告人确实是事实上的犯罪人，但因为追诉机构怠于履行职责或在履行职责过程中犯有过错，导致被告人被重罪轻判甚至是无罪，不仅使被告人获得了法律上的额外利益，而且因此使被害人不得不吞下国家追诉机构酿成的苦果。第二种情况是被告人确非事实上的犯罪人，诉讼结果在还其清白的同时，也就表明被害人惩治犯罪的愿望没能实现。例如在安徽赵新建强奸杀人案中，侦查人员并没有能够证明赵新建作案的证据，检察机关没有批准逮捕，释放了赵新建。被害人的家人得知后非常愤怒，四处上访告状，甚至以“到法院上吊”相威胁。司法机关顶不住压力，只好起诉、审判。2004 年判赵新建死缓，2006 年因另案发现真凶，赵新建被无罪释放。[②] 这个案例一方面体现了国家刑罚正义与被害人复仇正义之间的激烈冲突和妥协，另一方面也体现了被害人利益诉求无法实现的困境。

3. 被害人案件程序参与的缺失也会加剧被害人与犯罪人以及国家机关之间的利益冲突

作为犯罪的直接受害者，被害人与刑事诉讼的结果有着直接的利害关系，犯罪人是否被定罪以及如何量刑，一方面决定着被害人复仇心理能否得到满足，另一方面左右着被害人能否顺利获得赔偿，因此被害人有着参与刑事诉讼的强烈愿望。以“被害人—被告人为中心”的刑事和解制度，正因为充分考虑了被害人的参与诉求，“被害人以前所未有的姿态登上了刑事司法的

---

① 现代刑罚理论认为，刑罚不仅应当遵从罪刑相当的原则，即根据犯罪的社会危害程度确定相当的刑罚，还应当根据犯罪分子的人身危险性大小，使刑罚尽量适应消除人身危险状态、实现犯罪预防、守卫社会的功利目的的需要。参见张明楷：《责任主义与量刑原理——以点的理论为中心》，《法学研究》2010 年第 5 期。

② 李光明：《奇案令人反思，关口为何失守》，《检察日报》2006 年 11 月 6 日第 8 版。

舞台，并主导着刑事和解的进程和诉讼的实体结局”[①]，使得这个中国土生土长的诉讼机制焕发了强大的生命力。但是基于国家刑罚观以及罪刑法定、罪刑相适应等现代刑罚观的要求，国家对被害人在刑事诉讼中的参与权有一定程度的限制。比如在被害人对实体和程序问题是否有处分权的问题上，我国采取以国家公诉为主、被害人自诉为辅的模式，刑事案件被分为公诉案件和自诉案件，在自诉案件中被害人享有是否起诉、是否同被告人和解或撤诉的权利，但是在公诉案件中，如果检察机关决定不起诉，被告人可以自行起诉，这种公诉转自诉的方式并不能切实保障被害人的诉权。“公检机关运用国家权力，借助国家机器尚难以证明嫌疑人的行为是否已构成犯罪，却要求被害人凭借私权去收集证据证明犯罪，谈何容易。”[②]刑事诉讼法的两次修改在使得被害人在法律上获得了“当事人”的地位，也享有了一定的报案权、控告权、起诉权、要求回避权、申诉权、陈述权和发表意见权、被告知权等一系列诉讼权利，但是从司法实践来看，被害人诉讼参与的现状仍然不容乐观。例如，警、检机关在做出终止刑事诉讼进程的决定时，往往不告知也无须征求被害人的意见；法庭在开庭时，也经常不告知被害人出庭，即便被害人出庭，也主要将其视为民事当事人或证人；被害人也无法就量刑问题充分发表意见，在适用缓刑及其他轻缓刑罚时，法院也无须征求被害人的意见。这体现了被害人的参与权在立法和实践、应然和实然层面的脱节。另外李奋飞教授还指出公、检、法部门由于机制体制的问题，使案件的处理结果无法满足被害人的利益诉求。如在立案阶段，由于现行立案程序的设计以及公安机关内部的某些管理方式[③]，使得本应该进入刑事诉讼程序的案件被挡在程序之外，这与被害人的利益严重不符。在案发后，“被害人对于警察抱有非常大的期望：他们希望，警察在接到报警之后能有迅速的反应，并能提供现场的第一救助；他们期待，警察能接受他们对事实的描述，进行全面的侦查，抓获犯罪嫌疑人，恢复被盗的财产，以及收集那些可以用来法庭定罪的证据”[④]。除了立案问题，破案率低、“怠于”行使公诉权、不定罪、量刑“畸轻”、刑罚执行变更等刑事司法实践中的具体运行问题，使被害人合理的“复仇”愿望得不到顺利的实现。[⑤]

---

① 陈瑞华：《刑事诉讼的私力合作模式》，《中国法学》2006 年第 5 期。

② 胡铭：《刑事被害人人权保障之再思考》，《法治论丛》2005 年第 4 期。

③ 很多地方政府将刑事发案率和破案率作为社会治安综合治理工作的主要考评依据，公安机关内部也将破案率作为对工作人员的重要考评依据，因此不少公安机关为了人为地降低案发数，采取“不破不报”“发多报少”“该立大案的降为一般案件”“一般案件降为治安案件”的做法。

④ 房保国：《被害人的刑事程序保护》，法律出版社，2007，第 72 页。

⑤ 李奋飞：《刑事被害人的权利保护：以复仇愿望的实现为中心》，《政法论坛》2013 年第 5 期。

如果被害人的这些合理愿望不能得到顺利实现，他们就会对司法制度丧失信心。

要说明的一点是，不管是被追诉人还是被害人与国家的利益冲突，在一些情况下并不是与国家和国家制度产生利益冲突，而是与国家机关的制度运行之间产生了冲突。在这种情况下，制度形态的检警机构与承担具体追诉职责的警察、检察官不免也有些“貌合神离”。作为国家治理的具体执行者，检警机构在理论上没有任何职业的或部门的利益，而是代表国家实现法律的意志，特别是检察官作为刑事公诉机关还被赋予了客观义务。但是在个案中，实际的程序操作者都是活生生的个人，无论是警察还是检察官，他们不仅具有趋利避害的本能，而且也深深地嵌在特定的文化、体制、人际网络和舆论环境之中。因此，警察、检察官在追诉活动中谋求的不仅是国家利益，也有个人利益、部门利益，甚至会为了个人利益、部门利益而牺牲国家利益。[①] 例如，“刑讯逼供”虽说是被法律所明令禁止的，但是实践中仍然大行其道，就是侦查机关部门利益、个人利益的驱使；我国超低的无罪判决率与审判部门和公诉部门之间利益妥协不无关系[②]；一个又一个“亡者归来”“真凶再现”的冤案更是投射出刑事司法机关各部门之间的利益妥协。当下司法改革的重心，一方面需要在制度层面不断完善对被追诉人、被害人的利益保障，另一方面需要在司法部门管理、运作机制层面进行改革和完善，以确保良好的制度在实践层面得到贯彻和执行。

（三）刑事司法国家利益和社会利益的冲突

刑事司法国家利益和社会利益的冲突，主要来自社会与国家所主张的利益和价值，在某些情况下有所不同，当然这种不同的产生条件是社会力量的孕育和发展。前文曾简要分析过国家与社会的关系，国家与社会的分化是现代化的过程，其过程可以简单地表述为个人从身份制的，以血缘或地域性的共同体获得解放，在旧的共同体瓦解的基础上，取而代之的是直接以个人为基本单位的新的社会结合形式，这样一种结合形式一方面表现为统治及于个人的民族国家，另一方面则是通过个人的自由结合形成的，自立于国家或者能够与国家分立的市民社会。[③] 国家与社会的发展经历了一体到分离的过

---

① 韩流：《论被害人诉权》，《中外法学》2006 年第 3 期。

② 高通：《论无罪判决及其消解程序：基于无罪判决率低的实证分析》，《法制与社会发展》2013 年第 4 期。

③ 徐赫喃：《刑事诉讼中的国家、社会与个人》，博士学位论文，中国政法大学，2004。

程，在早期，国家和社会一体化，社会力量相对弱小，没有独立于国家的社会和社会利益；随着现代市场经济的发展，社会力量逐渐形成，社会利益诉求也日益突现。

司法权从传统上来看是司法机关代表国家行使公诉和审判的权力，是国家权力的运作范畴，国家垄断司法权、排斥社会权利也具有一定的历史传统。例如在我国20世纪50年代末的司法"大跃进"时期，政治高度集中，国家支配一切，国家权力与人民权利完全统一，不存在独立于国家的社会。在司法工作上体现为"党的一元化领导"，政治与司法高度整合，司法及司法机关成为为政治服务的工具[①]，国家通过对犯罪分子实行专政和打击，符合广大人民的根本利益，代表了普遍的社会正义。但是随着政治、经济、文化的发展，社会成为独立的领域，突出表现为各种社会群体、社会组织和各种利益集团。当社会成为一种自为的存在，并且在国家政治生活中形成独立的利益，这种利益表达诉求同时也表现为对国家权力的积极支持力量或者是消极制约力量：一方面，促进国家权力向社会分权从而获得在政治、经济、文化方面广泛的社会权利，使国家与社会在各自领域发挥最大的治理作用，促进国家与社会的协同发展；另一方面，促使国家权力运作公开化，从而监督国家权力的行使以防止权力异化。当社会利益与国家利益在观念和认识上产生分歧或社会权利无法通过正式的制度途径表达，便产生了社会利益与国家利益的冲突。

在刑事司法领域，社会利益与国家利益的冲突，表现形式是多种多样的，突出表现是，国家没有及时认可和回应刑事司法中的社会利益表达。司法裁判能否被社会公众认同和服从，在于人们能否接受国家秉持的司法利益，并将其内化为认同和服从的动力。如果社会公众对国家所维护的主流司法价值观产生了排斥，则会对司法判决产生不信任，司法判决与社会大众的司法认知将进一步疏离。

一般来说，根据现代司法观点，社会对于司法的影响应当通过国家立法来体现，社会力量并不能直接干涉具体个案的审判，同时应当避免社会力量影响法官对具体案件的判断。但是近些年引起社会广泛关注的案件都反映了社会力量在诉讼内外对于具体案件的重大影响。在这些案件中有的反映出社会公众与司法机关之间法律观的碰撞以及沟通机制的失效，如云南的李昌奎案件中，李昌奎一审被判决死刑后，二审基于宽严相济的刑事政策等原因改判死缓。由于受害人家属通过网络的力量对案情进行广泛传播，引发了

① 曾新华：《当代刑事司法制度史》，中国检察出版社，2012，第80页。

大规模的新闻报道和网络舆论对该案的关注。二审法院相关负责人在接受记者采访时表示："改判或者不改判，都不是一个人说了算的，也不能因为大家愤怒，就随意杀一个人，法院会听取各方面的意见，包括民众、媒体、学界。但最终，审判还是要以国家的法律为基准。"这一说法较为客观，但是之所以会激起强烈的反响，在于采访中出现了一些被社会大众称为"标杆论""狂欢论"的言论："这个国家需要冷静，这个民族需要冷静，这是一个宣泄情绪的社会，但这样的情绪对于国家法律而言，应当冷静。我们不会因为大家都喊杀，而草率地剥夺一个人的生命"，"社会需要更理智一些，决不能以一种公众狂欢式的方式来判处一个人死刑，这是对法律的玷污"，"我们不能再冷漠了，不能像曾经那样，草率判处死刑，杀人偿命的陈旧观点要改改了"……这些言论随即引起了民众的强烈反响，使此案成为一时的轰动性事件。纵观此案，一方面，法院法官的言论让人们感觉，法律以权威的方式直接否定了民众对于残忍凶杀者的公开谴责，否定了"杀人偿命"这种朴素的正义观，以及社会有能力对抗恶行的决心；另一方面，法官的言论虽然在一定程度上代表了职业法律人的法律观，但是其与社会沟通、呼应的方式显然是不合时宜的。对于公众的质疑，法官的呼应从语言上体现了一种道德性的修辞，让公众感觉到作为法律职业的社会精英阶层对于民间呼声的傲慢和挑衅。[①]

另外，还有些案件反映了社会公众对于国家刑事司法公正性的质疑以及有些判决虽然合法但是缺乏社会可接受性的现象。这些焦点案件反映出社会利益诉求与国家权力之间内在的紧张关系，同时也反映出社会权利与国家权力之间相互支持又互相制约的现实。这一问题产生的本质在于代表国家立场的司法精英与普通社会大众的疏离。艾尔曼说过，"法律的发展不可能与其赖以存在的社会制度的变化以及社会变化着的情感和要求相分离"。随着我国社会结构的变化，社会力量不断壮大，其在规范国家权力、参与公共事务方面的热情和作用越来越大。国家在刑事司法改革和制度调整的过程中，必须保持足够的开放性，拆除专业壁垒，向社会公众开放。尊重社会利益的表达，并且通过制度化的方式进行引导，是理顺国家与社会的关系、促进刑事司法体系完善、提升治理能力的必然之路。

以上对于刑事司法中的国家利益、社会利益、个人利益的表达以及其中的一致性、冲突性关系分析，是建立在一种理想的模式上，是在个人权利作为一种共识被广泛认可的情况下，在"国家与社会"二元格局形成的基础之上，

---

① 王启梁：《法律世界观紊乱时代的司法、民意和政治——以李昌奎案为中心》，《法学家》2012年第3期。

在国家、社会与个人之间形成一种互动与制衡的格局之下的理论设想。当然，在现实中，在不同的社会历史条件下，这些利益的种类、表现形式、一致性、冲突性会以不同的排列组合的方式展现出来。刑事司法制度在不同的社会历史条件下的实然状态是当时国家、社会、个人关系格局的具体体现，同时也是在当时社会治理策略下的历史选择。接下来的部分，将以新中国成立以来刑事司法的实践经验来分析不同的社会治理方式下刑事司法制度变迁的规律。

第二章 社会治理模式变迁与刑事司法的历史之维

一个国家和社会采取什么样的刑事司法模式去实现刑事司法利益、平衡利益冲突，显然受到诸多因素的影响，客观地说，一个国家的历史文化传统、经济和社会发展水平、所处的外部环境等等，是特定历史条件下的客观存在。本书认为这些客观条件并不直接作用于刑事司法，而基于这些客观条件所形成的一国治理社会的综合策略，或可称之为社会治理的模式，会对国家利益、社会利益和个人利益的取舍与保护有不同的侧重，这会影响刑事司法的功能定位以及运行方式。

新中国成立以来，中国社会发生巨大的变化，经历了从传统社会向现代社会的转型，随着社会、经济、政治状况的变迁，国家对于社会的治理模式也在不断发生变化，学者们通过不同的划分标准提出了社会治理模式演进路径。如张康之教授在《论伦理精神》一书中基于对人类社会治理历史与现实的描述而提出的“统治型治理模式—管理型治理模式—服务型治理模式”的解释框架，较为详尽地分析了在不同社会形态下由社会治理的方式、制度模式、权威类型等一系列内在要素构成的治理模式。还有学者以法治建设的经历将改革开放后中国社会治理的阶段划分为：社会管制阶段、社会管理阶段和社会治理阶段。① 尤其是党的十八届三中全会提出“社会治理”的理念以来，很多研究都援引“统治、管理、治理”的分析框架对我国社会的管理和治理

① 郭星华：《回顾与反思：我国现代法治建设的历程——以法社会学理论为视角》，载郑杭生主编《中国社会发展研究报告 2014：走向社会治理的中国社会》，中国人民大学出版社，2015，第 226-248 页。

现实予以关注。① 综合学者们对于社会治理模式的分析框架，本书将新中国成立以来至党的十八届三中全会之前的社会治理变迁分为三个阶段：改革开放前的社会控制阶段、改革开放初期的社会管制阶段、20 世纪 90 年代后期以来的社会管理阶段，分别讨论我国社会治理模式变迁中的刑事司法功能定位、运行特点及其变迁规律。

社会治理的变迁是一个延续的过程，从长远的角度来看，往往是由量变的积累而产生质变的结果，但是很难说有一个具体的质变时间节点。除了改革开放具有明确的时间标志（1978 年），社会控制阶段大致为 1979 年至 20 世纪 90 年代中期，社会管制阶段大致为 90 年代中后期至 21 世纪初的 10 年。为了便于分析，结合我国刑事司法制度发展历程，以刑事诉讼法的制定与修改作为具体划分的时间节点。

第一节　社会控制模式下的刑事司法（1949—1978）

一、社会控制模式的基本特征

（一）国家社会高度一体化：总体性社会格局的形成

1949 年，中国共产党带领中国人民结束了 1840 年鸦片战争以来近百年的战乱，建立了新中国。新中国成立初期，中国社会面临的是百年战乱后一盘散沙的局面。西方国家的强势入侵开启了传统社会现代化的进程，商品经济及近代工商业的发展改变了两千多年中国传统社会的社会基础。从社会的基本结构来看，西方近代文明的传播和新式学堂的创办尤其是政治制度的衰败和废除，中国传统社会中间阶层的主要部分——士绅地主集团分化和瓦解，转变为近代工商业者、知识分子和新式军人，这意味着传统中国“国家—民间精英—民众”三层结构中的至关重要的中间阶层的解体②，直接导致中国

① 如乔耀章：《论社会治理原理与原则》，《阅江学刊》2013 年第 6 期，文中认为与前工业社会相适应的主要侧重于社会统治，与工业社会相适应的主要侧重于社会管理，与后工业社会相适应的主要侧重于社会治理。

② 孙立平：《改革前后中国大陆国家、民间统治精英及民众间互动关系的演变》，《中国社会学季刊》1994 年冬季号。

社会结构的解组，社会失去了自组织的能力，伴随着西方国家入侵带来的政治体制的解体，中国社会在1949年前的100多年内一直缺乏政治整合和社会整合的力量，处于频繁的社会动荡之中。

从经济上来看，由于战乱的破坏，1949年新中国成立后的中国经济满目疮痍、百废待兴，整个经济处于极端落后的状态。农业生产力低下，生产方式非常落后，基本上停留在手工耕作、靠天吃饭的水平。工业基础薄弱、技术落后、门类不全，工业整体水平处于手工作业阶段，生产力水平极为低下，根本谈不上工业化和工业体系。服务业也非常落后，交通运输网络几近瘫痪，邮政通信网点稀少，市场商品严重匮乏，大多数民众在温饱线上挣扎。多年的战乱使得原本就十分落后的工农业生产大大倒退，农村已经陷入民不聊生的境地。水旱灾情又极端严重，各地的铁路、公路等交通运输由于长期的战乱而遭到严重破坏，城乡交流几乎隔绝，市场萧条。再加上国民党统治时期对经济的破坏，如滥发法币带来的严重通货膨胀，投机商人囤积生活必需品，借机哄抬物价、扰乱市场秩序；国民党在军事较量失败的后期大量破坏工厂基础设施、搜刮民间财富及国外反华势力对新中国进行经济封锁等等。新中国成立初期的经济状况的基本特点是：经济基础极其薄弱、财政经济濒临崩溃、物价上涨完全失控、投机活动异常猖獗。这些是对新政权最严峻的考验，如一位美国学者所说："当共产党的军队于1949年战胜国民党时，他们结束了几十年的战争，不过他们的斗争刚刚开始。中国领导人在恢复经济并使之现代化方面遇到巨大的困难……中共的胜利将不过是昙花一现而已。"①

从政治上看，虽然在军事上获得了基本的胜利，但是国民党的残余势力与各地反动力量勾结，妄图卷土重来，颠覆新生政权。在国际上，以美国为首的西方国家，在国民党溃败以后，仍然不肯放弃与中国为敌的立场，拒绝承认新中国，竭力阻挠其他国家与中国建交，对新中国实行政治上孤立、经济上封锁、军事上包围的策略，稳定政权仍然是政治上的当务之急。另外，在国内开展有效的管理和建设也是当时一项重要的政治考验。新中国成立后，中国共产党由发动工农武装夺取政权的革命党转变为执掌政权的执政党，虽然在战争中共产党树立了空前高涨的政治威望，但在一穷二白的新社会新国家里，对执政初期的中国共产党来说，自身并没有太多大国治理经验，可资借鉴的主要是来自苏联社会主义建设的理论与实践，还有革命时期

① 谢春涛：《历史的轨迹：中国共产党为什么能？——为什么能收拾好国民党留下的烂摊子》，《光明日报》2011年5月5日。

形成的斗争经验和治党治军思想。[①] 随着解放战争的顺利推进，共产党迅速占领了国家各大城市，全面掌握了政权，党的领导也从少数革命根据地走向了全国，从幕后走向台前，控制区域突然扩大。当时国家机构不健全、国家管理人才缺乏，技能和人员缺乏，显然党在1949年不能对城市进行全面有效的控制管理。[②] 因此，当时党急需在国内各地建立起有效的行政管理机构。

(二)社会治理的基本方式：国家对社会的全面控制

基于新中国成立初期的社会、经济和政治状况，社会治理的目标和任务定位为稳定政权、恢复经济、整合社会、建立新秩序。由于社会和经济的发展在很大程度上依赖于长期的积累，是一种自然演进的过程，需要漫长的时间，要在短时间内实现社会整合和经济发展，必须通过政治整合的形式，通过政治权力集中调动各种社会资源来实现特定目标是当时环境下的必然选择。从新中国成立到改革开放，我国社会治理的基本方式是在党的领导下，国家对经济及各种社会资源进行全面垄断，政治、经济和社会三个中心高度重叠，实现国家政权对社会的全面控制，在此基础上形成"总体性社会"结构[③]，即国家和社会高度一体化的格局。

1.经济上实行高度集中的计划经济体制

这种以政权为核心的一元化治理模式在经济上体现为高度集中的计划经济体制。新中国成立后的"一化三改造"运动，初步形成了"一大二公"的所有制结构，此后，随着经济建设中"左"的指导思想不断加剧，盲目追求"一大二公三纯"的所有制形式。至"文革"结束前的1975年，工业总产值中，国家所有制占83.2%，集体所有制占16.8%；在社会商品零售额中，国家所有制占56.8%，集体所有制占43%，个体所有制占0.2%，非公有制经济基本消失。[④] 自此国家完成了对经济资源的全面控制，实行高度统一的计划经济体制。计划经济是以单一的公有制为基础，通过高度集中的、行政指令计划来对社会资源进行强制性配置的一种经济形式，这

---

① 周岑银：《新中国成立初期中国共产党政治动员的成因和影响及启示》，《延边党校学报》2011年第4期。

② [美]R.麦克法夸尔、费正清等：《剑桥中华人民共和国史1949—1965》，王建朗等译，中国社会科学出版社，1990，第74页。

③ 孙立平：《转型与断裂——改革以来中国社会结构的变迁》，清华大学出版社，2004，第4-5页。

④ 宗寒：《中国所有制结构探析》，红旗出版社，1996，第37-38页。

种经济体制并不符合经济自身运行的规律，是依靠政治权力强制性建立起来的，使经济资源按照政府的发展指向进行调配，往往是在经济非常落后、物质非常匮乏的时期建立起来，能够在当时发挥巨大的作用，体现出合理性。但是就整个经济发展而言，它是“非常态”的，这种非常态体制必须依靠人为的力量加以不断维护才能延续下去。也就是说，计划经济虽然只是一种经济上对资源配置的手段，但是计划经济体制实际上是包括单位制度、城乡二元户籍制度、统购统销制度、党政合一的管理体制等在内的社会运行的整体模式，其基本特征在于国家在对经济、政治、文化和社会资源的全面控制的基础上，掌握对资源的管理和调配权，以实现对社会生活各个领域的控制。

2. 组织上形成党政合一的组织体系

从组织体系上看，以党的领导为基础，形成了党政合一的组织体系。党的领导最早在民主革命时期确立，当时为了战争和巩固局部执政的需要，中央规定：“根据地领导的统一与一元化，应当表现在每个根据地有一个统一的领导一切的党的委员会”，“因此确定中央代表机关（中央局、分局）及各级党委（区党委、地委）为各地区的最高领导机关，统一各地区的党政军民工作的领导”。[①] 新中国成立以后，由于国内外形势的变化以及治国经验的缺乏，仍然沿用、发展了战争年代的制度。虽然为了实施有效的管理，在各地建立了行政管理机关，但是仍然将其纳入党的内部管理体制内，如1953年3月中共中央通过的《关于加强中央人民政府各系统各部门向中央请示报告制度及加强中央对政府工作领导的决定（草案）》中指出：“为了使政府工作避免脱离党中央的危险，今后政府工作中的一切主要的和重要的方针、政策、计划和重大事项，必须经过党中央的讨论和决定或批准。……政府各部门对于中央的决议和指示的执行情况及工作中的重大问题，均须定期地和及时地向中央报告或请示，以便能取得中央经常的、直接的领导。”[②]党的领导体制包括党的中央机构对下级国家机构的集中统一领导和党组织对同级国家机构的集中统一领导，并且在政府部门、国有企业、青年团体和工会等各级组织内纷纷建立党委会和党组，并实行政法系统内有关案件的党内审批制度。党的领导在机构上体现为党政机构的重

① 王稼祥：《王稼祥选集》，人民出版社，1989，第329页。

② 中共中央文献研究室：《新中国成立以来重要文献选编》（第四册），中央文献出版社，1993，第67-71页。

叠，在党内设置许多与行政部门对口的部门，以便代行行政职能，在人员配置上体现为中央和地方党委统一管理政府机构的干部。党对国家和社会事务的管理，以权力化运作为基础，党的职能代替政府职能，形成了党政一体的管理格局。

3. 社会领域形成行政吸纳社会的格局

在社会领域，国家在城市通过单位制、在农村通过人民公社制度将原本一盘散沙的社会重新组织起来，从而将个人纳入国家政权体系之中。单位和人民公社为个人和家庭提供包括衣食住行、生老病死等各方面服务，个人只需同公共组织机构发生联系，而不需要在相互依赖的社会生活中建立交往关系，形成"行政吸纳社会"的状态，其主要运行方式是国家"控制"社会并对社会组织进行"功能替代"，强调的不是国家与社会的分离，更不是国家与社会的对立，而是国家与社会的融合。在其中，国家采取"社会的方式"进入社会，但是进入社会的国家已经不同于"纯粹的国家"，而"社会的方式"又打上"国家的烙印"。[①] 改革开放前的中国社会完全纳入国家政治和行政管理之中，社会成员所获得的最基本的生活条件，都必须从国家获得，民间没有独立的资源和机会，不可能形成独立的社会力量，从而形成了有国家和无社会的状态，个人作为资源的被动接受者，直接与国家发生联系，不需要其他形式的介于国家和个人之间的社会组织。这种国家—单位(人民公社)—个人的组织模式，使国家意志可以顺利地上通下达，国家力量以前所未有的深度和广度渗透到基层社会，提高了社会的整合程度，同时又增强了国家的社会动员能力，毛泽东曾自豪地说，这种制度把一盘散沙的中国人民空前地组织起来，国家可以把政治动员达到每一个个人，从而具有了史无前例的力量。[②]

4. 社会治理方式是通过政治动员发动群众运动

在党的领导、计划经济体制所形成的国社一体的管理格局下，通过政治动员发动群众运动是当时最为广泛和有效的社会管理方式。政治动员可以界定为：特定的政治主体运用特定的策略和方法，对动员客体进行宣传教育、解释说明、激励和影响，以激发客体的主动性、积极性和创造性，使客体在思

---

① 康晓光、韩恒等：《行政吸纳社会——当代中国大陆国家与社会关系研究》，世界科技出版集团，2010，第 286-288 页。

② 中共中央文献编辑委员会：《毛泽东选集》(第 1 卷)，人民出版社，1991，第 31 页。

想上或行动上对动员主体的方针、政策、动议等产生认同，从而实现动员主体特定时期的特定政治目标。[①] 可以说，政治动员是在当时社会资源匮乏、国家正式机构力量薄弱、秩序重建的需求下，进行社会整合的合理的行动策略：新中国成立初期的社会相对无序而混乱，尤其是人们的价值取向差别大，规则意识淡漠，社会成员之间缺乏信任关系，社会发展所需要的合作机制缺失，共产党人积极有力的政治动员，可以促使社会成员在某个特定的问题上达成共识，使社会的碎片化样态得到修补，增进社会的凝聚力，发挥各种力量的潜能。[②] 同时党对行政和社会实行一元化管理体制，党的政策方针可以迅速地传达至各级行政机关，并通过单位、人民公社等组织直接传达到个人，这使政治动员具有现实可行性，也是党巨大的政治动员能力的体现。政治动员的对象是广大群众，政治动员只是一种方式和手段，其目标是发动群众运动。群众运动能够在短时间内以一种最广泛、最直接、同时也是最彻底的方式发动和组织群众投入当前的任务或活动中来，因而在社会变迁、社会整合、政策的推行以及阶级斗争等方面具有巨大的作用。群众运动是在中国革命激烈的斗争中被发掘，成为中国共产党进行革命、开展阶级斗争的有力武器，并运用它取得了革命的胜利[③]，在新中国成立后的社会治理过程中，其仍然显示出了强大的生命力，土地改革运动、镇压反革命运动、“三反”“五反”运动等大大小小的群众运动表现出“超强的社会推动力”，在稳定政权、恢复经济和社会改造中起到了巨大的作用，群众运动在长达30多年的时间内克服了经济和技术等资源的匮乏，成了中国共产党推动社会、实现发展的动力机制，弥补了科层的官僚体制信息传递和控制手段的缺陷和弊端，使政策对社会的渗透力达到最大化，“产生了即使那些官僚制度比较完善和合理的政治体系也难以企及的施政效能”[④]。

在新中国成立后基本的社会、政治、经济状况下，国家面临着政权稳定、恢复发展经济以及整合社会新秩序的治理任务，在特定的社会、政治、经济资源的约束下，形成了以政治权力单向运行为核心的社会治理模式，其具体表现为高度集中统一的计划经济体制、党的领导体制以及由此形成的党政合一的国家管理体制、国社一体的国家和社会关系格局。在这一时期，社会治理方式主要是国家通过政治动员发起群众运动，推动国家和社会各项事务的发展，实现国家政权对于社会自上而下的全面控制。

① 陈华森：《中国共产党政治动员能力研究》，硕士学位论文，云南大学，2005。

② 吴忠民：《重新发现社会动员》，《理论前沿》2003年第21期。

③ 佘湘：《1949—1978中国群众运动成因问题研究》，博士学位论文，中共中央党校，2010。

④ 胡伟：《政府过程》，浙江人民出版社，1998，第317页。

二、刑事司法的治理模式

新中国成立至改革开放前，刑事司法的功能围绕着社会治理的主要目标展开，政治动员、群众运动的社会治理方式在司法领域得到具体体现。

(一)刑事司法的利益格局：国家利益至上

1. 刑事司法的最高目标是维护国家利益

国家利益至上最突出的表现是通过刑事司法维护执政党的权威，巩固党的执政地位，促进社会公众对党执政地位的认同。在改革前的30年内，实行的是党对司法的全面管理，早在新中国成立初期的镇压反革命运动中，中共中央就指出："法院、检察院、公安机关，是人民民主专政的重要武器，各级党委应加强自己对于他们的领导。……在判处死刑时，党内必须经过省委、大市委、区党委及受委托的地委批准。"[①]1957年7月，毛泽东在中共中央省委书记会议中指出："在不违背中央政策法令的条件下，地方政法文教部门受命于省市委、自治区党委和省、市、自治区人民委员会，不得违反。"同年9月，最高人民法院和司法部召开司法工作座谈会，会后由中共中央转批的最高人民法院、司法部党组的报告中指出，今后在不违背中央政策法令的条件下，地方政法文教部门受命于省、市、自治区党委和省、市、自治区人民委员会。全部审判活动，都必须坚决服从党委的领导和监督，党委有权过问一切案件，凡是党委规定的审批范围的案件和与兄弟部门意见不一致的案件，都应当在审理后宣判前，报请党委审批。任何借审判独立，抗拒党委对具体案件审批的想法和做法都是错误的，必须坚决予以纠正。[②] 在检察部门，中共八届二中全会二次会议上时任最高人民检察院检察长的张鼎丞做了题为"坚决贯彻党对检察机关的绝对领导"的发言，他指出："各级检察机关必须严格服从各级党委的绝对领导，坚决贯彻执行党委的决议和指示，经常向党委报告情况，请示工作，并定期向同级人民委员会报告。归根到底，检察机关只有在政治上、思想上、组织上坚决贯彻党的绝对领导，才能把工作做得更好。"[③]党的领导实现了对司法工作的全面控制，司法机关坚持党

---

① 《中共中央关于镇压反革命活动的指示》，中共中央1950年10月10日发布。

② 张晋藩：《中华人民共和国国史大辞典》，黑龙江人民出版社，1992，第298页。

③ 最高人民检察院研究室编：《中国检察制度史料汇编》，出版者不详，1987，第273页。

的领导是原则，今天我们依然如此强调，坚持党的领导，体现在对党的大政方针的坚决贯彻。党的领导并非鼓励党政机关和领导干部干预司法活动、插手具体案件的处理，司法机关应当依法独立行使职权。

2. 社会权利和个人权利尚未显现

改革开放前，国家通过对经济的国有化和集体化改造最终确立的计划经济体制，将社会赖以存在的市场领域纳入国家控制之中，计划经济最终消灭了市场也消灭了社会存在的基础，形成了国社合一的社会结构。在没有社会或者社会力量非常弱小的情况下，自然也不存在社会利益和社会利益的表达。作为国家中的个人，国家通过单位制、人民公社制度等体制将其吸纳进整体性的国家之中，个人的衣食住行、生老病死都依赖于国家资源的供给，对国家产生强烈的依附。个人的利益与国家利益高度一致，国家对于犯罪的打击、对社会秩序的治理就是对个人权利的最大保护，国家权力是属于人民群众的，自然也不存在人民对于国家权力限制的诉求。

在国家主导下的政治运动，人民群众是其主要的参与力量，可以说，当时的群众运动创造了全民参与的极致，但是这种参与并不是现代意义上的公民参与，后者是在决策、协商、平等对话基础上的参与，而当时的群众运动完全被吸纳进国家的权力体系，是国家权力自上而下向社会基层的渗透和延伸，并不是社会自发的参与。而刑事诉讼中的被追诉人和被害人并不具有独立的地位，他们通过阶级的标签被分为“敌人”和“人民”，罪犯是站在人民对立面的阶级敌人，是无产阶级专政的对象，人民法院的任务就是“惩罚犯罪，保护善良”“镇压反动，保护人民”，对罪犯严厉的惩罚和打击就是对作为“人民”的被害人最好的保护。一旦被贴上罪犯的标签，就被剥夺了所有权利。改过自新、重新回归社会没有获得相应的重视，例如当时刑法理论中教育改造罪犯的思想也是当时被批判的对象：有的干部存在单纯的刑法思想，以为刑法的目的单纯是教育犯人和防止其再犯罪，所以产生了片面的“替被告设想”的思想，总想在较短的刑期里教育犯人改过自新，而没有认识到刑法的目的是维护革命秩序，保护国家和人民的利益，因而凡是破坏革命与人民利益的犯罪，就必须予以坚决的惩罚，乃至死刑。上述错误思想实际上忘记了列宁所说的“对敌人的仁慈，就是对人民的残忍”[①]。但是在革命热情高涨的年代，“人民”和“敌人”的划分界限并不确定。

在国家利益完全替代个人利益和社会利益的时期，不仅在刑事司法中被

① 强世功：《法制与治理——国家转型中的法律》，中国政法大学出版社，2003，第139-140页。

追诉人没有任何权利保障,一般的公民权利也因为缺乏法律的制约而随时会遭到权力的侵犯。刘少奇曾指出:“行政拘留、集训、劳动教养,变成和逮捕一样。有的单位还自己搞拘留、搞劳改,这是非法的……有的党政负责人,随便批准逮捕人,根本不要公安局、检察院这一套。甚至有的公社、工厂、工地也随便捕人。”①因此,在当时总体性社会治理模式下,刑事司法无法独善其身,以国家利益为导向的刑事司法,缺乏个人利益和社会利益的制衡,刑事司法不但不能有效地保护人权,反而成为侵犯个人权利的重灾区。在这一时期,为了巩固新生政权,快速实现社会整合,刑事司法的工具价值被过度强调,其他价值难以体现,刑事司法的目的是维护国家利益,刑事司法被定位为人民民主专政的重要工具。

(二)刑事司法的制度设计:培育与停滞

新中国成立到改革开放前的刑事法治的规范体系发展可以分为两个阶段:一是 1949 年到 1957 年上半年,这一时期为新中国刑事治理能力现代化的培育摸索时期;二是 1957 年下半年至 1976 年 10 月,此为新中国刑事治理能力现代化的停滞倒退时期。②

1. 刑事司法规范体系的培育

1949 年 2 月发布的《中共中央关于废除国民党六法全书与确定解放区的司法原则的指示》宣布:“废除国民党的六法全书,人民法院不再以它为依据,而应该以人民的新的法律为依据,在人民的新的法律没有系统地发布之前,应该以共产党的政策以及人民政府与人民解放军所颁布的各种纲领、法律、条例、决议为依据。”新中国并未能马上建立起自己的法律体系,更没有着手制定适合于全国的刑法,仅有一些为了配合政治运动而制定的政策、指示或单行刑法。主要的单行刑法有:《关于镇压反革命活动的指示》;为纠正运动过程中出现的“宽大无边”的严重右倾偏向,1950 年 10 月 10 日,中共中央发布的《关于纠正镇压反革命活动的右倾偏向指示》,要求各级党委全面贯彻“镇压与宽大相结合”的方针,坚决镇压罪大恶极、怙恶不悛的反革命首要分子;1951 年 2 月 21 日,中央人民政府委员会公布实施《中华人民共和国惩治反革命条例》,这是新中国成立后颁布的首个单行刑法。同年 4 月,为保护国

① 刘少奇:《刘少奇选集》,北京外文出版社,1985,第 451 页。

② 高铭暄、曹波:《新中国刑事治理能力现代化之路——致敬中华人民共和国七十华诞》,《法治研究》2019 年第 6 期。

家货币、稳定金融秩序，中央人民政府政务院颁布《妨害国家货币治罪暂行条例》。1952 年 4 月，毛泽东主席签发公布《中华人民共和国惩治贪污条例》，具体规定贪污等职务犯罪的认定和惩处标准，用以惩治“三反”“五反”中被揭露的严重贪污贿赂犯罪行为。1953 年起，为适应社会主义过渡时期政治、经济发展的需要，政务院发布《关于取缔投机商业的几项指示》《关于打击投机倒把和取缔私商长途贩运的几个政策界限的暂行规定》等政策文件，对投机倒把和造谣破坏统购统销政策的行为给予惩罚。

从刑事程序法治方面看，由于缺乏成文的刑事诉讼法典，刑事程序法治的依据主要是公安机关、检察机关和人民法院内部的办案规则。1954 年，《中华人民共和国宪法》(以下简称《宪法》) 和《人民法院组织法》《人民检察院组织法》颁布施行，对于刑事程序的多项内容作了原则性规定。1954 年《宪法》与两个“组织法”为刑事程序法治提供了法律依据和制度框架，司法机关内部办案规章制度则成为刑事程序法治运行的程序依据，为我国刑事诉讼程序的规范化、制度化奠定了基础。

在这一时期，刑法和刑事诉讼法的制定被提上日程。1954 年 10 月 29 日，在中央提出当前首先要“起草刑法、民法、刑事诉讼法、民事诉讼法”之后，刑法起草工作转移到全国人大常委会办公厅法律室进行。[①] 到 1957 年 6 月 28 日，法律室综合考虑收集而来的各方意见，拟出第 22 稿，经过中共中央法律委员会、中央书记处审查修改，又经过全国人大法案委员会审议，在第一届全国人民代表大会第四次会议上发给全体代表征求意见。同时，1957 年，中央人民政府法制委员会借鉴苏联经验，并结合我国的刑事司法实践，开始制定《中华人民共和国刑事诉讼法草案》并接受讨论，使刑事司法领域开始往有法可依的新的历史局面发展。草案对刑事诉讼的许多基本问题作了规定，比如确立了无罪推定原则、刑事诉讼管辖分工、二审程序、死刑复核程序等，刑事程序法治即将翻开崭新的一页。

2. 刑事司法规范体系建设停滞

从 1957 年下半年反“右”斗争扩大化到 1978 年党的十一届三中全会前夕，是我国刑事程序法治乃至国家治理的曲折阶段。这一时期，受到“左”倾错误思想的严重影响，对“以阶级斗争为纲”过分强调，对国内社会主要矛盾以及如何建设社会主义等重大议题上做出系列错误估计，发动名目繁多的群众性政治运动，严重冲击国家治理能力现代化建设的进程，国家各方面发展

① 顾肖荣编《新中国刑事法 60 年》，上海社会科学院出版社，2009，第 60 页。

停滞，刑事司法系统陷入混乱局面，刚刚处于萌芽状态的国家刑事司法治理体系也陷入了停滞阶段。

其间有过短暂的回暖时期，1963 年 10 月 9 日，刑法典拟出草案第 33 稿。经过修改的《中华人民共和国刑事诉讼法草案（初稿）》也在 1962 年重新开始征求意见。1963 年 3—4 月，《中华人民共和国刑事诉讼法草案》的三、四、五、六稿相继形成。其中关于无罪推定原则、陪审制、审判委员会职权范围、审判组织成员不更易原则、审判人员回避由谁决定、可否免除被告人近亲属作证义务、人民检察院和公安机关的侦查分工、公诉案件中被害人的诉讼地位、免于起诉、侦查监督、自诉案件范围、第二审审理程序、被告人的近亲属及辩护人为被告人利益上诉、第二审是否可以加重处罚、死刑复核审查等相关争议问题，均作了讨论。① 但是随着阶级斗争进一步扩大化和长达 10 年的“文化大革命”，刑事立法再次被迫停止。

从 1949 年到改革开放前的这 20 多年间，我国刑事司法规范工作，在前期虽有部分进展，但整体上仍处于停滞状态，留下更多的是教训。如 1950 年 12 月开始的镇压反革命运动，提出了对反革命分子采取“杀”“关”“管”的处理方式，但是没有任何法律依据，各地掌握的判刑尺度也有很大的出入。为了制定一套统一的标准，直到中共中央决定了大致的处决人犯比例、向各地提出了具体的镇压数字之后，政务院才于 1951 年 2 月 21 日，根据中共中央的要求，正式颁布了《中华人民共和国惩治反革命条例》，即便如此，在该条例中对于“反革命罪”的解释和量刑标准非常宽泛：只要有勾结帝国主义，策动、勾引、收买公职人员、武装部队或民兵叛变，持械聚众叛乱，参加特务或间谍组织，以反革命为目的的组织或利用封建会道门，抢劫、破坏公私财产和公共设施，投毒杀人，伪造公文证件，煽动群众对抗政府和挑拨团结，制造散布谣言，以及偷越国境、劫狱越狱、窝藏包庇反革命罪犯等项行为，甚或意图之一者，不论“已遂”“未遂”，均可定为“反革命罪”，如果是“首要分子”或“情节严重”二者占其一，均可判处死刑或无期徒刑，而对“以反革命为目的”“情节严重”等均无具体的解释。② 在这种情况下，镇压反革命运动朝着扩大化的方向发展，各地杀、关、管的数字都大大突破了原先的设想和计划，各地也没有足够的公、检、法机构和人员能够在如此短的时间里办理如此多的案件，结果是多数案件都未能经过严格审理。

---

① 卞建林、谢澍：《刑事诉讼法治建设七十年回顾与展望》，《人民检察》2019 年第 14 期。

② 杨奎松：《新中国“镇压反革命”运动研究》，《史学月刊》2006 年第 1 期。

(三)刑事司法的运行状况

1. 刑事司法的中心任务:打击犯罪、稳定政权

围绕着稳定政权、恢复发展经济、建立新的社会秩序,新中国成立以后开展了一系列专项运动,如镇压反革命、"三反""五反"、移风易俗等运动,这些运动是通过将危害政权的行为、危害社会主义经济及社会秩序的行为犯罪化,刑事司法成为打击、处罚上述行为的有力工具。如在 1950 年 7 月至 8 月召开的新中国第一届全国司法会议就指出:"目前司法工作的中心任务是镇压反革命势力的捣乱,保卫土地革命的胜利完成,保卫国家经济建设,惩治危害人民利益的犯罪分子,以巩固人民民主专政的秩序……"司法工作和公安工作就成为国家手中对付反革命、维持社会秩序最重要的工具。[①] 1951 年底到 1952 年 10 月,在党政机关工作人员中开展的"反贪污、反浪费、反官僚主义"和在私营工商业者中开展的"反行贿、反偷税漏税、反盗骗国家财产、反偷工减料、反盗窃国家经济情报"的"三反""五反"运动,一方面打击了贪污浪费和官僚主义对国家机关的侵蚀,另一方面打击了经济领域的违法犯罪行为。这一时期刑事司法的工作重心是对运动中发现的犯罪行为进行审判,司法机关的这种工具性在北京市高级人民法院的以下表述中可见一斑:"新中国成立不久后,经济领域的斗争十分激烈。一方面,是少数资产阶级分子利用我国经济还比较虚弱和抗美援朝战争的机会,凭借手中的经济力量进行猖狂进攻,抗拒社会主义改造和国家各项经济政策;另一方面,少数国家工作人员进城后,经不住糖衣炮弹的攻击,腐化堕落,进行贪污、盗窃活动。"北京市人民法院于 1950 年成立了"五反"人民法庭和"三反"人民法庭,1954 年成立了经济建设保护庭,依据《惩治贪污条例》等法律政策,给予哄抬物价、偷税漏税、偷工减料、贪污、盗窃国家资财等经济犯罪以有力打击,先后惩办了奸商王振廷、贪污犯沈毅、偷税漏税犯杜恩铭等一批破坏国家经济建设的犯罪分子,保护了国家财产,为完成社会主义改造做出了贡献。[②] 这反映了当时刑事司法的基本功能是通过审判工作,配合其他机关开展运动,完成社会治理的任务,履行的是一种政治职责,运动是刑事司法工作的重心。

---

① 董必武:《董必武政治法律文集》,法律出版社,1986,第 99 页。

② 北京市高级人民法院:《判案选编(1949—1989)》,人民法院出版社,1992,第 2 页。

2. 刑事司法的运行方式:政治运动和阶级斗争

新中国成立以后的30年里,奉行的仍是革命时代阶级斗争的思想。党的革命成功得益于阶级观念的构建,在其政治话语中策略性地构建起无产阶级与有产阶级、剥削阶级之间的区隔和本质对立,将无产阶级的悲惨生活的根源归因于资本主义、封建主义制度下剥削阶级的残酷剥削。[①]"阶级"概念的运用使党获得了革命的成功,而这种成功的经验也被运用于新中国成立后的社会主义建设中,通过阶级划分、阶级斗争、阶级动员来开展一系列政治运动,以实现社会主义改造、稳定政权、整肃社会秩序等社会治理目标,同时在这些运动中进一步强化了人民的阶级意识。

阶级概念的核心在于阶级的划分,分清无产阶级、剥削阶级、资产阶级、反动阶级、敌人和朋友。在这种阶级分类思想下,犯罪被看作是阶级剥削的产物,在新中国之所以存在犯罪现象是因为剥削阶级仍然存在,资产阶级和封建地主阶级流毒的存在表征就是各种犯罪问题的涌现[②],社会主义就是消灭阶级,因而最终也会消灭犯罪现象[③]。因此新中国成立初期对犯罪的定义完全是以阶级的概念作区分,凡是资本主义的、封建的、腐化的行为都可以被贴上"犯罪"标签,这种区分具有非常大的随意性,"在人民公社时期,人们对于犯罪只会有一个笼统、模糊不清的认识,人们往往把他们生活中不能容忍的各种各样的人都归入违法犯罪分子这样笼统的范围,让他们接受批斗"[④]。如在镇压反革命作为一种群众运动被掀起以后,仅仅着眼于打击特务、间谍和惩治反革命条例所列举的多数罪行,与群众的利害关系并不直接,结果也就很难起到鼓动和宣传群众的作用,因此不能不着眼于打杀那些与普通民众有着切身利害关系,即有着较大民愤的"恶霸分子"和有血债的"历史反革命"[⑤],这脱离了法律的标准,对于"恶霸""民愤""罪大恶极"的把握难以有确切的尺度,在这种情况下,对于犯罪行为和罪犯的认定完全失控,只要是具有"坏阶级成分"的都可以被冠以反革命罪而被判处死刑。

---

① 李友梅等:《从弥散到秩序——"制度与生活"视野下的中国社会变迁》,中国大百科全书出版社,2011,第112页。

② 康均心:《开启刑法理念的再提升之门》,载康均心主编《法学专题研究》,武汉大学出版社,2012,第77页。

③ 王桂五:《试论刑事犯罪与阶级斗争》,《中国法学》1984年第1期。

④ 强世功:《惩罚与法治》,法律出版社,2009,第16页。

⑤ 毛泽东:《转发罗瑞卿考察广东、广西、江西镇反工作报告的批语》,《新中国成立以来毛泽东文稿》(第二册),中央文献出版社,1988,第138页。

在阶级斗争的路线下，犯罪分子被视作与人民对立的阶级，成为无产阶级专政和镇压的对象。而对犯罪分子和犯罪问题的处理也是疾风骤雨式的革命方式，对人们行为和思想的监视、惩罚成为消除犯罪的主要策略。作为专政对象的罪犯，受什么样的惩罚都不为过，诸如批评教育、写检查、公开认错、批斗、站大会、游行示众、关押等，这些都是那个时期所发明的形形色色的惩罚技术，我们现在所说的由国家通过正式司法程序所实施的刑罚诸如劳改、有期徒刑、无期徒刑和死刑等，在那时并没有界限分明的区别。[①] 按照现代犯罪学的观点，犯罪作为一种客观存在的社会现象，不可能被消灭也不会消亡[②]，刑事司法制度正是为了应对犯罪而构建的社会防控体系中的重要环节。刑事司法的内在逻辑应该是在法律对犯罪的明确界定下，通过法律程序查明犯罪并将法律规定的惩罚(刑罚)措施适用于犯罪人，其目的是通过刑罚的威慑和矫正来减少犯罪对社会的危害。新中国成立后的30年内，在法律程序技术与政党组织技术的博弈中，具有直接、暴力和公开色彩的阶级斗争替代了刑事司法的内在逻辑，刑事司法程序的正式惩罚已经淹没在各种非正式惩罚体系之中，中国进入了“惩罚性社会”，对于通过惩罚来消除犯罪理念的崇拜，导致了“惩罚的弥散性”[③]，刑事司法仅仅是这种惩罚体系中无足轻重的部分，甚至在某种程度上司法中的定罪量刑标准和尺度是对轰轰烈烈的阶级斗争的束缚。

3. 刑事司法的治理效果

对于新中国成立后的政治运动、群众运动应当客观地进行评价。在全国范围内迅速掀起轰轰烈烈的群众性“镇压反革命运动”，在最终全面肃清残敌的反革命犯罪活动，挫败顽固敌对势力妄图绞杀、颠覆新生人民政权的阴谋，为新中国成立初期恢复了经济社会，创造了安定的社会治安环境。针对新中国成立初期出现的“贪污、浪费、官僚主义”之风以及不法资本家为牟取暴利而拉拢腐蚀干部、破坏抗美援朝和国家经济建设，中央适时开展“三反”“五反”运动并取得胜利，从而极大地纯洁了革命队伍，巩固了工人阶级领导的人民民主专政政权的政治、经济和社会基础，为夺取社会主义改造的胜利奠定了基础和积累了经验。总体而言，受新中国成立初期特定历史条件的限制，尽管未能在第一时间制定统一的刑事法律规范，在镇压反革命过程中也存

① 强世功:《惩罚与法治》,法律出版社,2009,第17页。

② 王作富:《犯罪功能分析与价值评判的路径选择》,《法学》2008年第9期。

③ 强世功:《法制与治理——国家转型中的法律》,中国政法大学出版社,2003,第136页。

在“左”或“右”的偏差，但是，刑事司法在惩治敌对势力、维护社会稳定方面的功能被国家决策层充分认可并推广，以中央有关政策文件及单行刑法为依据与指引的刑事司法实践得到顺利开展，刑事司法实践的偏误也总能被中央政策及时发现并纠正，从而在尽可能短的时间内肃清境内顽固敌特势力，恢复并重塑社会主义新中国的法治秩序和社会安定。

从 1957 年下半年开始，因受“左”的错误影响日益严重，不适当地强调“以阶级斗争为纲”，在对国内社会主要矛盾以及如何建设社会主义等重大议题上做出系列错误估计，发动名目繁多的群众性政治运动，严重冲击刑事治理能力现代化建设的进程。全国上至中央公安部、最高人民法院、最高人民检察院，下至基层政法机构，均无例外地遭到严重破坏，组织完全瘫痪，司法人员被遣散，司法业务被取消，司法制度被中断。刑事治理能力现代化之路不仅被彻底中断而且明显倒退，受其影响，在“造反有理”口号的错误引导下，基本人权遭到无情践踏，打、砸、抢、抓等违法犯罪十分突出，社会治安急剧恶化，导致新中国成立以后出现第三次犯罪高峰、第一次青少年犯罪高峰。[①] 从 1949 年开始到 1976 年“文革”结束，在这 20 多年的时间里，刑事司法领域产生了大量的冤假错案（如反革命案件中冤假错案比例约占 64%，更高的则达到 70%～80%）[②]。从 1978 年至 1980 年底，中国共产党在全国范围内复查平反了“文化大革命”中冤假错案 290 万人，到 1984 年底复查纠正“文化大革命”前历史遗留案件 188 万件，复查改正错划右派 54.7 万人，纠正右倾机会主义分子 12.5 万人，复查平反知识分子冤假错案 15.8 万件。[③]

第二节　社会管制模式下的刑事司法（1979—1995）

改革开放 30 多年来，由政治改革开启的市场经济体制改革使中国社会发生了巨大的变化，逐渐由一个高度统一的总体性社会走向政府、市场、社会三元时代。当然这个过程不是一蹴而就的，从改革开放的历史任务和逻辑来看：首先是作为改革开放标志的党的十一届三中全会开启了政治改革大幕，这一阶段主要表现为通过思想解放重新确立国家的发展路线和工作重心——发展经济（1979—1995）。由于社会发展的连续性，中国改革开放是建

① 高铭暄、曹波：《新中国刑事治理能力现代化之路》，《法治研究》2019 年第 6 期。

② 参见江华：《最高人民法院工作报告》，《第五届全国人民代表大会第三次会议文件汇编》，人民出版社，1980，第 2-3 页。

③ 何载：《冤假错案是这样被平反的》，中共中央党校出版社，1999，第 3 页。

立在总体性社会的基础之上，因此这一时期的中国社会及其治理体现了较为明显的转型特征：一方面，政治改革带来计划经济向社会主义市场经济的转型，促进了总体性社会的分化，开启了传统社会向现代社会的转型之路；另一方面，社会结构和经济结构的转变，国家对社会的管理方式由强制控制模式向管理模式的过渡，改革之前的权力控制与市场经济条件下理性管理思路博弈是这一时期的典型特点，我们将其称为社会管制模式。

一、社会管制模式的基本特征

(一)政治改革与社会失范

“十年浩劫”给中国社会带来了惨痛的教训，在总结非常规化政治运动治理模式对中国社会建设造成动荡的基础上，1978 年的中共十一届三中全会果断地停止了“以阶级斗争为纲”的政治路线，做出把工作重心转移到社会主义现代化建设上来的重大决策，开启了中国社会治理变革的历程。中国改革开放起始于总体性社会的基础，社会和市场无法产生自下而上的力量推动变革的产生，因此，可以说，中国的改革开放是基于“总体性社会”进行的“政府主导性”改革，又决定了社会建设的动力只可能源自执政党内部[①]，可以说中国的整个改革开放事业源自 40 多年前一场政治改革，这场政治改革的核心任务在于破旧立新：“破”表现为拨乱反正，对党的指导思想、政治路线、组织路线、历史大是大非的拨乱反正；“立”表现为恢复了党内民主集中制的传统、确立了农村的家庭联产承包责任制作为经济体制改革的突破口。

1. 政治改革加速了中国社会从总体向分化的转变

社会分化源于计划经济向市场经济转型，市场经济的基础是资源的自由流动，这冲击了国家统一控制和分配劳动力、资金、原材料、技术、产品的局面，使国家对社会控制开始放松。资源的自由流动带来的是社会资源的组织与分配方式的变革，由单纯地依靠计划和行政手段转向计划与市场、行政手段与经济手段相结合，国家对社会的控制权部分地向市场转移。

这一时期中国社会进入了全面的转型阶段，由计划经济体制向市场经济

① 郭星华：《从社会管制、社会管理到社会治理——改革开放以来中国现代法治建设的变迁》，《黑龙江社会科学》2014 年第 6 期。

体制、农业社会向工业社会、传统社会向现代社会、旧观念向新观念的全面转变，旧体制被不断突破，而新的体系尚未建立，由此带来的一系列社会问题和社会失范现象增多。“社会失范”的概念最早由法国社会学家涂尔干提出，是一种对个人的欲望和行为的调节缺少规范、制度化程度差而丧失整合的混乱无序的社会状态。[①] 美国社会学家默顿进一步提出失范是“规范的缺席”，即人们对现存的社会规范缺乏广泛的认同，从而使社会规范丧失了控制人们行为的权威和效力。他认为，社会失范是文化目标与制度化手段的不平衡。[②] 也就是说，当人们能够用社会所肯定的手段以达到社会所认可、追求的目标时，社会是有序发展的状态，这时社会成员的行为是遵从行为。反之，由于社会化教育缺乏，人们不知道社会所肯定的目标是什么，或者有些人群对这种目标不感兴趣，或者人们不重视达到这种目的所应该遵循的手段，这时社会规范的目标与社会所认可的手段产生不平衡，人们就容易发生越轨行为，社会就处于失范状态。

改革开放前国家通过单位和人民公社将个人规范于组织之中，并且通过超强的意识形态对社会进行控制，人们在价值以及行为上都有明确的目标和追求。而改革开放以后单位制和人民公社制度逐渐瓦解，国家对于个人的控制能力明显降低。

同时资源配置的市场化改变了个人的价值观念。个人从原有的单位体制的束缚中解放出来，获得了相对的自由，可以自由选择自己的工作单位、生活方式，社会流动大大加速，原来决定社会成员地位与利益差异的政治要素大大削弱，如所有制类型、家庭出身、政治身份、行政级别等等，个人所属社会阶层的划分标准也演变为从经济、文化、政治等方面综合考量的体系，并且随着市场经济的发展，经济越来越成为衡量个人社会地位的主要标志。经济体制的根本性改革和转轨，导致了人们价值观的急剧变迁。中国社会的整体价值观念变迁的急遽性主要反映在经济领域和经济活动之中，由一元价值观向多元价值观、整体价值观向个体价值观、理想价值观向世俗价值观、精神价值观向物质价值观的变迁。[③] 价值观的多元化、个体化、世俗化和物质化一方面促进了人们对于个人价值、个人权利的思考，另一方面在一定程度上催生了人们价值行为、道德行为的多元化。与此同时，由于市场体制尚处于初步探索阶段，各种政策、法律、制度尚未健全，使得制度化的社会控制手段无法发

① ［法］涂尔干：《社会分工论》，渠东译，生活·读书·新知三联书店，2000，第14-15页。

② ［美］罗伯特·K.默顿：《社会理论和社会结构》，唐少杰、齐心译，译林出版社，2008，第258-260页。

③ 廖小平：《改革开放以来中国社会价值观变迁之基本特征》，《哲学动态》2014年第8期。

挥对社会生活的调解作用，人们无法通过正常的制度渠道来获得市场经济所确立的多元的、个体的、世俗的、物质的价值追求，便倾向于通过非正常的渠道去达成这一目标。如在政策方面对一些地区的倾斜和优惠、对非公有制经济的扶持、垄断行业的垄断利益，国企改革带来的下岗失业问题，大大冲击了人们改革开放之前平均主义的心态，公众心态不平衡。在制度建设方面，由于社会保障体系建设相对滞后，对低收入者保障力度不够，对高收入者调节不力，社会上高消费以及攀比现象严重，拉大了贫富差距，刺激了低收入群体的不平衡心理。另外，由于改革初期法制体系尚未建立，在许多方面无法可依，不少人通过贪污腐败、钱权交易、走私、偷税漏税等非法方式获取财富，加剧了人们对于社会不公平的感受。有学者对 1988—1997 年间居民非法非正常收入进行仔细估算并研究其对基尼系数的影响后，认为非法非正常收入的发生是导致我国当前居民收入差别非正常扩大的根本原因。[①] 随着社会分化的加剧、城乡经济和区域经济发展的不平衡、个人收入的差距和社会地位的分化，社会失范行为加剧了社会公众心态的不平衡，成为影响社会稳定的重要因素。

2. 社会转型带来社会失范

改革开放初期中国社会的急遽转型使中国社会处于不稳定的变动状态，并且这种不稳定体现在社会生活的方方面面。以下仅选取与刑事犯罪有关的失业、流动人口以及反映社会贫富差距程度的基尼系数三个数据指标，描述与分析这一阶段的社会分化、变迁与社会治安、刑事犯罪案件之间的关系。当然，影响犯罪的因素众多，如犯罪人自身的原因、经济因素、社会政治文化因素等等，在影响犯罪变化的各种外部因素中，关注最多、争议最大的是犯罪与经济的关系[②]，本书选取的失业人口、流动人口、基尼系数这三个指标虽然不与经济发展指标产生直接的联系，但是在一定程度上反映了由经济体制转变带来的社会结构变迁引发的社会不稳定的现象。改革开放初期城市经济的个体化、民营化及国企改革等经济体制转变，打破了单位制度下的“平均主义”和“铁饭碗”，带来了城镇失业问题，而这在改革开放前国家分配制度下是极少出现的，这些改革措施使得部分城市居民的福利受到损害，同时失业威胁着作为社会单位和经济单位的家庭的稳定，并导致失业个体自尊心和自信心丧失，影响失业群体的心理健康，成为社会矛盾激化的导火索。因此可以

① 陈宗胜、周云波：《非法非正常收入对居民收入差距的影响及其经济学解释》，《经济研究》2001 年第 4 期。

② 白建军：《从中国犯罪率数据看罪因、罪行与刑罚的关系》，《中国社会科学》2010 年第 2 期。

假设失业人口的增长与犯罪案件数量的增长呈正相关的关系。改革开放后，家庭联产承包责任制大大提高了农村的生产力水平，20 世纪 90 年代开始，农村大量剩余劳动力流向城市，流动人口的增加对社会治安管理带来了严峻的挑战，在此假设流动人口增长与犯罪案件数量增长存在正相关关系。最后，改革初期"让一部分人先富起来"的政策，拉大了民间的收入差距，造成了部分社会民众心态失衡，从理论上说可能会导致社会的不安定及犯罪的增长，在此笔者选取了判断收入分配公平程度的基尼系数作为测量贫富差距的指标，基尼系数的值在 0 和 1 之间，基尼系数越小代表收入分配越平均，基尼系数越大则收入分配越不平均，国际上通常把 0.4 作为贫富差距的警戒线，大于这一数值容易出现社会动荡。图 2-1 是 1979—1995 年城镇失业人口、流动人口以及基尼系数的变化情况。

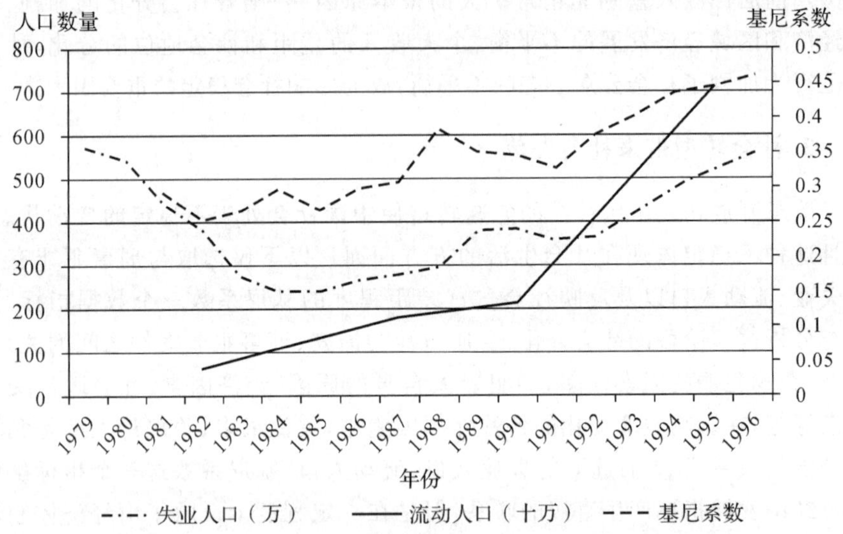

图 2-1　1979—1995 年城镇失业人口、流动人口以及基尼系数变化情况

注：城镇失业人口数据来源于《中国统计年鉴》，流动人口数据来源于 1982 年、1987 年、1990 年、1995 年全国人口普查及 1％人口抽样调查数据。基尼系数 1981 年、1984 年、1988 年、1989 年数据引自曾国安：《论中国居民收入差距的特点、成因及对策》，《中国地质大学学报(社会科学版)》2001 年第 4 期；1982 年、1983 年、1985 年、1986 年、1987 年、1991 年、1993 年数据引自向书坚：《全国居民收入分配基尼系数的测算与回归分析》，《财经理论与实践》1998 年第 1 期；1990 年、1994 年、1995 年、1996 年数据引自韩秀文：《中国居民收入差距研究综述》，《经济研究参考》2003 年总第 83 期。

从图 2-1 可以看出，城镇失业人口在 1979 年以后随着多种经济形式的搞活出现了下降的趋势，但是在 20 世纪 80 年代中后期随着改革的深化，尤其是 90 年代国有企业改革的开启，失业人口一直呈上升趋势。流动人口则在改革以后一直呈上升趋势，并且在 90 年代以后急剧上升。反映贫富差距的基尼系数在 90 年代之前呈波动状态，多数年份维持在 0.4 以下，表明在 90 年代前中国的贫富差距处于安全范围之内，但是 90 年代以后不断上升，突破了 0.4 的警戒线，在一定程度上反映了贫富差距扩大化的趋势，有可能带来社会的动荡和不稳定。整体上来看，在 70 年代末到 80 年代末这 10 年间，城镇失业人口和基尼系数处于波动上升的趋势，反映了这一时期社会结构变迁带来的不稳定状态，90 年代以后变化趋势趋于稳定，但是朝着加剧的方向发展，也就是说，失业人口和贫富差距不断扩大。失业、贫富差距及流动人口的不断增长，对国家的社会控制、管理带来了极大的挑战，图 2-2 是这一时期刑事案件立案数和每万人发案数的变化图。

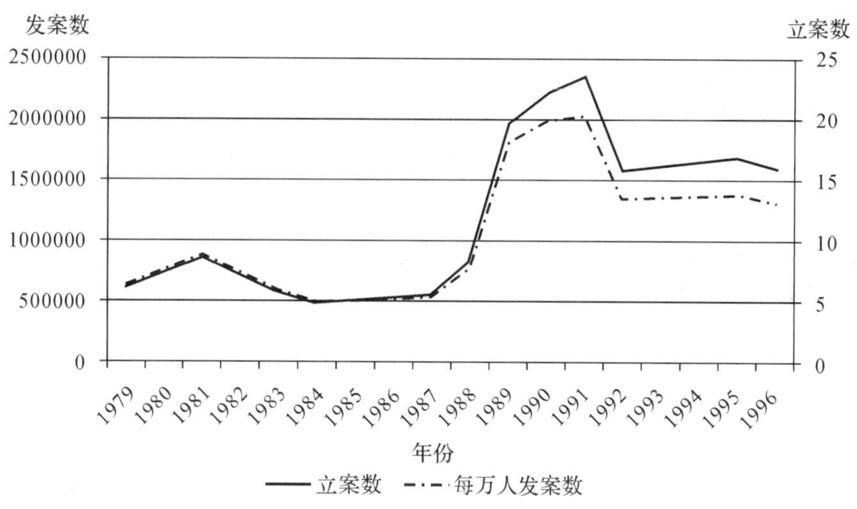

图 2-2 1981—1995 年公安机关刑事案件立案数和每万人发案数变化

数据来源：《中国法律年鉴》(1981—1996)。

从图 2-2 刑事案件立案数和每万人发案数的变化情况可以看出，在 1979 年以后刑事案件立案数呈直线上升趋势，并且每年以 9%～12%的速度增长，到 1981 年达到高点。1983 年为了应对不断恶化的犯罪问题，中央做出"严厉打击刑事犯罪活动"的决定，在为期三年的严打过程中，刑事犯罪得到了遏制，但是从 1987 年开始，刑事案件立案数又开始了大幅攀升，到 1991 年达到了峰值 236.5 万起。虽然在 1991—1992 年间有所下降，但据有关学者解释，主要是公安部门提高了盗窃罪立案标准，减少了盗窃案件的立案数，造成整体立案数量的下降，但其后的时间内，刑事案发数一直在高位运行。

笔者通过 Stata 软件 Pwcorr 命令对 1979—1995 年间城镇失业人口、流动人口、基尼系数与刑事立案数和每万人发案数进行了相关关系分析，得出如下结论。

表 2-1 的相关系数表明，失业人口、流动人口虽然并不直接带来刑事犯罪案件的增长，但是考虑到社会贫富差距的因素时，其便与刑事案件增长率呈现出显著的相关关系。也有学者有过相似的研究结论，20 世纪 90 年代的民营化改革打破了城镇居民的“铁饭碗”并带来了较多的城镇失业人口，成为推动犯罪率上升的一个直接力量，流动人口的增长虽不会直接影响到犯罪率的上升，但是与失业因素结合以后，推动了犯罪率的增长。[①] 因此我们可以说 1979 年到 1995 年间，新旧体制转型阶段的社会变迁带来价值观念的转变从根本上动摇了新中国成立以来建立起来的核心价值观念，多元的、个体的、世俗的、物质化的价值观使人们对于自身的发展有了较高的期望，但是现实的情况是经济结构的调整、人财物的流动，特别是城乡二元机制的突破，带来了大规模的人口流动，加剧了失业、贫富差距问题的程度，造成了人们社会心态的失衡，表现为犯罪案件的增长，这对国家社会治理能力带来了极大的挑战。

表 2-1　1979—1995 年间基尼系数与刑事立案数、万人发案数相关关系统计显著性检验

类别	城镇失业	流动人口	基尼系数
立案	0.3286	0.4446	0.5888
	0.1831	0.5554	0.0209
万人发案	0.3206	0.3423	0.5289
	0.1945	0.6577	0.0426

注：表格中数据为统计相关系数 p 值，p 值小于 0.05 代表变量之间具有统计学意义上的显著相关性。

(二)社会治理的基本方式：社会管制

在上文的分析中，转型社会面临着巨大的治理压力，这是改革开放前总

① 章元：《城乡收入差距、民工失业与中国犯罪率的上升》，《经济研究》2011 年第 2 期。

体性社会中前所未有的。随着国家对市场的让权，国家已经不可能像改革开放前一样对社会进行全面的控制，在这种情况下，国家的社会治理策略也在转变。在改革开放前的总体性社会中，国家通过政权的行政整合方式对社会进行全面的控制，无论是农村中的人民公社还是城市中的单位，都是集政治、经济、社会职能于一身，将社会中的个人、组织都纳入国家行政组织的控制之下，从而削弱甚至是替代了社会领域自身的整合能力。

1. 社会管制模式的背景

在总体性社会向现代社会、计划经济向市场经济的过渡过程中，国家对社会的治理模式也体现出由控制向管理的过渡色彩，或可称之为“社会管制”，其主要表现是政府在国家与社会的权力分配格局中仍然占据着主导地位。一方面，顺应市场经济的发展趋势，政府对市场放权，在一定程度上退出了社会管理领域，以市场为纽带的社会管理机制在逐渐形成，政府通过“简政放权”“职能转变”来厘清政府与市场的界限，不断推动政府职能的转变和管理方式的变革，使市场在社会资源配置过程中的基础性作用逐渐增强。[①] 另一方面，由于市场经济尚在探索阶段，改革也处于摸着石头过河的状态，没有可资借鉴的经验，改革开放前形成的“政治、经济一体化”的中央高度统一的领导管理体制仍然出于历史的惯性，在当时社会的治理过程中起着相当的作用，尤其是面对改革带来的社会秩序混乱，国家面临着强大的稳定压力，而制度化、法治化应对方式不足，使得通过权力控制来实现社会稳定的治理方式仍然在这一时期有较为广泛的空间。

2. 社会管制模式的特点

在社会管理模式下，通过权力的控制与通过制度的管理处于并行状态，这两种社会治理方式不断博弈，在不同阶段、不同领域两种方式此消彼长。从总体上来看，社会管制模式有以下特点：在主体上，政府占有绝对主导地位；在手段上，管理手段与方式相对单一，以行政手段为主，重在行政控制；在管理过程中，政府的管理行为倾向于消极管理，积极控制，以应对危机、处理社会问题，以管为主，防控结合，事后处理；在内容上，重点在于社会治安、压制纠纷和矛盾、平息群体性事件；在结果上，追求社会稳定与社会秩序，维稳成本较高，管控效果不明显。从根本上说，“社会管制”体现了政府以行政为

---

① 周光辉：《从管制转向服务：中国政府的管理革命——中国行政管理改革30年》，《吉林大学社会科学学报》2008年第3期。

主导的管理思路，以及自上而下的社会管理的行为模式[①]，这是改革开放初期社会转型阶段国家对于社会的治理从控制模式向管理模式的过渡形式。

二、刑事司法的治理模式

（一）刑事司法的利益格局

笔者选取了1980—1995年最高人民法院的工作报告作为考察的样本，对其中有关刑事审判的作用、主要任务以及刑事审判政策方针的表述进行了摘录和梳理，以此为例来直观地分析这一时期刑事司法中国家、个人、社会的利益关系，如表2-2所示。

表2-2　1980—1995年最高人民法院工作报告摘要

年份	刑事审判的作用及主要任务	刑事政策
1980	(1)打击现行刑事犯罪活动 (2)整顿城市治安	复查冤假错案
1981	(1)审判刑事案件，惩罚犯罪分子 (2)维护社会秩序，保护国家和人民利益	(1)打击少数、教育多数的方针 (2)惩办与宽大相结合的政策
1982	(1)惩罚犯罪分子，保护人民 (2)整顿社会治安，维护安定团结，巩固人民民主专政，保障国民经济调整和"四化"建设顺利进行 (3)严厉惩处严重破坏经济的罪犯，保卫社会主义现代化建设	(1)打击少数，争取、分化、改造多数的一贯方针 (2)惩办与宽大相结合，坦白从宽、抗拒从严的基本政策
1983	(1)发挥对敌专政和保护人民的职能 (2)严惩严重破坏经济的罪犯，保障社会主义经济建设的顺利进行 (3)"综合治理"，减少纠纷，预防犯罪	(1)打击少数、争取教育多数的方针 (2)惩办与宽大相结合的政策

① 郁建兴：《从社会管控到社会治理——当代中国国家与社会关系的新进展》，《探索与争鸣》2014年第12期。

续表

年份	刑事审判的作用及主要任务	刑事政策
1984	人民民主专政国家机器重要组成部分的人民法院，强有力地行使专政职能，正确运用法律武器，对严重犯罪分子予以坚决打击	依法从重从快的方针，严厉惩处严重刑事犯罪分子
1985	保障、促进经济体制改革和社会主义现代化建设	依法从重从快的方针，严厉惩处严重刑事犯罪分子
1986	(1)严厉打击严重危害社会治安的犯罪活动，争取社会治安好转 (2)坚决打击严重经济犯罪活动，保卫社会主义经济体制改革和建设的顺利进行	(1)依法从重从快，惩办与宽大相结合 (2)“稳、准、狠”
1987	保障促进社会主义改革、建设顺利进行	坚定不移地贯彻执行依法从重从快的方针
1988	对犯罪分子专政，正是为了保障我国最大多数人民的自由和权利	(1)对严重危害社会治安的犯罪分子从重从快惩处 (2)对严重破坏经济的犯罪分子依法从严惩处
1989	(1)惩治犯罪、保护人民、促进改革、保障“四化” (2)维护社会安定、保障治理整顿和深化改革	(1)对严重危害社会治安的犯罪分子，继续贯彻执行依法从重从快惩处的方针 (2)对有法定从轻、减轻情节的，依法从轻、减轻处罚
1990	(1)强化对敌专政的职能。压倒一切的是稳定。要保持国家的政治稳定、经济稳定和社会稳定 (2)人民法院要充分发挥审判职能作用，保障和促进治理整顿、深化改革的顺利进行，为实现国民经济长期持续、稳定、协调发展服务，为社会主义现代化建设服务	(1)对严重危害社会治安的犯罪分子继续坚持依法从重从快惩处的方针 (2)对严重破坏经济秩序的犯罪分子继续坚持依法从严惩处的方针

续表

年份	刑事审判的作用及主要任务	刑事政策
1991	(1)维护国家和社会的稳定,是顺利实施十年规划和“八五”计划的必要前提和基本保证 (2)树立人民民主专政观念,充分发挥人民法院的专政职能作用,为实现社会主义现代化建设创造良好的社会环境	政法工作“竭尽全力维护社会稳定”,依法从重从快的方针,宽严相济
1992	(1)维护国家和社会稳定,为加快改革开放步伐,加快社会主义经济建设服务 (2)严厉打击严重刑事犯罪和经济犯罪,为改革开放和经济建设创造良好的社会环境 (3)坚持人民民主专政,人民法院是人民民主专政的重要工具,必须强化对敌专政	(1)全国法院继续贯彻依法从重从快惩处的方针,严厉打击严重危害社会治安的犯罪分子 (2)依法严惩危害国家安全的反革命犯罪分子和严重破坏经济的犯罪分子
1993	(1)履行人民民主专政的职责 (2)严厉打击严重刑事犯罪和严重经济犯罪的斗争,为维护国家安全和社会稳定、为社会主义市场经济体制的建立、为加快改革开放和现代化建设,提供法律保障和服务	依法从重从快的方针,严厉打击严重危害社会治安的犯罪活动
1994	(1)人民法院依法惩处刑事犯罪分子,加强社会治安综合治理,维护社会稳定,保障改革开放和经济建设顺利进行 (2)维护稳定仍然是人民法院的重要任务	(1)紧紧抓住打击重点,强化打击力度,依法从重从快惩处 (2)从本地区实际情况出发,什么犯罪突出,就集中打击什么犯罪 (3)坚决开展反腐败斗争,严厉打击严重经济犯罪

续表

年份	刑事审判的作用及主要任务	刑事政策
1995	(1)同严重刑事犯罪做斗争，维护社会稳定是人民法院的重要任务，是改革、发展的前提 (2)打击经济犯罪，惩治腐败，是维护人民利益，巩固社会主义制度，确保国家长治久安的重要措施，是改革开放和社会主义现代化建设的有力保证	全国法院坚持依法从重从快的方针，严厉打击严重危害社会治安的各种犯罪活动，依法从严惩处经济犯罪

1. 维护国家利益是刑事司法的最高目标

从表2-2中刑事审判的作用和任务的表述来看，主要有以下几点：(1)打击犯罪活动，惩罚犯罪分子；(2)整顿社会治安、维护社会秩序、维护社会稳定；(3)实现对敌专政职能，巩固人民民主专政，巩固社会主义制度；(4)保障改革开放、经济建设、社会主义现代化建设的顺利进行。从以上表述可以看出，刑事司法的利益围绕国家利益展开，通过打击惩罚犯罪分子，来实现国家的秩序利益、政治利益和发展利益。而对于被追诉人的辩护权、确保无罪的人不受刑事追究、犯罪人矫治回归社会等基本权益未有体现。

2. 刑事司法中的个人利益被忽略

有关被告人权利保护相关内容的表述最早出现在20世纪90年代末，至2000年以后逐渐增多，笔者将会在后文中做出进一步的分析。另外从刑事审判的相关政策来看，主要表现为：(1)惩办与宽大相结合，而宽大则体现为“坦白从宽，抗拒从严”，与“反对强迫自证其罪”的现代刑事诉讼理念存在一定的差距。(2)审判策略上强调“从重从快”，体现了刑事司法“打击”至上的特点，忽视了刑事司法对犯罪人的教育、感化、矫治及回归社会的功能。从以上的分析可以看出，在当时的刑事司法政策和实践中，主要围绕国家利益展开，个人利益包括被追诉人利益、被害人利益均未纳入刑事司法的保障视野之内。

3. 刑事司法中的社会利益被虚化

在这一时期，刑事司法中是否存在社会利益呢？我们认为这一时期不存在独立的社会利益，社会利益被虚化为国家利益和全体人民的利益。以“社会”为关键词，在1980—1995年的最高人民法院工作报告中进行搜索，图2-3、图2-4是“社会”以及主要相关词组的出现频率统计。

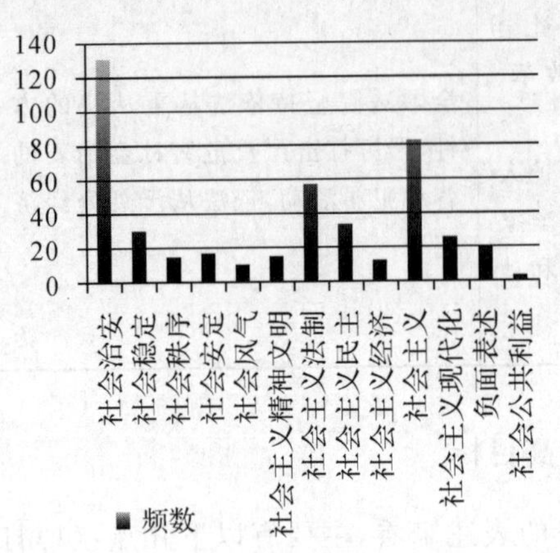

图2-3　报告中“社会”高频词组分布

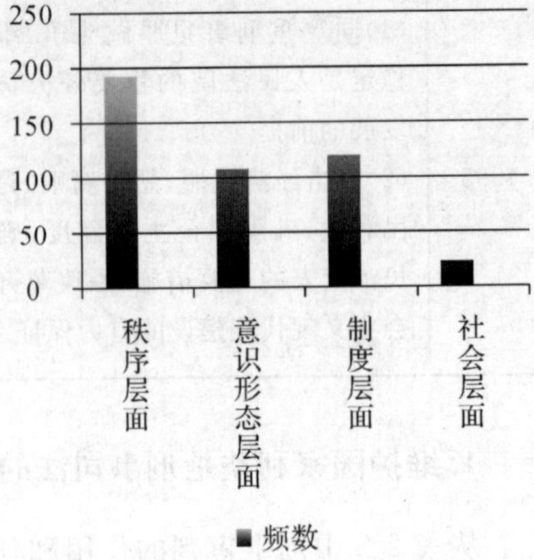

250
200
150
100
50
0
秩序层面
意识形态层面
制度层面
社会层面
频数

图2-4　“社会”高频词组分类统计

图2-3是1980—1995年间最高人民法院工作报告中与社会有关的词组的统计，从中可见，以“社会”为词根的词组较多地表述为：社会治安、社会秩序、社会稳定、社会安定、社会风气、社会主义精神文明、社会主义法制、社会主义民主、社会主义经济、社会主义、社会公共利益，另外还有一些有关社会的负面表述，如黑社会、旧社会、社会丑恶现象、社会渣滓等。对这些词语进行定性分类，将社会治安、秩序、稳定、安定归为秩序层面；社会主义、社会风气、社会主义精神文明归为意识形态层面；社会主义法制、民主、经济、现代化归为制度层面；社会公共利益、负面表述归为与政府相对应的社会领域层面，得出图2-4所示的统计结果。可以看出，在这一时期，在刑事司法中，“社会”利益较多地体现为一种秩序、观念和制度，刑事司法对于“秩序”利益的维护和强调，占词频总数的43.3%；第二位是对社会主义制度的强调，占27.0%；第三位的是社会主义的价值观，占24.3%。而对社会公共利益以及社会领域的表述仅占5.4%，并且其中较多的是负面表述。

从上述分析中可以看出，在当时的刑事司法体系中，“社会”作为一种虚化的存在，被吸纳到国家秩序、制度和意识形态的框架内，缺乏独立的价值和地位。

(二)刑事司法的制度设计

1.刑事立法工作取得重大进展,刑事司法结束无法可依的状态

十年“文革”最惨痛的教训之一,就是“无法可依”。党的十一届三中全会指出:“为了保障人民民主,必须加强社会主义法制建设,使民主制度化、法律化,使这种制度和法律具有稳定性、连续性和极大的权威,做到有法可依,有法必依,执法必严,违法必究。从现在起,应当把立法工作摆到全国人民代表大会及其常务委员会的重要日程上来。检察机关和司法机关要保持应有的独立性;要忠实于法律和制度,忠实于人民利益,忠实于事实真相;要保证人民在自己的法律面前人人平等,不允许任何人有超于法律之上的特权。”①

至此,法律的独立价值得以确立,中国进入了社会主义民主法制的恢复建设阶段,这一阶段的主要任务是法律制度的恢复和发展,集中于起草新法、修改旧法和恢复司法部。1979 年,中国颁布了 7 部重要的刑事法律,其中最广受关注的是《刑法》和《刑事诉讼法》,这是新中国第一部《刑法》和《刑事诉讼法》,它结束了中国在刑事司法方面无法可依的状态,经验告诉我们,《刑法》和《刑事诉讼法》的价值不仅在于惩罚犯罪,更重要的在于对人民生命财产安全的保护。在没有法律保护的年代,不经过公、检、法机关,就可以随便捕人关押人,有的单位可以自己搞拘留、劳改、隔离审查,“文化大革命”中,更是想抄谁的家就抄谁的家,想抓谁就抓谁,想关谁就关谁,这种“无法无天”的状况不能不说与《刑法》《刑事诉讼法》的缺位有关系。② 在人们疑虑法律制定出来以后能否得到切实实施的时候,1979 年 9 月 9 日,中共中央发出《关于坚决保证刑法、刑事诉讼法切实实施的指示》:“刑法、刑事诉讼法同全国人民每天的切身利害有密切关系,它们能否严格执行是衡量我们是否实行社会主义法治的重要标志……这是一个直接关系党和国家信誉的大问题。如果我们不下决心解决这些问题,国家制定的法律就难以贯彻执行,我们党就会失信于民。”该文件第一次正式使用了“社会主义法治”一词,并宣布废除党委审批案件制度,开启了我国刑事程序法治的新篇章。

---

① 《中国共产党第十一届中央委员会第三次全体会议公报》(1978 年 12 月 22 日通过),载中共中央文献研究室编《三中全会以来重要文献选编》(上),人民出版社,1982,第 11 页。

② 刘政:《一个具有里程碑意义的法制文件:中共中央 1979 年 9 月 9 日〈指示〉》,《中国人大》2005 年第 12 期。

1979年《刑法》和《刑事诉讼法》的制定和颁布，是我国刑事司法治理的重大制度进步，初步确立了罪刑法定、罪刑相适应、刑罚的人道主义、严格控制死刑等现代刑事法治理念[①]；在程序法治方面，规定了疑罪从无的原则，体现了无罪推定的精神；明确了刑事辩护制度，增加了犯罪嫌疑人和被告人的权利和保障；废除了收容审查制度，制定了规范的询问、羁押时限，禁止任意逮捕和拘禁；确立了审判公开原则。公安、检察和审判机关分别行使侦查权、检察权与审判权也是在这一时期被明确下来的。

因受当时历史条件和立法经验的限制，1979年《刑法》与《刑事诉讼法》制定得较为粗放、简略，不论在体系结构、规范内容、立法技术还是在对改革开放后经济社会的适应性上均存在进一步提升的空间。如1979年《刑法》条文简陋，规定不周，受时代局限，许多犯罪情况和情节没有被纳入刑法典条文；以类推规定代替罪刑法定的原则；政治色彩浓厚；等等。1979年《刑事诉讼法》确定了我国刑事诉讼的纠问式诉讼模式，职权主义色彩浓厚。在横向构造上，未能赋予被追诉人主体地位，权利保障严重缺失，整体上呈现出国家权力机关联合追诉犯罪的基本形态；在纵向构造方面，由于过于追求惩罚犯罪的刑事诉讼目的，侦查权空前强大，制约了检察权和审判权的有效行使，进而衍生出了"侦查中心主义"这一违背刑事诉讼规律的诉讼样态。[②] 虽然从现代的眼光来看，1979年的《刑法》和《刑事诉讼法》有这样和那样的问题和不足，但是不可否认这两部法律具有划时代的意义，结束了中国刑事司法领域"无法可依"的状况，开启了公民权利保护的序幕。

2. 恢复重建国家司法组织机构

1979年出台并实施了《人民法院组织法》和《人民检察院组织法》，经过1983年修改以后，新时期法院审判组织和检察组织制度得到了进一步健全与发展；1982年《宪法》中确立了公检法三机关在办理刑事案件时分工负责、相互配合、相互制约的原则，虽然该原则受到后来学者的诸多质疑[③]，但是不可否认的是，该原则对于恢复"文革"时期公检法机关混乱的工作状态，恢复正

---

① 何勤华、李锦元：《新中国刑事立法的进步和发展——纪念1979年刑法颁布40周年》，《犯罪研究》2019年第4期。

② 李昌林：《刑事程序法治的发展路径》，《理论探索》2016年第1期。

③ 如王超认为该原则破坏了程序正义的实现，造成"重实体、轻程序""重惩罚犯罪、轻保障人权"的结果，参见王超：《分工负责、互相配合、互相制约原则之反思——以程序正义为视角》，《法商研究》2005年第2期。聂洪勇认为配合原则抵消了制约原则的积极作用，具有很大的负面价值，参见聂洪勇：《分工负责、互相配合、互相制约原则的检讨与重构》，《法律适用》2007年第1期。

常的刑事司法程序具有重要作用。1982 年 1 月正式实施的《律师暂行条例》恢复了律师的地位，对于保障被追诉人的权利起到了极大的促进作用。法律价值上的认可，法律和司法机构以及相关制度的重建，使刑事司法审判工作走上正轨。党对国家法律制度的重建，对法律作用和权威的恢复，纠正了新中国成立以来否定法律、轻视法律，认为法律可有可无、法律束缚手脚的法律虚无主义倾向，转变了政策就是法律、以党代政、以言代法、有法不依、有了政策可以不要法律的理念。在刑事司法领域确立了处理违法犯罪问题都必须以事实为根据，以法律为准绳，具体分析，准确量刑，不允许以各种理由指令公安、检察机关违反刑法规定的法律界限和刑事诉讼法规定的司法程序，滥行捕人抓人，或者背离法律规定，任意判定加重或减免刑罚的原则，同时取消党委审批案件的制度，建立了党的领导与司法机关独立行使职权有机统一的体制。刑事司法工作理念的转变顺应了改革开放以后人心思法、人心思变的普遍社会心理，对于刑事司法保障人权价值的彰显具有里程碑式的意义。

（三）刑事司法的运行方式

正如前文所说的，改革开放源于政治改革，在市场和社会尚未发育成熟的阶段，政治力量始终是改革最大的推动力。通过权力治理的模式虽然在改革之初就被否定，但是这种通过政治权力对社会实行管控的治理策略具有路径依赖式的内在延续性。改革开放以后，国家一方面逐步放开对市场和社会的控制，激发市场和社会的活力；另一方面又担心市场和社会放开以后会造成动荡和不稳定，希望以政治权力的控制来维护社会稳定。就像事事包办的家长，突然放开手让孩子自己发展时，总会担心孩子犯各种各样的错误，就会忍不住插手。在改革初期，虽然刑事司法制度初步确立，但是在实践能力上仍然无法担负起对犯罪问题的有效治理，面对改革开放带来的严峻的社会治安形势，权力时常忍不住越俎代庖，突出的表现是“从重从快”的严打斗争对实体法和程序法的突破。

1. 刑事司法的中心任务：打击犯罪，维护社会稳定

改革开放初期中国的社会结构和经济结构发生了深刻的变革，并进一步影响了人们的思想观念，国家对社会控制的放松，使社会迸发出改革的活力，促进了社会流动性的增强，刺激了人们的需求，同时也产生了诸多社会利益矛盾和影响社会稳定的消极因素，因此带来了 20 世纪 80 年代的犯罪潮，各种严重危害社会治安和经济秩序的犯罪大幅攀升。犯罪治理成为当时社会治

理的核心要务。犯罪高涨对经济社会发展及人民群众利益的侵蚀势必催生民众对自由与安全的渴求，形成严厉打击、预防和治理犯罪的需要。

2. 刑事司法的运行方式:运动式的“严打”

为了遏制犯罪，稳定社会秩序，系统地对犯罪进行严厉打击，依法从重从快、稳准狠地打击严重危害社会治安的暴力犯罪、经济犯罪、黑社会犯罪等刑事犯罪活动，是遏制犯罪膨胀的现实选择。但不可否认的是，严打在实践过程中又存在与司法公正相对立的一面，对实体正义和程序正义具有消极的负面影响。[①] 如我国 1983 年严打期间颁布的《关于迅速审判严重危害社会治安的犯罪分子的程序的决定》明确规定：对于杀人、强奸、抢劫、爆炸和其他严重危害公共安全应当判处死刑的犯罪分子，主要犯罪事实清楚，证据确凿，民愤极大的可以不受法律规定的送达起诉书、传票、通知书的期间的限制，上诉、抗诉期也由 10 日缩短为 3 日。根据《决定》，法院在受理案件时必须审查确定是否需要判处死刑，在确定应当判处死刑的情况下，之后的审判程序就成了走过场。在严打过程中大量盛行“提前介入”“联合办公”等做法，刑事诉讼法所规定的许多程序性保障机制都被取消或弱化，助长了漠视法律程序的风气。在其后的历次严打实践中，也存在程度不同的限制律师对刑事诉讼程序的介入，限制犯罪嫌疑人、被告人的辩护权等损害程序公正的做法。另外，严打要求从快打击犯罪，人为地缩短调查证据和认定案件事实的时间，在司法实践中侦控和审判人员出于提高追诉成功率的心理动机，证据收集不全、降低证据标准、降低办案质量导致误判的可能性增大。在严打中，某地曾经创造了在故意杀人案件中，从案发到对杀人犯执行死刑只有 6 天的最短纪录[②]，被人们广为关注的聂树斌杀人案、佘祥林杀妻案、滕兴善杀人案以及最近热议的呼格吉勒图杀人案这些令人震惊的冤案都产生于 20 世纪 90 年代的“严打”过程中。

3. 刑事司法治理的效果

严打作为一项重要的刑事政策，在当时的社会环境下，起到了打击违法犯罪、威慑社会不安定分子，调动广大群众同犯罪分子做斗争的积极作用，但是早期严打明显带有改革开放前政治运动的色彩，如采取“指标执法”的做法，以行政手段直接干预司法，提出“判重刑的要占刑事案件的 70%以上”“重点打击对象要在法定刑中线以上判刑”等不符合司法规律的要求；一些地区

---

① 陈光中：《严打与司法公正的几个问题》，《中国刑事司法杂志》2002 年第 2 期。

② 何挺：《“严打”刑事政策研究》，博士学位论文，中国政法大学，2008。

为制造热烈开展严打斗争的轰动效应，采取统一清查、游街示众、公捕公判、公开执法等做法，滥用强制措施，贬低、羞辱犯罪嫌疑人更是有违现代司法文明的理念，这不仅是对犯罪嫌疑人、被告人合法权益的侵犯，更使其自暴自弃，不利于改过自新、重新回归社会。从根本上讲仍是把犯罪作为阶级敌人进行斗争的思路。

在改革开放之初的十几年间，国家政权仍然是社会整合的重要力量，在中国改革开放以后的社会治理进程中，以国家为代表的政治权力对于市场和社会的“管”与“放”一直主导着社会治理的变迁进程，面对改革带来的社会秩序的暂时性混乱、失范和无序，在最初阶段市场社会尚未发育完善以及权力治理思路的延续下，国家倾向于通过政治控制来实现社会稳定；市场和社会获得一定程度的发展，能够通过自身机制来实现秩序的基本稳定，行政力量也倾向于简政放权，由控制转向管理和服务来维持社会稳定。改革初期，各种力量博弈之下，“管理”和“控制”是当时社会治理的主要思路，体现在刑事司法领域：一方面，刑事司法制度和价值的重建体现了这一时期通过制度建设应对犯罪问题的管理思路，是对改革开放前刑事司法中的权治、人治问题的反思。另一方面，虽然获得了价值上的重塑，并且在稳定社会秩序、启迪人们法律意识方面发挥了巨大的作用，但是从实践角度来看，由于制度、机制仍不完善，治理经验不足，无法应对居高不下的犯罪案件，因此刑事司法制度经常面临被权力突破的危险，这是“控制”思维在这一时期的反映。可以说，刑事司法的价值在这一时期具有宣誓的意义，刑事司法价值的真正彰显不仅需要其自身体系的完善，还有待于社会治理机制的根本性变革。

第三节　社会管理模式下的刑事司法(1996—2011)

一、社会管理模式的基本特征

(一)市场经济体制改革不断深入：政府与市场二元结构的形成

1.政府职能转变与社会管理

1996—2011 年这 15 年间，是中国经济高速发展的阶段，1992 年党的十四大确立了中国经济体制改革的目标是建立社会主义市场经济体制，经过 10 年的发展，2002 年中共十六大提出了完善市场经济体制的目标，这一时期国家对社会的治理主要围绕市场经济体制建设展开。市场经济体制建设的目标在于：一是建立以公有制为主体、多种所有制并存的所有制结构；二是正确认识政府与市场的关系，使政府和市场在各自合理的职能范围内相对独立、相互制约，发挥各自优势；三是实施在国家宏观调控下，市场在资源配置上起基础性作用的经济政策；四是确立按劳分配为主体，多种分配方式并存的收入分配体制；五是以经济发展为首要任务的国家政策导向促进生产力水平的极大发展。①

为了促进社会主义市场经济体制改革目标的实现，国家的政治体制、社会体制的改革也在逐步展开。这一时期的社会治理策略主要围绕政府职能的转变以及服务型政府的建立展开，正确划分政府与市场的管辖范围，实现市场领域的自治，将政府的职责定位于宏观调控和社会管理，确保市场经济制度的良好运行环境。1998 年，《关于国务院机构改革方案的说明》中，首次出现"社会管理"，随后党和政府的文件中，不断深化对这一概念的认识。

2. 社会管理的基本内涵

以下通过党和政府的相关文件中对于"社会管理"的表述，来分析社会管理的基本内涵（见表 2-3）。

表 2-3 1998—2011 年间党和国家文件中对社会管理的表述

年份	文件	表述
1998	《关于国务院机构改革方案的说明》	政府的基本职能在于宏观调控、社会管理和公共服务
2002	中共十六大报告	社会管理为政府四项主要职能之一，"政治建设和政治体制改革"：改进社会管理，保持良好的社会秩序
2003	中共十六届三中全会	完善政府社会管理和公共服务职能，为全面建设小康社会提供强有力的体制保障
2004	中共十六届四中全会	加强党的执政能力："建立健全党委领导、政府负责、社会协同、公众参与的社会管理格局"

① 汪强：《论我国社会主义市场经济》，博士学位论文，中共中央党校，2012。

续表

年份	文件	表述
2005	中共十六届五中全会	行政管理体制改革:着力推进行政管理体制改革,政府要加强社会管理和公共服务职能,不得干预企业经营活动
2006	中共十六届六中全会	社会管理的具体途径:社会管理体系更加完善,是“2020年构建社会主义和谐社会的目标和主要任务之一”,“在服务中实施管理,在管理中体现服务”
2007	中共十七大报告	健全党委领导、政府负责、社会协同、公众参与的社会管理格局,“最大限度激发社会创造活力”
2008	中共十七届三中全会	“农村社会管理体系进一步完善”,是“2020年农村改革发展基本目标之一”
2009	中共十七届四中全会	加强党的建设、保持党的先进性:党提高社会管理能力的重要性和紧迫性,党在社会管理方面的至关重要作用
2010	中共十七届五中全会	建立健全基本公共服务体系:加强和创新社会管理,从法律、体制和能力建设方面对加强社会管理进行部署
2011	中共十七届六中全会	文化体制改革:深化文化行政管理体制改革,加快政府职能转变,强化政策调节、市场监管、社会管理、公共服务职能,推动政企分开、政事分开,理顺政府和文化企事业单位关系

从广义上说,社会管理是“把社会看作一个有机整体,通过运用计划、沟通、协调、控制、指导等手段,使社会系统协调有序、良性运行的过程”①;从狭义的角度来看,社会管理是“政府和民间组织运用多种资源和手段,对社会生活、社会事务、社会组织进行规范、协调、服务的过程,其目的是满足社会成员生存和发展的基本需求,解决社会问题,提高社会生活质量”②。从

① 风笑天等:《社会管理学概论》,华中理工大学出版社,1999,第6页。

② 何增科:《论改革完善我国社会管理体制的必要性和意义》,《毛泽东邓小平理论研究》2007年第8期。

表 2-3 中可以看出：首先，我国的社会管理是一种狭义解释，与宏观调控、公共服务等一起作为政府主要职能的一部分；其次，社会管理改革是围绕着政府与市场关系互动展开的，社会管理伴随着行政体制改革，创建服务型政府，使政府角色向社会管理和提供公共服务的方向转变；最后，党和政府是社会管理的主体，在社会管理中起到领导性的作用，是党执政能力的重要组成部分。在 2004 年和 2007 年的报告中提到了社会协同、公众参与，但是这一时期社会管理的主要基调仍然是强化党和政府在社会管理中的宏观主导作用。

在这一时期，社会管理基本特点可以概括为以下方面：一是突出党和政府在社会管理中的主导作用，主体相对单一，主要是各级政府及其职能部门。二是市场经济促进了政府向市场放权，但是在社会领域政府承担了较多的社会管理职责，容易导致机构膨胀、财政压力，陷入“全能国家”的公共管理危机。三是国家对社会管理的包揽，使得社会管理过程主要是行政化的、单向的自上而下型管理，缺乏与社会主体的互动、协商、对话，虽然也有自下而上的运行空间，但仅起到辅助作用。四是介于国家和个人之间的社会领域获得了发展的空间，并且在制衡国家权力方面展露作用，但是囿于自身组织化和制度化的程度，社会领域的自治仍然不具备相应的条件，国家对于社会的治理主要侧重于厘清政府与市场的关系，实现政府职能转变，逐步退出市场调控领域，而主要履行宏观调控的职能。在此阶段，市场作为经济发展的重要场域，逐渐从国家领域中分离出来，但是社会依然依附于国家，在总体上呈现出强国家、弱社会的格局。

（二）社会治理的基本方式：法律之治

社会管理重视通过法律规则、行政命令对社会自上而下的管理，这一时期也是中国现代法治的制度设计阶段。如果说在社会管制阶段，法治的目标是以恢复正常的法律秩序为手段、普及法治价值理念的话，这一时期则是通过制定大批用以调整经济生活、社会生活的法律规范，为社会的改革和经济的发展承担起制度设计的功能。[①] 1997 年党的十五大把“建设社会主义法治国家确定为社会主义初级阶段基本纲领的重要组成部分和社会主义现代化的重要目标”，1999 年将“实行依法治国，建设社会主义法治国家”载入宪法。这意味着法律之治成为这一时代的主题，法律以其自身相对自主的表现形式

① 郭星华：《回顾与反思：我国现代法治建设的历程——以法社会学理论为视角》，载郑杭生主编《中国社会发展研究报告 2014：走向社会治理的中国社会》，中国人民大学出版社，2015，第 233 页。

服务于经济的快速发展、资源的合理配置、社会矛盾的有效化解。这一阶段是现代法治的设计过程，"如何将法治与一个处于特定文化和传统中的国家或社会的现实需要结合起来，将理想引入现实，它的起点之一，就是将法治制度化，用宪法和法律把法治的理念要求规定或确认下来，成为一个国家民主政治和宪政体制中的组成部分，转化为概括并浓缩了各项法律制度、程序和规则的一系列法治原则"[①]，中国政府的目标是到 2010 年基本建成比较完善的法律体系[②]，法治在法律形式层面实现自治。

二、刑事司法的治理模式

（一）刑事司法的利益格局

在社会管理阶段，刑事司法中的利益格局体现为：国家利益内涵丰富化，个人利益受到重视，社会利益开始形成。本部分的分析方法，依然以最高人民法院工作报告中有关国家、个人、社会的表述，做词频统计和定性化的分析。表 2-4 为 1996—2011 年间有关国家及相关词语出现的方式及频次。从该表中可以看出以下几点。

1. 国家利益的内涵大大丰富

虽然国家安全利益仍然占据 31.2％的重要比重，但是国家的安全利益有了更狭义和确切的内涵，社会的秩序利益已经从广义上的国家安全利益中剥离出去。另外，对比之前在阶级斗争、社会控制层面上的国家利益，此时更重视对现有制度的维护，以及顺利履行国家职能，表中对于制度利益和职能利益的强调分别占了 18.5％和 20.0％，这也从一个侧面反映出在社会管理阶段国家通过制度化建设、履行管理职能来实现社会管理的治理方式。最后，国家工作人员、公务人员犯罪问题，在报告中出现的频率达到 9.8％，对国家工作人员、公务人员犯罪活动的打击，体现了维护国家廉洁性利益目标。这也说明党对自身建设的加强和重视，这种重视也是对公民及社会利益的诉求的呼应。

---

① 李林：《法治的理念、制度和运作》，《法律科学》1996 年第 4 期。

② 国务院办公厅：《中国的民主政治建设》，《人民日报》2005 年 10 月 19 日。

表 2-4 1996—2011 年最高人民法院工作报告中"国家"关键词统计

国家利益	表述方式	频次	百分比/%
经济方面	国家财产、经济损失、出口退税等	11	5.4
制度建设	法律、法制、改革措施、创新体系、信用体系等	38	18.5
政权安全	分裂国家、颠覆政权、国家秘密、国家统一、国家安全等	64	31.2
职能履行	国家赔偿、工作、部署、执行、建设、宏观调控等	41	20.0
廉洁性	国家工作人员、公务人员犯罪	20	9.8
整体	国家历史、国家大局等	31	15.1

2. 个人利益受到重视

1996 年《刑事诉讼法》修改以后，刑事司法运行过程中越来越重视刑事司法中的个人利益保障，司法人权保障自从 2001 年被写入最高人民法院工作报告中以后，在 2001 年到 2011 年 10 年间，"人权"一词被反复提及 26 次，虽然在实践中刑讯逼供、超期羁押、诉讼权利保障不足等问题仍然存在，但是在政策和制度的层面，对刑事司法中个人利益的保护已经获得彰显和认可。刑事司法利益分配的主要问题是如何将应然层面的个人利益向实然方向转化，当然这一过程是个人利益与国家利益不断互动的过程。

3. 社会利益开始形成

表 2-5 为 1996—2011 年间社会及相关词语的表述及出现频率情况，首先，从分类及统计情况来看，社会的秩序利益虽然从社会管制阶段的 43.3％下降到 24.0％，但是仍然在社会利益表达中占据重要比重，这表明秩序一直是我国社会发展过程中被突出重视的问题。其次，代表价值观层面的利益表达有较大幅度的下降，由 24.3％下降到 9.0％，这表明社会利益正在从抽象层面向现实层面转化。从制度层面来看，社会制度利益通过向规范化的国家制度转化，在文字表述的频率上有所下降，由 27.0％下降为 18.0％。最为突出的变化是，作为社会领域层面上的表述有很大幅度的增长，由 5.4％上升为 49.0％，并且其表述方式非常丰富。如果将秩序层面、价值观层面、制度层面的社会表达视为与国家利益高度重合的方面，作为独立的社会领域，在这一

阶段其表现形式大大丰富起来。在社会管制阶段，社会领域层面上的表达方式主要为“社会”“社会公共利益”“黑社会”。在社会管理阶段，刑事司法更加注重于向社会开放、与社会互动，如将有关审判过程、结果向社会公布、公开、通报等，与社会保持互动，接受社会各界的批评、建议、监督、支持等；重视社会对刑事司法体系的评价，注重审判的社会效果、社会影响，重视社会的关注、反应，希望获得社会的尊重、赞誉等。同时，刑事司法注重对社会现实问题的关注，如致力于解决社会矛盾、化解社会纠纷、减少社会对立面等；尤其值得注意的是，在2009年的工作报告中首次提出“发挥行业协会、专业部门、社团组织等社会力量化解矛盾纠纷的作用”，体现了刑事司法中引入社会力量进行合作治理的想法，但是在这一时期，并未有过多的表述。从以上分析可以看出，在这一时期社会利益在刑事司法中逐渐凸显，社会利益的凸显对刑事司法工作带来了极大的挑战，使得刑事司法过程中需要面对、回应社会的利益诉求。

表 2-5　1996—2011年间最高人民法院工作报告中“社会”关键词统计

<table>
<tr><th>社会</th><th colspan="2">表述方式</th><th>频率</th><th colspan="2">百分比/%</th></tr>
<tr><td>秩序层面</td><td colspan="2">治安、秩序、稳定、安定等</td><td>138</td><td colspan="2">24.0</td></tr>
<tr><td>价值观层面</td><td colspan="2">主义、风气、精神文明、法治理念、理论等</td><td>51</td><td colspan="2">9.0</td></tr>
<tr><td>制度层面</td><td colspan="2">市场经济、现代化、民主、法制、司法制度等</td><td>104</td><td colspan="2">18.0</td></tr>
<tr><td rowspan="9">作为独立的社会领域</td><td>负面</td><td>黑社会、危害等</td><td>40</td><td>14.3</td><td rowspan="9">49.0</td></tr>
<tr><td>开放</td><td>公布、通报、公开</td><td>9</td><td>3.2</td></tr>
<tr><td>互动</td><td>批评、建议、意见、监督、支持等</td><td>46</td><td>16.4</td></tr>
<tr><td>评价</td><td>效果、影响、关注、反映、尊重、赞誉、关切、反响等</td><td>34</td><td>12.1</td></tr>
<tr><td>价值</td><td>公平、正义、和谐、进步、文明、发展、权益等</td><td>95</td><td>33.9</td></tr>
<tr><td>管理</td><td>管理体制、保障</td><td>22</td><td>7.9</td></tr>
<tr><td>问题</td><td>矛盾、纠纷、对立等</td><td>23</td><td>8.2</td></tr>
<tr><td>主体</td><td>社会力量、社会团体</td><td>3</td><td>1.1</td></tr>
<tr><td>其他</td><td>转型、安全感、生活、关系等</td><td>8</td><td>2.9</td></tr>
</table>

(二)刑事司法的制度设计

1.完善刑事司法法律规范体系

1979年我国制定通过的《刑事诉讼法》为新中国第一部刑事诉讼法典,它的颁布实施对于及时查明犯罪事实、正确适用法律、惩罚犯罪、保障无辜的人不受刑事追究等基本诉讼目标的实现起到了重要的作用,由于实践中权力扩展的惯性,刑事司法虽然在法律层面有法可依,但在实质意义上的独立价值尚未确立。1979年《刑事诉讼法》在诉讼程序、辩护制度、证据制度等方面仍然带有强烈的阶级斗争的色彩,难免存在着一些缺陷和问题。随着党执政理念的转变和依法治国治理方略的形成,刑事司法制度现代化、科学化成为这一时期的重要任务。1996年和1997年全国人大分别修订了《刑事诉讼法》和《刑法》,这标志着中国刑事司法制度在顺应时代变革和司法发展规律的基础上进入了民主化和科学化的建设阶段。

从修改内容上看:一是增加规定了三项基本原则,即司法机关依法独立行使职权;人民检察院依法对刑事诉讼实行法律监督;未经人民法院依法判决对任何人不得确定有罪,此项原则吸收了西方无罪推定的精神。二是加强犯罪嫌疑人、被告人的权利保障,犯罪嫌疑人在被侦查机关第一次讯问后或者采取强制措施之日起,可聘请律师为其提供法律帮助;并且明确规定了法律援助制度。三是加强被害人的权利保障,在公诉案件中被害人也是控方当事人,并且扩大了被害人的自诉案件的范围,加强了被害人对犯罪分子追究刑事责任的能力。四是停止使用收容审查,进一步完善强制措施,增设保证金制度。五是改善审查起诉程序,取消能对犯罪嫌疑人定罪的免于起诉制度。六是改革第一审审判方式,由原来近似职权主义的模式改为借鉴当事人主义形成适合中国国情的新模式;扩大合议庭独立裁判权限,增设简易程序,并明确规定证据不足的应当做出无罪判决。①

2.推动司法体制改革

伴随着刑事司法制度在立法层面的完善,为了保障在司法层面获得有效的实施,党的十五大将“依法治国”确定为基本治国方略,同时,第一次鲜明地提出推进司法改革,这是首次将司法改革正式纳入党中央的视野,从司法机

① 陈光中:《刑事诉讼法的成功修改是我国法制建设的一项重大成就》,《中国法学》1997年第5期。

关自身的工作上升为党的主张和国家发展战略的高度，司法机关开启了计划性和系统性的改革，使得自身的组织化程度不断提升。

以人民法院推进司法改革为例，1999 年 10 月，最高人民法院发布了《人民法院五年改革纲要（1999—2003）》（后称“一五改革纲要”），“一五改革纲要”以“公正与效率”为基本导向，系统地阐述了人民法院司法改革的目标和原则，涉及审判方式改革、审判组织改革、法院内设机构改革、法院人事管理制度改革、法院办公现代化建设、审判管理和社会监督机制改革、法院深层次改革的探索等七大领域。此后几年时间内，人民法院推进了立审分离、审执分离、审监分离的内部机构改革，强化了合议庭审判职能和庭审职能，开展了繁简分流诉讼程序改革，并着力加强了法官职业化建设。但由于体制改革的整体推进遇到诸多困难，最后的成果主要体现在法院内部工作机制的进一步完善上。

2005 年最高人民法院发布的“二五改革纲要”，立足于人民群众的司法要求，以完善诉讼制度为重点，有效缓解了群众反映强烈的“打不起官司”、“打官司难”、“申诉难”、超期羁押、刑讯逼供等突出问题，尤其是死刑复核权收回最高人民法院统一行使，成为这一时期司法改革的一大亮点，获得广泛好评。2007 年党的十七大将司法体制改革表述为：“深化司法体制改革，优化司法职权配置，规范司法行为，建设公正高效权威的社会主义司法制度，保证审判机关、检察机关依法独立公正地行使审判权、检察权。”从党的十五大提出“推进司法改革”到党的十六大提出“推进司法体制改革”，实现了从司法改革向司法体制改革的重大转变，在此基础上党的十七大做出了“深化司法体制改革”的重大部署，并把“建设公正高效权威的社会主义司法制度”作为深化司法体制改革的总体目标，这一过程体现了包括刑事司法在内的司法制度建设不断向纵深方向发展，形成了专门的、相对自治的法律机构，这些机构在各个规定的职能范围内要求一种有限的至上性。[①] 以 1996 年《刑事诉讼法》的第一次修改为起点，刑事司法在一定程度形成了逻辑自洽的自治体系，刑事司法在制度建设上具有了现代化的形式。

（三）刑事司法的运行方式

随着《刑事诉讼法》的修改，刑事司法在具体运行过程中体现出打击犯罪与保障人权并重的发展趋势。表 2-6 是 1996—2011 年间最高人民法院工作

① ［美］诺内特・塞尔兹尼克：《转变中的法律与社会：迈向回应型法》，张志铭译，中国政法大学出版社，1994，第 59 页。

报告中刑事审判作用、主要任务以及审判原则的相关表述，从中可以看出刑事司法在这一时期的特点和发展趋势。

表 2-6 1996—2011 年最高人民法院工作报告刑事司法部分摘要

年份	刑事审判主要作用、任务及审判原则
1996	(1)坚持"打防并举，标本兼治，重在治本"的方针 (2)改进未成年人犯罪案件的审理，做好教育、感化、挽救工作 (3)加强法庭对人民调解委员会的指导，及时处理纠纷 (4)坚持严打斗争，加大打击，参与社会治安综合治理，维护社会稳定
1997	(1)严厉打击，全力维护社会稳定 (2)依法办案，认真执行宽严相济的政策，注重办案质量 (3)社会治安综合治理：化解矛盾，防止矛盾激化，法制宣传，扩大审判的社会效果，未成年人犯罪案件教育、感化、挽救 (4)严肃执法、提高司法水平，强化庭审功能，加强对人民群众合法权益的司法保护，核心是公开审判，把审判活动更好地置于社会监督之下
1998	(1)深入严打，创造良好社会环境，维护国家社会稳定、市场经济秩序 (2)参与社会治安综合治理，教育群众，化解矛盾，预防犯罪，减少纠纷，保持良好的社会秩序 (3)严格执行修改后的刑法和刑事诉讼法
1999	(1)严惩刑事犯罪，参与综合治理，维护社会稳定，维护国家经济安全 (2)为改革、发展、稳定提供可靠的司法保障 (3)教育群众，化解矛盾，预防犯罪，减少纠纷，保持良好的社会秩序 (4)法院改革：提高审判质量和效率，确保法律正确实施、确保司法公正(公开审判、监督机制、工作规则、接受社会各界监督)
2000	(1)严厉打击严重刑事犯罪，维护社会政治稳定、经济安全、法律严肃性 (2)严格区分罪与非罪，严把事实、证据关，使无罪的人不受法律追究 (3)推进法院改革：提高审判质量和效率，确保司法公正，维护司法权威
2001	(1)严惩严重刑事犯罪，保护人民群众根本利益、国家安全、社会稳定 (2)人民法院坚持严格执行法律，加强人权的司法保障，确保无罪的公民不受法律追究，遵纪守法的公民不蒙冤受屈 (3)加强法院改革：维护司法公正，提高审判效率(通过程序公正，保证律师和其他诉讼代理人的诉讼权利得以充分行使；清理超审限案件)

续表

年份	刑事审判主要作用、任务及审判原则
2002	(1)严惩犯罪,维护国家安全,确保社会稳定 (2)严把案件事实关、证据关、程序关和适用法律关,加大司法领域的人权保障力度,保证无罪的公民不受法律追究 (3)预防和减少犯罪起了积极作用 (4)推进法院改革:紧紧围绕“公正与效率”
2003	(1)打击刑事犯罪,维护国家安全,确保社会稳定 (2)加强刑事司法领域人权保障。人民法院严把案件事实关、证据关、程序关和适用法律关,坚持重罪重罚,轻罪轻罚,无罪不罚 (3)参与社会治安综合治理,预防减少犯罪 (4)公正与效率
2004	(1)依法惩罚犯罪,依法保障人权 (2)严把案件事实关、证据关、程序关和适用法律关 (3)清理超期羁押,有罪依法判决,无罪坚决放人,维护当事人合法权益 (4)简化诉讼程序,提高审判效率 (5)少年法院试点调研、社区矫正试点,推进刑罚执行制度的改革和完善
2005	(1)严惩刑事犯罪,维护国家安全和社会安定 (2)坚持“公正与效率”“司法为民”,维护司法公正,促进社会和谐
2006	(1)严惩严重刑事犯罪,维护国家安全和社会安定 (2)加强刑事司法领域的人权保障,严把案件事实关、证据关、程序关和适用法律关,为符合条件的被告人指定辩护人
2007	(1)惩罚刑事犯罪,努力维护国家安全和社会稳定 (2)坚持惩罚犯罪与保障人权并重,确保刑事案件审判质量:保证案件事实清楚、证据确实充分、定罪准确、量刑适当、审判程序合法,防止冤错案件的发生;保障被告人诉讼权利、保证无罪的人不受刑事追究;保护被害人及其亲属的合法权益,探索刑事案件被害人救助办法 (3)促进打击、防范、教育、管理、改造等各项工作全面提高 (4)严格控制和慎重适用死刑,健全重要证人、鉴定人出庭作证制度,推行被告人认罪案件简便审判制度 (5)完善方便当事人的工作机制,扩大简易程序适用,提高诉讼效率,拓宽诉讼调解适用范围,尝试刑事自诉和其他轻微刑事案件调解新模式

续表

年份	刑事审判主要作用、任务及审判原则
2008	(1)惩罚刑事犯罪，维护国家安全和社会稳定 (2)宽严相济的刑事政策，“该宽则宽，当严则严，宽严相济，罚当其罪” (3)参与社会治安综合治理，减少和预防犯罪：社区矫治，未成年人教育、感化、挽救，促进罪犯改过自新 (4)公正司法、一心为民：司法透明、公正、效率、方便群众、司法救助 (5)改革和完善死刑核准制度
2009	(1)维护国家安全和社会稳定 (2)适用法律和宽严相济刑事政策，审慎死刑复核，定罪准确、量刑适当 (3)推进刑事被害人救助工作，加大未成年人犯罪预防力度 (4)探索建立轻微刑事案件调解制度，加大刑事附带民事案件调解力度 (5)接受监督，维护司法公正、树立司法权威
2011	(1)准确把握社会治安形势，依法惩处刑事犯罪、维护国家安全社会稳定 (2)参与社会治安综合治理，少年司法、刑事执行人员帮教、社区矫正 (3)深化司法体制改革，促进司法公正高效

从表 2-6 中，可以看出这一时期刑事司法的运行有以下几方面特点。

1. 刑事司法的中心任务

打击刑事犯罪、依法惩处犯罪分子，维护国家安全、社会稳定、社会秩序以及市场经济秩序仍然是刑事司法的首要任务。但是刑事司法的功能的内涵得以扩大。

首先，从单向的打击、惩罚犯罪向“打防结合、预防为主”、犯罪矫治、促进纠纷解决化解矛盾等方向发展，使打击、防范、教育、管理、改造等多项目标融入刑事司法的功能体系之中。如在社会治安综合治理方面，注重教育群众，化解矛盾，预防犯罪，减少纠纷；关注未成年人犯罪问题，确立“教育、感化、挽救”的方针，探索少年法院的工作机制；在刑事执行方面，注重对犯罪人的教育、改造和帮扶，推动社区矫正制度的发展，促进犯罪人的改过自新，重新融入社会；提出司法人权保障的理念，加大对刑事司法中个人权益的保护。司法人权保障的首要目标是确保无罪的公民不受法律追究，遵纪守法的公民不蒙冤受屈。

其次，提高案件质量，严把案件事实关、证据关、程序关和适用法律关，保证案件事实清楚、证据确实充分、定罪准确、量刑适当、审判程序合法，制定和完善刑事证据规则，严格排除非法证据，防止冤错案件的发生。

最后，注重对刑事司法中个人利益的保护。如保障被告人诉讼权利，通过程序公正，保证律师和其他诉讼代理人的诉讼权利得以充分行使，为符合法律援助条件的被告人指定辩护人。保护被害人及其亲属的合法权益，探索刑事案件被害人救助办法，加大对被害人的救助力度，将被害人利益纳入国家刑事司法保障范围，扩大司法人权保障的内涵。

2. 刑事司法的运行方式

通过深化司法体制改革，将公正和高效作为司法改革的目标，实现司法人权保障。如贯彻宽严相济的刑事政策，坚持"有罪依法判决、无罪坚决放人"；清理刑事超期羁押案件，保障被追诉人的人身自由权利；改革死刑制度，控制和慎用死刑，完善死刑核准制度，保护被追诉人的生命权；提高重要证人、鉴定人的出庭作证制度，提高庭审的质量，确保案件的正确审理；探索建立轻微刑事案件调解制度，加大刑事附带民事案件调解力度，体现了刑事司法理念的转变，有助于恢复犯罪人与被害人之间的关系，促进犯罪人的改造和回归社会，有利于被害人的利益保障；改革简易程序，扩大适用范围，有利于被告人获得迅速审判，提高刑事司法效率。

3. 刑事司法的治理效果

1996年《刑事诉讼法》修改以及各项司法体制和工作体制改革不断推进，我国的刑事司法在规范建设和制度建设方面都取得了长足的进展。2004年宪法第四次修正，明确将"国家尊重和保障人权"写进宪法，"人权"在国家生活及社会治理中的价值得到进一步彰显，"人权"从一般性的政治原则升华为统一性的宪法原则，这既是新中国人权事业蓬勃发展的重要阶段性成果，也极大地推动了刑事司法理念的关键性转变，使司法人权保障与惩罚犯罪一起成为刑事司法并行的两大价值理念。

首先，从刑事司法的内部治理效果看。理念的更新与实践的推进往往有一定的时间差，这一点在刑事司法治理上有明显的表现。1996年《刑事诉讼法》的修改一定程度上吸纳了对抗式诉讼的一些内容，纠正了国家专门机关权力过于集中膨胀的倾向，赋予了当事人更多程序参与权，体现出了现代诉讼法治的观念。但是由于部分制度在之前并未试点，并且有一些理念与我国长期强职权主义的刑事司法运行体制以及重刑主义、重实体主义的法律文化相冲突，因而出现了司法实践难以有效实施、进而架空程序设计的情况。如：

我国刑事诉讼具有强职权主义特征，诉讼程序基本上以公权力机关为主导，当事人及辩护律师的参与感较低。为改善这一状况，1996 年《刑事诉讼法》的修改借鉴了域外当事人主义诉讼模式，对庭审进行了对抗式改造。集中表现在重新配置了控告、辩护、审理职能，改变了过去由法官直接调查证据的方式，确定了控辩双方向法院举证的模式，修改了法院在庭审前作实体性审查的程序，限制了检察机关的案卷移送范围，等等。但囿于本土资源的限制与抵抗，产生了诸如不彻底的实质化、不充分的对抗性与不完全的平等制等问题。另外，为了扩大辩护范围，将律师介入诉讼程序的时间从审判阶段提前到侦查阶段，这是重大的跨越，立法意图是对犯罪嫌疑人的权利进行切实的保护。但当时并没有赋予律师辩护人身份，易导致侦查阶段律师名不正、言不顺，而且律师的会见权、阅卷权与调查取证权行使时常受阻，权益得不到应有保障。再如，刑事诉讼法专门增设了简易程序，遗憾的是，刑事诉讼实践中简易程序的适用率始终不理想，无法实现其分流案件、节约司法资源之目的。①

所以，基于长期"侦查中心主义"的运行样态，侦查权的运行缺乏有效的检察监督和必要的司法控制；审判程序中，审判机关职能的追诉，审判程序泛行政化。虽然 1996 年《刑事诉讼法》不乏理性、科学的审判程序设计，但遗憾的是，由于对我国司法运行环境的高估、制度配套措施的阙如、与传统文化惯性的抵牾等②，刑事司法治理的内部效果不如人意，困扰刑事司法治理的顽疾，诸如庭审走过场、超期羁押、刑讯逼供、司法效率低下等问题并未得到改善，甚至有加剧的风险。

其次，刑事司法的外部治理效果。进入 21 世纪，科技、信息技术迅猛发展，人们越来越容易获得与刑事案件相关的信息，当然这些有可能是碎片化的信息，也越来越方便对刑事司法发表自己的观点。刑事司法面对的是一个开放的社会或者说充满风险和未知，刑事司法治理能力越来越受到社会的关注。然而在这一时期，由于刑事司法的治理偏重于内部治理，缺少对社会的关注与回应，使得刑事司法陷入"法官越专业就越自以为是，民众越不懂就越不信任"的困境，"司法的专业性越强，社会的疏离感越强"，随着司法职业化模式的日益巩固，司法和社会的距离越来越远，司法精英话语与大众话语的疏离开始慢慢地削弱司法获得信任的基础。21 世纪以来，随着一些冤假错案被曝光，刑事司法面临着合法化危机。传统刑事司法制度的发展路径与社会公众的刑事

① 卞建林、谢澍：《刑事诉讼法治建设七十年回顾与展望》，《人民检察》2019 年第 14 期。

② 汪海燕：《中国刑事审判制度发展七十年》，《政法论坛》2019 年第 6 期。

司法观念之间产生错位，刑事司法的改革无法满足社会公众的诉求，以至于刑事司法现代化治理进程在较长一段时间里无法获得人们的认同。

第四节　社会治理与刑事司法的变迁规律

通过前文对新中国成立以来三个社会治理阶段刑事司法治理模式的历史分析，我们可以发现，社会治理与刑事司法的变迁之间存在一定的内在联系，将这种联系抽象为规律，将有助于我们对未来刑事司法制度的改革以及刑事司法治理的方略有一个导向性把握。

一、社会治理模式决定刑事司法治理模式

（一）社会治理模式决定刑事司法利益格局

刑事司法是社会治理的一个特殊场域。在刑事司法过程中，通过对抗和妥协，在诉讼程序内最终形成对某一犯罪行为的处理方案，或者从更广泛的角度看，刑事司法是整个国家和社会对犯罪行为的治理过程，实现减少犯罪对国家、社会、公民个人的危害，保障国家政权、社会秩序的稳定和保障公民生命、财产安全。在前文的分析中，我们发现不同的主体对刑事司法的利益诉求有所不同。利益主体、具体的利益诉求以及它们之间的相互关系，不是一成不变的，而是具有复杂的历史性和变化性。

在社会控制的社会治理模式下，国家和社会高度一体化，形成了总体性的社会格局。在此背景下，对社会进行治理的主体只有唯一的国家。刑事司法过程的主体，只有国家而没有个人和社会。刑事司法是国家对个人发动的一场“战争”，犯罪嫌疑人和被告人是刑事司法打击的对象，而非在刑事司法中享有诉讼权利的主体。同样，在行政吸纳社会的大背景下，在刑事司法治理过程中，看不到社会的身影，听不到社会的表达。刑事司法是国家对个人单向度的阶级斗争、打击惩罚过程，通过刑事司法来维护国家政权安全、秩序稳定的利益。

在社会管制模式下，通过开启改革开放的历史序幕，中国社会发生了深刻的变化，个人作为市场经济的主体走进了社会治理的历史舞台。作为从社会控制转向社会管理的一种社会治理的中间形态，社会管制带有控制和管理两种色彩。一方面，通过法律的治理成为未来发展的导向；另一方面，改革开

放后社会急剧变迁引发严重的社会失范，为了掌控这一局面，强大的社会控制手段仍然具有实用主义的价值。这一时期，刑事司法法治化的开端，形成了规范化的法律文本，同时被追诉人被赋予了一定的诉讼权利，其作为刑事司法主体的雏形已初步确立，但是囿于时代的限制，刑事司法中的个人利益仍未显现。这一时期，市场经济处于起步阶段，作为独立的领域，市场在逐渐形成，由于社会领域的形成和发展是建立在较为成熟的市场经济的基础之上，在这一时期相对独立的社会领域尚未开始形成，社会主体虽然在形式上出现在了刑事司法过程中，但是社会是以等同于国家的概念出现的，是国家在刑事司法中的代表。

在社会管理模式下，随着市场经济体制改革的不断深入，政府与市场二元结构形成，为了保障作为市场主体的个人顺利地参与经济活动，公民个体的各项权利的诉求，包括政治、经济、文化等方面诉求，不断得到国家的回应，与此同时，建立在公民自治基础上的社会领域正在经历从无到有的形成过程。在社会管理模式下，国家治理的场域正在从一体化的国家向政府、市场、社会三大场域的分工配合这样一种更丰富的治理内涵发展。反映在刑事司法领域，“保护人民”“保障无罪的人不受刑事追究”这种重视个人权利理念融入了刑事司法的理念之中。刑事诉讼法对于被追诉人各项诉讼权利的确立，标志着刑事诉讼中被追诉人主体地位的确立。与此同时，社会作为一个独立的主体，在刑事司法领域开始发声。社会公众对于重大刑事案件的关注、冤案发生后的群情激昂，显示了我国社会公众对于权利保障的渴望、对于社会安全感的渴望。这标志着在刑事司法领域，社会作为一种区别于国家与个人的主体开始形成。

（二）刑事司法利益格局决定刑事司法治理模式

新中国成立后形成了国家全方位控制社会的治理模式，刑事司法的根本价值和功能在于维护国家利益。在社会控制模式下，人民群众被高度组织起来，各级党政部门成为社会治理的唯一主体，国家各项事业均以党的政策作为依据。刑事司法的功能定位以及社会控制模式的运行规则，决定了刑事司法的制度设计和运行。首先，在制度设计上，党的刑事政策成为刑事司法的依据，刑事司法的规范体系建设停滞不前。党委审判代替正常的司法机关工作，司法机关建设遭到破坏。其次，从运行情况上看，维护国家利益、稳定政权、打击犯罪成为刑事司法的中心任务，刑事司法的运行方式以社会控制模式下其他社会建设通用的政治运动、群众运动的方式进行。

在社会管制模式下，刑事司法利益格局仍然延续国家利益至上的利益分配模式，个人利益虽然有所显现，但未受重视，社会利益被虚化为国家利益。刑事司法从制度设计到运行情况，都体现了这种利益分配格局。在刑事司法立法方面，刑法和刑事诉讼法的制定，开启了刑事司法治理现代化的征程，但是在制度规范设计上，不管是刑法还是刑事诉讼法都留有阶级斗争的痕迹，将刑事司法作为与犯罪行为进行斗争的武器，将打击犯罪作为中心任务，体现了国家的秩序利益仍然是刑事司法中的最高利益。在犯罪高发期，仍然沿用了运动式治理的"严打"方式，突破实体和程序的界限，忽视人权保障的价值，以实现对犯罪行为的高效率打击，个人利益被忽视。社会利益中的安全利益融入国家利益之中，被国家秩序利益所吸纳。

在社会管理模式下，刑事司法的利益格局发生了巨大的变化，司法人权保障的提出，象征着个人利益在刑事司法中得到重视与彰显，同时社会大众的利益诉求也在逐渐影响着刑事司法的发展，以至于我们提出司法审判要注重政治效果、法律效果和社会效果的统一。在这种利益格局下，刑事司法法律规范体系中，赋予了参与者更多的诉讼权利保障，在刑事诉讼结构的调整上，也向着尊重诉讼参与者主体地位的"当事人主义"模式进行设计，司法体制改革也朝着公平、高效的方向推进。打击犯罪和保护人权并重成为刑事司法的两大理念和中心任务，刑事司法的运行方式朝着专业化和精英化的方向发展。通过专业的立法和精英化的司法，自上而下实现对犯罪问题的管理。

作为社会治理的重要内容和方面，刑事司法的治理模式取决于社会治理的模式。社会物质生活的生产方式决定社会生活、政治生活和精神生活的一般过程；社会存在（即社会的系统与架构，与组成社会的各个要素）决定社会意识（即伴随体系架构产生的意识、诉求、思想等等）。社会治理模式本质上是人们对于社会治理形成的一种理念以及实践体系，是建立在特定社会存在基础上的。因此，从新中国成立到21世纪初，中国的社会存在基础发生了巨大的变化，相应的社会治理的理念和实践也经历了三种不同的模式。社会治理模式与刑事司法的治理模式关系，也可以看作社会存在与社会意识这种决定与被决定的关系。而这种决定关系由中间因素即刑事司法的利益来产生作用。马克思主义的阶级观念认为，阶级社会中社会基本矛盾表现为不同阶层的人不同利益诉求的博弈。如果我们将刑事诉讼中不同主体的利益诉讼作为一个观察要素，我们会发现，在不同的社会存在下，不同的社会治理模式决定了刑事司法的利益格局，而这种利益格局决定了刑事司法的制度设计和运行模式。

二、刑事司法治理制约社会治理的效能

在特定历史条件下，一个国家的社会治理状况决定了该国刑事司法的运行模式。两者之间决定与被决定的关系，主要通过刑事司法中的利益格局来发生作用，社会治理的基本状况反映了一个国家中国家、社会、个人的基本关系，这种关系在刑事司法中，体现为刑事司法对国家、社会、个人的利益分配，以及在此基础上形成的刑事司法实体和程序制度。刑事司法制度一旦确立，便具有一定的独立性，一方面源于司法的专业性，另一方面源于法律的滞后性。因此刑事司法治理是否遵循司法活动的基本规律，是否能够及时回应社会治理的需求，将制约着社会治理目标的实现。

(一)刑事司法治理的科学性影响社会治理的效能

1. 刑事司法具有基本的规律和原则

刑事司法作为一项追诉犯罪的国家活动，经过了漫长的发展历程。在工业革命以后，随着西方启蒙运动的发展，"主权在民""天赋人权"等理论的提出，奠定了现代政治法律制度的理论基石。同样，西方刑法学家提出了无罪推定原则、罪刑法定原则、罪刑相适应原则、刑法谦抑性原则以及刑法的人道主义原则等等，确立了现代刑事司法的基本原则。作为一项古老的制度，刑事司法也开启了现代化的历程。

随着现代政治文明的发展，尊重人权、反对酷刑等思想和实践进一步发展，在打击犯罪过程中，为了保障人权、避免无辜的人蒙冤，人们在不断探索更为科学、高效的刑事司法程序。如法国《人权宣言》中就规定了一些现代刑事程序的基本原则，如："除非在法律所规定的情况下，并按照法律所指示的手续，不得控告、逮捕或拘留任何人"，"除非根据在犯法前已经制定和公布的且系依法实施的法律以外，不得处罚任何人"，"任何人在其未被宣告为犯罪以前应被推定为无罪，即使认为必须予以逮捕，但为扣留其人身所不需要的各种残酷行为都应受到法律的严厉制裁"，等等。

经过长期的发展，现代刑事司法形成了一些基本的理念和原则，如罪刑法定、无罪推定、平等武装、控审分离、控辩平等对抗、禁止强迫自证其罪、禁止双重危险等等，这些理念和原则对于发现案件事实真相、公正审判、保障人权等发挥了重要的作用，成为刑事司法的基本规律，是刑事司法活动必须遵从的原则，也是刑事司法活动与其他社会活动的显著区别。

2. 违反刑事司法规律将对社会治理带来巨大的伤害

从我国的刑事司法实践来看，刑事司法制度经历了从无到有、从粗放到精细、从落后到进步的过程。在新中国成立到改革开放前的一段时间里，在刑事司法领域，不管是作为定罪量刑依据的刑法，还是作为规范定罪量刑过程的刑事诉讼法都是空白。刑事司法作为治理社会的一种手段，围绕国家建设的目标，依据政策、通过行政化的方式，打击犯罪，控制社会秩序。通过革命规律和行政规律，而非刑事司法活动的基本规律，产生了冤假错案。这不仅伤害了那些无辜被定罪的人，更伤害了人民群众的情感，为社会稳定埋下了隐患。

改革开放以后，新中国第一部《刑法》和《刑事诉讼法》诞生了，这对改变刑事司法无法可依的局面来说，意义重大，但是由于受历史条件的限制，这两部法律本身还存在违背刑事司法基本规律的地方。改革开放后的几次严打活动，也不断突破刑事司法罪刑法定、程序法定等基本原则，产生了一些冤假错案。这些冤假错案虽然在21世纪陆续被拨乱反正，但是伤害了人民群众朴素的正义观，一度使人们质疑刑事司法的公正性和权威性，在一定程度上影响了社会心态的积极性和稳定性，滋生了法律虚无主义的观念。

因此，刑事司法是一种有着自身规律的专业活动，社会治理过程中一定要遵循刑事司法的基本规律，才能使刑事司法保障人权、打击犯罪的基本功能和目的得到良好的实现，从而对社会治理的效能产生正向的作用，否则会产生负面的离心作用，影响社会治理目标的实现。

（二）刑事司法的社会适应性影响社会治理的效能

法律从诞生的那一天起就落后于社会发展。一部法律的诞生需要经过调研、起草、修改等一系列的程序，一部法律的正式通过并发生效力，可能需要若干年甚至更长的时间。有可能从它通过的那一刻起，就落后于当时的社会现实。而一部法律制定后，要保持一定的稳定性，不可能在短时间内进行大规模的修改，以我国的刑事诉讼法为例，1979年第一部《刑事诉讼法》制定后，第一次修改是在1996年，经过了近20年。在这20年间，中国经历了改革开放，是社会变迁最剧烈的一段时间，显然20年前制定的法律在很长一段时间内缺乏社会适应性。最典型的表现是一些新类型的犯罪，无法找到成文法的处罚依据；作为市场经济基础的自由人，各种权利无法得到法律的有效保障；程序法治的不彰，使得人们在改革创新面前畏首畏尾，生怕动辄得咎。

1996年《刑事诉讼法》的修改，吸纳了西方国家一些先进的刑事司法理念,希望改变中国刑事诉讼的现状,在保障人权方面更进一步。比如对我国的审判制度进行当事人主义的改造,为了避免法官先入为主的偏见,提高庭审的对抗性,规定了在庭前仅可以移交证据目录,全部卷宗在庭后才能移交。但是由于我国强职权主义的刑事诉讼传统,辩护权相对弱小,被告方无法在庭上与控方形成实质性抗衡,法官习惯于通过阅读案卷来进行审判,证人不愿意出庭作证,使得庭审实质化的改革意图落空。1996 年《刑事诉讼法》的一些先进的理念稍显超前,尚不能为社会所接纳,一些有益的制度设计无法落实。

社会适应性欠缺的刑事司法制度,使得刑事司法的治理效果难以达到制度设计的预期,影响了刑事司法在社会治理中的权威性和公信力。

因此,在成文法国家,法律的稳定性与滞后性相伴相生,这是法治必须付出的代价。从立法的角度来讲,法律的制定一定要适应社会的变迁步伐,在符合法律内在发展规律的基础上具有一定的前瞻性。但一定要注重把握刑事司法对社会的适应性,缺乏社会适应性的刑事司法制度无法满足社会治理的需求,会制约社会治理目标的实现。

中　篇

第三章　创新社会治理的制度内涵

2013年党的十八届三中全会通过的《中共中央关于全面深化改革若干重大问题的决定》，第一次在党的正式文件中明确使用“社会治理”一词，将“完善和发展中国特色社会主义制度，推进国家治理体系和治理能力现代化”作为全面深化改革的总目标，同时提出“创新社会治理体制”“提高社会治理水平”“加快形成科学有效的社会治理体制”。经过6年努力，党对社会治理的认识更加深刻，目标更加明确，方式更加成熟、具体。党的十九届四中全会提出，坚持和完善共建共治共享的社会治理制度，保持社会稳定、维护国家安全。本章解读创新社会治理的形成发展、制度体系、方式与趋势，为探讨创新社会治理背景下的刑事司法制度做理论和背景的铺垫。

第一节　创新社会治理的形成与发展

一、创新社会治理的形成

（一）社会管理体制的完善

创新社会治理不是凭空产生的，是在我国改革开放40多年来形成的社会管理体制的基础上形成的重大制度突破。改革开放以后，经济体制改革的不断深化，使我国的社会结构发生了巨大的变化，社会治理模式从改革开放前计划经济时代的社会控制模式逐渐演变为社会管制，再到后面的与社会主义市场经济相适应的社会管理模式。进入21世纪以后，我国经济高速发展，社会结构发生深刻变化，社会阶层分化加剧，社会利益复杂化，新老社会问题交织，社会矛盾激化。在此背景下迫切需要进行社会管理创新。

2004 年，党的十六届四中全会通过的《中共中央关于构建社会主义和谐社会若干重大问题的决定》强调加强社会建设和社会管理，推进社会管理体制创新，提出“创新社会管理体制，整合社会管理资源，提高社会管理水平，健全党委领导、政府负责、社会协同、公众参与的社会管理格局，在服务中实施管理，在管理中体现服务”。社会管理成为党和政府的重要工作，使建设社会管理成为经济建设领域之外的一个重要领域。但是，在当时的时代背景下，社会管理还是延续传统的模式，把社会稳定作为社会管理的唯一目标，社会管控思维和方式仍然产生路径依赖的效应，“越维越不稳”“越治越不安”的现象时有出现。

2007 年党的十七大报告从实现全面建设小康社会新要求的角度，提出了建设更加健全的社会管理体系的要求，提出了要最大限度激发社会创造活力，最大限度增加和谐因素，最大限度减少不和谐因素的新要求。并提出要加快推进以改善民生为重点的社会建设，“更加注重社会建设，着力保障和改善民生，推进社会体制改革，扩大公共服务。完善社会管理，促进社会公平正义，努力使全体人民学有所教、劳有所得、病有所医、老有所养、住有所居，推动建设和谐社会”。

(二)从社会管理走向社会治理

2011 年 9 月，中共中央、国务院颁发《关于加强和创新社会管理的意见》，以构建社会主义和谐社会为目标，将社会秩序与社会发展贯通起来，实现社会建设与社会管理并举，这是中国第一份关于社会管理的正式文件。这一时期，党的重要会议和相关文件对社会管理的意义、任务、规律等做了深入探索和实践，初步形成了党委领导、政府负责、社会协同、公众参与的社会管理格局。强调在运用行政手段的同时，更多地运用法律规范、经济调节、道德约束、心理疏导、舆论引导等手段，以实现社会服务与社会事业的繁荣发展。至此，党和政府的社会管理思想体制趋向成熟，并且中国社会治理思想开始由重点关注“物”，凸显物的价值，转向重点关注“人”，凸显人的价值，构建适应社会发展要求的现代社会管理格局，以创新社会管理体制为社会治理的突破口，使中国社会治理思想构建起了基本的思想体系，中国社会治理思想渐显轮廓。[①]

党的十八大以来，以习近平同志为核心的党中央，把完善和发展中国特色社会主义制度，推进国家治理体系和治理能力现代化作为全面深化改革的总目标，在社会管理理论和实践方面进行了新的探索。2013 年，党的十八届三中全会明确提出了“创新社会治理，加快形成科学有效的社会治理体制”，这是在党的正式文件中第一次出现社会治理的概念。党的十八届三中全会将创新社会治理体制作为推进国家治理体系和治理能力现代化的重要组成部分，明确提出了创新社会治理体制和提高社会治理水平的总体要求，首次提出了党委领导、政府主导、社会各方参与，实现政府治理和社会自我调节，居民自治良性互动的系统治理机制与方式。社会治理成为国家治理体系和治理能力现代化的重要内容，标志着由传统的社会管理体制向适应时代发展的现代社会治理体制的转变。习近平总书记指出：“治理和管理一字之差，体现的是系统治理、依法治理、源头治理、综合施策。”[②]创新社会治理体制的提出，实现了我国从社会管理向社会治理的转变。

“社会治理”虽然是在 2013 年首次被提出，但是其包含的治理思想并不是无源之水、无本之木、凭空产生的，社会治理的思想是对我国社会管理理论和实践的继承和升华。“社会治理”“社会管理”之间仍然具有一些重要的区别，社会治理是对社会管理思想的升华，传统社会管理更多侧重单一主体的政府管理、自上而下的政府管控，而社会治理更加强调多元参与共治，共同治理，更加强调民主协调，依法管理，更加强调以人为本，维护权利，是共治与自治、法治与德治的有机结合。社会管理与社会治理二者的区别如表 3-1 所示。

表 3-1　社会管理与社会治理的区别

类别	社会管理	社会治理
主体	政府	政府负责、多元参与
内容	政府管理社会公共事务	政府与社会合作共治、社会自治
权威来源	单一性：政府	多样性：三大部门
运行过程	单向度：自上而下的管控	多向度：强调上下互动

① 孔卫英：《改革开放以来中国社会治理思想研究》，中国社会科学出版社，2018，第 111 页。

② 中共中央宣传部：《习近平总书记系列重要讲话读本》，人民出版社，2016。

续表

类别	社会管理	社会治理
价值目标	社会稳定、政府本位	权利保障、社会本位
治理方式	计划、行政手段、权力	综合运用经济、法律、道德、文化、科技等手段

由社会管理向社会治理的转变，表明了在新时期、新阶段国家对于社会的治理策略，基于经济社会发展的客观要求做出的重要调整，党中央对社会管理规律和任务的认识越来越深入，把握越来越准确，运用越来越科学。

二、党的十八届三中全会以来社会治理的新发展

十八届三中全会以来，党和国家不断探索社会治理的规律。

2014 年党的十八届四中全会指出，国家和社会治理需要法律和道德共同发挥作用，实现法律和道德相辅相成、法治和德治相得益彰，这使得依法治理和以德治理成为社会治理两大重要的治理原则和治理方式。并进一步提出要推进多层次、多领域的依法治理，指明要“坚持系统治理、依法治理、综合治理、源头治理，提高社会治理法治化水平”，进一步明确了社会治理的基本原则。

2015 年党的十八届五中全会通过的《中共中央关于制定国民经济和社会发展第十三个五年规划的建议》明确提出“完善党委领导、政府主导、社会协同、公众参与、法治保障的社会治理体制。推进社会治理精细化，构建全民共建共享的社会治理格局”，进一步提出了“社会治理精细化”的要求。

2016 年 10 月，习近平总书记在党的十八届中央政治局第三十六次集体学习时，对社会治理进行了精要的论述：“要着力推进社会治理系统化、科学化、智能化、法治化，深化对社会运行规律和治理规律的认识，善于运用先进的理念、科学的态度、专业的方法、精细的标准，提升社会治理效能，增强社会治理整体性和协同性，提高预测预警预防各类风险能力，增强社会治理预见性、精准性、高效性，同时要树立法治思维、发挥德治作用，更好引领和规范社会生活，努力实现法安天下，德润人心。”①这对新时期社会治理的手段、方式

---

① 习近平：《坚持走中国特色社会主义社会治理之路 确保人民安居乐业社会安定有序》，习近平系列重要讲话数据库，访问日期：2021 年 5 月 10 日。

和治理效能提出了更高的要求。

2017年，党的十九大提出“提高保障和改善民生水平，加强和创新社会治理”“加强社会治理制度建设，完善党委领导、政府负责、社会协同、公众参与、法治保障的社会治理体制，提高社会治理社会化、法治化、智能化、专业化水平”。第一次明确提出打造共建共治共享的社会治理格局。

2019年，新中国成立70年之际，中国共产党召开了第十九届四中全会，对“决胜全面建成小康社会，夺取新时代中国特色社会主义伟大胜利”做了全面部署。其中在社会治理领域，提出“坚持和完善共建共治共享的社会治理制度，保持社会稳定、维护国家安全。社会治理是国家治理的重要方面。必须加强和创新社会治理，完善党委领导、政府负责、民主协商、社会协同、公众参与、法治保障、科技支撑的社会治理体系，建设人人有责、人人尽责、人人享有的社会治理共同体，确保人民安居乐业、社会安定有序，建设更高水平的平安中国”。

党的十九届四中全会为创新社会治理注入了新的内涵，增加了民主协商、科技支撑的新治理方式，规划了人人有责、人人尽责、人人享有的社会治理共同体的新蓝图。创新社会治理的具体目标明确为“建设人人有责、人人尽责、人人享有的社会治理共同体”，具体的治理机制和方式是完善“党委领导、政府负责、民主协商、社会协同、公众参与、法治保障、科技支撑”，为社会治理提供了科学、系统、可行的方案。与党的十八届三中全会相比，“政府主导”变为“政府负责”，这进一步厘清了政府与社会的关系，明确了政府在社会治理中的角色，突出了社会自治在社会治理中的重要作用。在具体制度安排上，社会治理具体为五大体系、机制的健全和完善：一是完善正确处理新形势下人民内部矛盾有效机制；二是完善社会治安防控机制；三是健全公共安全体制机制；四是构建基层社会治理新格局；五是完善国家安全体系。这五方面基本涵盖了十八届三中全会以来党在社会治理体制机制建设方面所取得的成果和经验，为未来中国社会治理的道路指明了方向。自此，我国形成了较为完善的创新社会治理理论体系。

第二节　创新社会治理的地位与目标

一、创新社会治理在国家治理中的地位

从社会治理和国家治理的含义上看，国家治理与社会治理应该是包含与

被包含的关系，社会治理是国家治理的重要组成部分。作为国家治理的下位概念，社会治理至少包括三层含义：

一是作为国家治理的对象而言，如果说国家治理体系是党领导下管理国家的制度体系，这些制度的作用对象便是规范政府行为、市场行为和社会行为，与之相对应的政府治理、市场治理、社会治理便是现代国家治理体系中三个最重要的次级体系。[①] 在这一意义上，社会治理的同位概念是政府治理、市场治理。

二是作为国家治理的主体和方式而言。在我国，国家治理的主体是人民，具体表现为党带领全体人民实施治理国家的活动，各民主党派、社会组织和公民的有序参与。从治理的主体和方式来看，国家治理可以分为政府治理和社会治理。政府治理是以行政权力体系意义上的政府作为主体，凭借行政权力对社会公共事务实施管理。社会治理的主体相对而言比较复杂，在我国主要表现为党领导、政府负责、社会各方参与。社会治理的方式是政府负责、社会协同、公民参与以及社会自治的有机结合。

三是作为国家治理的具体领域而言，国家是总体的治理，社会治理是社会领域的治理，是国家治理的子领域，社会治理是国家"五位一体"总布局中的一个重要方面，平行于政治治理、经济治理、文化治理、生态文明治理等概念。社会治理决定着国家社会建设的总体水平，决定着社会运行的总体质量和效益。

总体而言，社会治理现代化是国家治理现代化的重要内容。社会治理现代化为国家治理现代化提供基础。没有良好的社会秩序、社会环境和社会关系，任何国家公共事务治理都无法开展。从远期来看，社会治理现代化是国家治理现代化的必然结果。党中央将推进国家治理体系和治理能力现代化，作为深化改革的总目标，本质上就是将社会主义的制度优势转化为治理效能，让人民生活幸福、社会充满活力、社会关系和谐。因此，社会治理现代化与国家治理现代化互相促进、互为前提和基础，社会治理现代化是国家治理现代化的重要组成部分，也是国家治理现代化的必然结果。

二、创新社会治理的目标

我国社会治理的总目标是"建设人人有责、人人尽责、人人享有的社会治

---

① 俞可平：《民主法治与国家治理的现代化》，载俞可平主编《推进国家治理与社会治理现代化》，当代中国出版社，2014，第2页。

理共同体”，通过设计科学合理的社会治理机制体制并良好运行，实现社会最美好的状态，具体而言就是建设和谐、平安、法治、幸福的社会，让人民群众有更多的获得感。

构建社会主义和谐社会，一直是我国社会主义现代化建设的重要目标，也是社会治理的主要目标之一。通过创新社会治理，解决与人民群众切身利益相关的问题，使民生更加完善，法治更为健全，确保“幼有所育、学有所教、劳有所得、病有所医、老有所养、住有所居、弱有所扶”，充分体现社会主义公平正义，使得社会成员之间建立诚信有爱的和谐关系，实现个人心态和善、家庭和睦、人际和顺、各阶层和谐、人与自然和谐相处的良好状态。

平安稳定是人民幸福安康的基本要求，要以人民群众对社会平安的需求为导向，深化平安建设，努力完善立体化社会防范体系和公共安全体系，建设人民群众追求的平安社会，是社会治理的重要目标。

法治社会是社会有序运行的基础保障。法治社会要求法律成为社会主体的普遍原则，不仅要求公民依法办事，更重要的在于制约和规范政治权力，法治社会是对公民权利的保障和对公共权力的规制，是民主的制度化、法律化。在法治社会中，社会生活纳入法治化、规范化的轨道。全社会对法律至上普遍认同和坚决支持，公民法治观念和法律信仰增强，养成自觉遵守法律法规，人民习惯于通过法律或司法程序解决纠纷，宪法和法律得到充分地实施和遵守，全社会形成尊法、学法、信法、守法的良好氛围。

幸福社会是我们社会治理的终极目标。一切为了人民，一切依靠人民，为人民谋幸福，为民族谋复兴，这是中国共产党人的初心和使命。通过社会治理，建设幸福社会，就是为了更好地造福人民，提升全民的幸福指数，使人民生活更加富裕，生活质量明显提高，民主权利广泛拥有，合法权益得到切实维护，幸福感不断提升，最终实现人的自由而全面的发展。

第三节　创新社会治理的主体与机制

一、创新社会治理的主体

主体的多元性是社会治理区别于社会管理的重要方面。“党委领导、政府负责、社会协同、公众参与”，标志着我国社会治理多元主体共治的体制基本形成。中国特色的多元主体社会治理，强调不同主体在社会治理中的地位、作用不同，不同主体之间通过分工合作，实现共建共治共享的社会治理新格局。

（一）党委领导，就是要“发挥党总揽全局、协调各方的领导核心作用”

中国共产党是我国各项事业的领导核心，在中国特色社会主义各项事业中发挥着总揽全局、协调各方的领导核心作用。进入21世纪以来，党领导和推动了中国特色社会治理的理论和实践的发展，在社会治理中始终发挥着总揽全局，协调各方的领导核心作用。党的十八大以来，推进国家治理体系和治理能力现代化成为深化改革的总目标，习近平总书记指出：“全面深化改革是一个复杂的系统工程，单靠某一个或某几个部门往往力不从心，这就需要建立更高层面的领导机制……这是为了需要更好发挥党总揽全局、协调各方的领导核心作用，保证改革顺利推进和各项改革任务落实。”[①]在创新社会治理的体系中，党委领导是摆在第一位的，坚持党的领导是坚持和完善共建共治共享的社会治理制度的根本政治保证。把党的领导落到实处，就要把党的领导贯彻到社会治理全过程，各级党委要认真贯彻党的路线方针政策和工作部署，支持政府依法管理，引导各种社会组织、群众组织、自治组织和人民群众积极有序参加社会治理，充分发挥基层党组织和党员在社会治理中的作用。不断增强党的政治领导力、思想引领力、群众组织力、社会号召力，把党的理论优势、政治优势、制度优势、密切联系群众优势转化为社会治理效能。

（二）政府负责，就是要转变政府职能，做到职能到位，既不越位也不缺位，更好地发挥政府作用

经过政治体制的深化改革，党和政府的关系业已厘清，党和政府在社会治理中各居其位、各司其职。党是社会治理的领导核心，起着总揽全局、顶层设计的作用，而政府就是社会治理各项具体工作的落实者。在我国目前的现实国情下，社会力量发育并不充分，因此政府仍然是社会治理的主导者和责任人。充分发挥政府在社会治理中的主导作用，首要任务是转变政府职能，进一步厘清政府、市场和社会的关系，弄明白政府应该做什么、不应该做什么，凡是公民法人和其他社会组织能够自行解决的问题，政府要充分放权，而

---

① 《关于〈中共中央关于全面深化改革若干重大问题的决定〉的说明》，《人民日报》2013年11月16日。

应该由政府管理的事项，政府应当责无旁贷，同时政府应当做好社会治理的宏观管理，主导整个社会治理的发展方向，成为社会治理的掌舵者。

（三）社会协同，就是要激发社会组织活力，调动社会一切积极力量，共同治理社会

社会协同治理的关键在于提高社会组织的参与能力和参与水平，畅通社会协同治理的路径。社会组织是社会治理的重要主体，是社会发展充满活力的关键因素。社会组织的发展和壮大离不开政府的培育和扶持。在创新社会治理的过程中，应当进一步为社会组织的发展提供良好的政策环境和保障机制，加强社会组织管理和服务体系建设。同时加快推进政府职能转变，进一步厘清政社关系，完善政府购买社会服务制度，为社会组织的孵育创造良好的环境和氛围。推动包括社会团体、行业组织、中介机构、志愿者团体等在内的各种社会组织发展壮大，发挥各类社会组织提供服务、维护公共利益、救助困难群众、帮教特殊人群、预防违法犯罪、促进社会和谐等的重要作用。

（四）公众参与，是指“建设人人有责、人人尽责、人人享有的社会治理共同体”，每个公民都是社会治理的主体

中国社会的快速转型，导致利益格局日益多元化，公众利益诉求日益复杂，公民民主参与意识越来越强烈，渴望通过共同参与社会公共事务的管理，表达自身利益诉求，公民逐渐成为社会治理的重要主体。

公民参与是人民当家做主的本质体现，而人民当家做主是我国社会主义制度的本质要求，广大人民群众是社会建设的力量源泉，在社会治理过程中起到基础性作用。公民参与社会治理是现代社会治理的重要特征，突破了传统的社会管理模式，推动了社会治理创新，能够有效地降低社会治理的成本，激发社会的活力，更好地实现政府治理与社会自我调节、居民自治良性互动。

为了促进公民更好地参与到社会治理中来，应当进一步优化公民参与社会治理的机制和途径，拓宽公民参与渠道，为公民参与社会治理创造条件。同时，应当大力培育公共精神，公共精神是公民对公共事务的积极参与，对社会基本价值观念的认同和对公共规范的维护，它是一种公民美德，更是一种社会资本。较强的公共精神能够为民主政治的发展奠定良好基础。而民主政治的发展也会为公共精神的成长提供有利条件。不断提升公民的公共参

与能力，充分发挥人民群众管理国家事务和社会活动的能力，引导公民依法、理性、有序地参与社会治理，履行公民义务。

“多元”是现在社会治理的重要特征和发展趋势。多元体现在社会治理的方方面面，其中主体多元化是首要的。党的十八届三中全会以来，随着我国创新社会治理理论和实践的不断推进，我国已经形成了“党委领导、政府负责、社会协同、公众参与”的多元主体治理格局，实现了社会管理迈向社会治理的重大变革。

二、创新社会治理的机制

(一)坚持共建共治共享

共建共治共享的社会治理格局，是我们对创新社会治理在理论和实践上的科学总结。在新时代，我们创新社会治理，提升社会治理现代化水平，一定要坚持贯彻共建共治共享的基本理念和原则。坚持共建共治共享的原则，就是要坚持以人民为中心，体现了党“一切为了人民，一切依靠人民，以人民为中心”的发展思想。

共建共治体现了一切依靠人民的思想。在社会治理领域，共建的力量、共治的智慧都来自人民群众，这就要求社会治理必须坚持以人民为中心，让人民群众广泛参与社会治理，坚持人民主体地位，充分满足人民群众参与社会治理的意愿，充分保障人民群众合法权益，坚持在发展中保障和改善民生，鼓励“人人有责、人人尽责”，让人民群众成为维护社会和谐稳定的主体力量。

共享理念实质就是坚持以人民为中心的发展思想，体现的是逐步实现共同富裕的要求。共同富裕是马克思主义的一个基本目标，也是自古以来我国人民的一个基本思想。[①] 社会治理的最终目的是让人民群众共享社会治理的成果。习近平同志说过，“我们的人民热爱生活，期盼有更好的教育、更稳定的工作、更满意的收入、更可靠的社会保障、更高水平的医疗卫生服务、更舒适的居住条件、更优美的环境，期盼孩子们能成长得更好、工作得更好、生活得更好。人民对美好生活的向往，就是我们的奋斗目标”[②]。

在创新社会治理的过程中，我们应始终坚持“共建共治共享”，让人民群

---

① 习近平:《在省部级主要领导干部学习贯彻党的十八届五中全会精神专题研讨班上的讲话》,《人民日报》2016 年 5 月 10 日,第 2—3 版。

② 习近平:《习近平谈治国理政》,外文出版社,2014,第 4 页。

众通过共建共治共享，不断增强获得感、幸福感和安全感。

（二）坚持系统治理、依法治理、综合治理、源头治理

党的十九届四中全会通过的《中共中央关于坚持和完善中国特色社会主义制度、推进国家治理体系和治理能力现代化若干重大问题的决定》强调，"构建系统完备、科学规范、运行有效的制度体系，加强系统治理、依法治理、综合治理、源头治理，把我国制度优势更好转化为国家治理效能"。这意味着，系统治理、依法治理、综合治理、源头治理是加强和创新社会治理的基本原则，也是推进国家治理体系和治理能力现代的根本原则和方法。

1. 坚持系统治理

坚持系统治理就是要求我们首先从宏观的角度将社会治理视为一个整体的系统。首先，要用大局意识、整体意识来对待社会治理，既要重视社会治理体系本身，也要将社会治理置于国家治理体制之中；既要关注社会治理的近期目标，也要注重长远规划；既要注重发挥多元治理主体的积极性主动性，也要对不同主体的功能任务进行恰当的定位。其次，要理顺社会治理内部各要素的关系。如果将社会治理看作一个系统，那么这个系统是由各种要素构成的。系统内的各要素分工明确、关系平衡、相互配合、相互促进，才能保证整个社会治理系统更好地运作，更好地发挥应有的功能。总体而言，系统治理就是要运用系统的观点，坚持原则性与灵活性相结合，立足整体，着眼全局，从整体与部分、整体与环境的相互作用过程来认识和把握社会治理的全过程。

2. 坚持依法治理

"法律是治国之重器，法治是国家治理体系和治理能力的重要依托。"党将全面依法治国引入国家治理，并将法治作为推进国家治理体系和治理能力现代化的重要抓手和依托，是中国法治理论和法治实践中的一项伟大变革。把我国制度优势更好地转化为治理效能，就必须全面推进依法治国，从法治上为解决党和国家发展面临的一系列重大问题提供制度化方案。法治作为治国理政的基本方式，也是社会治理的基本方式。

坚持依法治理首先要求科学立法，完善社会治理法律体系。改革开放以来我国的法制建设取得了巨大的进步，社会主义法律体系基本形成，但是由于我国社会领域发展相对缓慢，社会领域的立法相对滞后，时至今日我们在社会组织、社会福利等方面仍然缺少全面的立法。2019 年 3 月，十三届全国

人大二次会议将国家安全、社会领域的立法作为当前阶段的工作重心，为创新社会治理提供法律保障。

坚持依法治理要求社会治理各项事务在法治轨道内运行。徒法不足以自行，在实现了有法可依后，仍要关注法律的落实，确保法律正确、全面、有效实施，确保社会治理在法治的框架内运行。不断创新执法机制，完善执法程序，推进综合执法、严格执法，建立权责统一、权威高效的依法治理体系。不断推进司法体制改革，完善司法制度，为社会治理筑牢最后一道防线。在全社会积极营造守法光荣、违法可耻的社会氛围，扎实社会治理的根基。

3. 坚持综合治理

坚持综合治理要求我们综合运用多种多样的社会治理手段。改革开放以来，在社会治理方面我们习惯运用行政手段来管理社会，实践表明，创新社会治理需要多种治理手段并用，坚持综合治理，充分依靠人民群众和社会各方面的力量，分工合作，综合运用法律、政治、经济、行政、教育、文化等各种手段，最大限度地提升治理效能。

4. 坚持源头治理

坚持源头治理就是"标本兼治，重在治本，以网格化管理、社会化服务为方向，健全基层综合服务管理平台，及时反映和协调人民群众各方面各层次利益诉求"。社会管理中的维稳思维就是一种治标不治本的治理方式，一味地追求稳定，而忽视了问题、矛盾的根源。现代社会结构复杂，人民的利益诉求多种多样，社会问题、社会矛盾多发频发，传统的管理模式很难应对。创新社会治理要想切实解决这些问题，就要找到问题的源头。首先，应该建立基层诉求的表达渠道，使人民群众各方面各层次的利益诉求都能有效表达，并且及时反映到相关部门。其次，健全基层综合服务管理平台，为基层社会问题、社会矛盾的解决提供有效的平台。将问题解决在基层、解决在萌芽状态，防止问题和矛盾的扩大化。

(三)坚持多元的治理方式

1. 发挥民主协商的独特优势

党的十九届四中全会将"民主协商"作为我国坚持和完善共建共治共享的社会治理体系的一个重要组成部分，为我国社会治理确立了新的治理思路。在实践中，许多社会问题、社会矛盾，单靠政府部门很难有效解决，比如涉及人民群众切身利益的拆迁问题，还有重大工程建设中的邻避问题等等，这些问题的妥善解决的最好方式是民主协商。多种形式的民主协商对话，在妥善解决修桥铺路、公共卫生、社区环境、邻里纠纷等关系群众切身利益的问题方面发挥了重要作用。实践证明，在我国，民主协商具有深厚实践基础和群众基础，是加强和创新社会治理的有效方式。

民主协商作为一种民主治理的方式，强调公民在公共利益的指引下，通过对话、讨论、协商而达成共识，并最终形成约束各方参与主体的公共决策。协商并非只是对自我利益的绝对保护，而是一个互相妥协、互相包容的过程，在协商中，各方会更深刻地理解民主的真义，从而实现社会治理的目标。社会治理中的民主协商，涉及政党协商、人大协商、政府协商、政协协商、人民团体协商、基层协商以及社会组织协商等多种形式，是一种参与式民主、全过程民主。通过切合实际、富有成效的协商机制，能够让各种主体有序参与到社会治理中，使其各尽所能、各展所长，形成社会治理整体合力。从参与到协商，社会治理不仅实现了各方主体参与公共事务管理的权利和机会，也实现了各方主体最终的有效参与。① 只有充分发挥民主协商的积极作用，才能确保社会安定有序，推动建设更高水平的平安中国。

2. 坚持法治和德治相统一

道德是社会意识形态之一，是人们共同生活及其行为的准则和规范，道德通过社会或阶级的舆论对社会生活起约束作用。道德对公民的思想、行为产生持久而深入的影响，通过利用道德治理，让公民实现自我约束，维护社会正常秩序，是社会治理的重要方式。习近平同志曾经强调“要始终把弘扬中华民族传统美德、加强社会主义思想道德建设作为极为重要的战略任务来抓，为实现中华民族伟大复兴的中国梦提供强大精神力量和有力道德支撑”②。

在社会治理的过程中，坚持法治和德治相结合，强调法治和德治两手抓、两手都要硬，这既是历史经验的总结，也是对治国理政规律的深刻把握。习近平同志在主持中共中央政治局第三十七次集体学习时指出，“法律是准绳，任何时候都必须遵循；道德是基石，任何时候都不可忽视”③，法律是成文的道

---

① 周云红等：《社会治理》，中央编译出版社，2015，第 5 页。

② 《加强新时代公民道德建设为追梦凝心铸魂》，央广网，http://baijiahao.baidu.com/s?id=1648640010129273589&wfr=spider&for=pc，访问日期：2021 年 12 月 11 日。

③ 《中华传统法律文化精华之“德法共治”探析|法治文化》，人民资讯，http://baijiahao.baidu.com/s?id=1718670141341189139&wfr=spider&for=pc，访问日期：2021 年 12 月 30 日。

德，道德是内心的法律。“德润人心、法安天下”，道德从人心内部进行教化，法律对人们外部行为进行约束，法律与道德各自具有不同的功能与作用，通过取长补短而达至相辅相成、相得益彰，最终实现社会的善治。

3. 以科技推动社会治理现代化、智能化发展

科技进步对现代社会产生了颠覆性的影响，社会治理一方面要应对科技给社会生活带来的改变，如网络安全、互联网犯罪以及科技研发和应用的伦理、道德风险引发的社会矛盾等等；另一方面社会治理要善用科技手段，如运用网络大数据实现基层社会治理智能化、专业化，加快社会安全预警监测系统建设等等。现代科技与社会治理的深度融合，各种基础综合服务管理信息化平台纷纷建立，预测预警预防各类风险能力大大提高，社会治理预见性、精准性、高效性和整体性、协同性大大增强。科技创新将成为社会治理现代化的突破口，在推进政府管理和社会治理模式创新，实现政府决策科学化、社会治理精细化、公共服务高效化方面发挥无可替代的作用。

第四章　创新社会治理与刑事司法

第一节　刑事司法在创新社会治理中的地位

一、刑事司法是国家治理体系的重要组成部分

（一）法治体系的两个维度：良法与善治

通过什么方式、途径治理国家，或者说从历史发展的角度来看国家治理经历了哪些模式，未来的国家治理应该向什么方向发展，是国家产生以来就始终存在的问题。马克思主义国家学说认为应当从国体、政体、治国的基本方略等方面把握国家和国家治理问题。我国的国体是工人阶级领导的、以工农联盟为基础的人民民主专政的社会主义国家，政体是人民代表大会制度，依法治国是党领导人民治理国家的基本方略，法治是治国理政的基本方式。[①]因此，法治是与专制、人治、独裁等相对应的治国理政的方式，依法治国就是坚持并实行法治，反对人治和专制。

法律是治国之重器，良法是善治之前提，法治的核心要义是良法善治，"良法"就是良好的制度，指一个国家的制度能够体现良好的价值取向。"善治"是指良好的法律制度得到有效的实施。从"国家治理体系和治理能力现

---

① 李林：《依法治国与推进国家治理现代化》，《法学研究》2014 年第 5 期。

代化”的角度而言，“国家治理体系”的现代化即国家的制度体系达到“良法”的要求，而“国家治理能力现代化”则意味着通过法律制度对国家的治理达到了“善治”的标准。“法治”与“国家治理体系和治理能力现代化”之间具有内在的契合，在现代国家，法治是国家治理的基本方式，是国家治理现代化的重要标志，依法治国是国家治理现代化的必由之路。[①]

法治即法律之治，包含两层含义：一是法律的制定；二是法律的实施。法律的制定解决的是法律的应然问题，法律实施解决的是法律的实然问题。作为实现法治的重要保障，法律实施是由法律执行、法律适用、法律遵守三方面构成。法律适用是指法律在未被遵守的状态下，由有关国家机关通过行政执法和司法诉讼程序，将法律适用于具体的案件，通过国家强制力保证法律的权威和有效实施。

（二）刑事司法的善治是良法有效发挥作用的重要保障

习近平在分析国家治理体系和治理能力的关系时说：“国家治理体系和治理能力是一个国家的制度和制度的执行能力的集中体现，两者相辅相成。”他进一步指出：“我们在国家治理体系和治理能力方面还有许多亟待改进的地方，在提高国家治理能力上需要下更大力气。”[②]国家治理体系与国家治理能力两者相互制约、相互促进，单靠哪一个治理国家者不行。治理国家，制度是起根本性、全局性、长远性作用的，要把我国制度优势更好转化为国家治理效能。然而，没有有效的治理能力，再好的制度也难以发挥作用。这种辩证的观点也可以适用于法律制定与法律实施之间的关系。

改革开放以来，我国的法治建设取得了巨大的进步，社会主义法律体系基本形成，但是法律实施状况并不容乐观。党的十八届四中全会决议认识到了法律实施之于法治建设的重要性，提出法律的生命在于实施，法律的权威也在于实施，“高效的法治实施体系”的提出，意味着我国法治建设的重心由法制建设转向良法善治。从我国法治建设的现实需求和法治体系的自身完善的角度来看，我们需要强化法律的实施，健全执法、司法等法律适用体系，坚持严格执法、公正司法，提高依法治理的系统性、权威性和有效性，确保法律正确、全面、有效实施，是实现国家治理体系和治理能力现代化的关键。

就刑事司法来看，刑事司法在法治体系中处于法律的实施层面，是与犯

① 张文显：《法治与国家治理能力现代化》，《中国法学》2014年第4期。

② 习近平：《不断提高运用中国特色社会主义制度有效治理国家的能力》，载《习近平谈治国理政》（第一卷），外文出版社，2018，第105页。

罪有关的刑事法律的适用。整个刑事法律体系是国家对犯罪问题进行治理的制度体系，新中国成立到改革开放以后，我国的刑事法律制度从无到有地建立起来，并且经过历次修改，不断发展和完善。刑事司法的良好运作是刑事法律有效发挥作用的重要保障。刑事司法公正、权威、高效地运转，实现“善治”，是国家制度执行能力也即国家的治理能力现代化的题中应有之义。

二、刑事司法与创新社会治理的关系

（一）民生改善使刑事司法与社会治理之间形成良性互动

保障和改善民生能有效地预防和减少犯罪，从犯罪学的研究成果来看，贫穷是诱发犯罪的重要原因，同时社会贫富差距日益扩大带来的“相对贫困”（指贫富不均，社会中拥有物质最少的人的物质水准和该社会中其他群体的物质水准之间的对比）更容易激发犯罪。[①] 从我国的现实情况来看，近年来针对无辜民众实施的严重暴力犯罪——“报复社会型犯罪”有多发频发的势态[②]，这些犯罪行为的主体基本上都是社会弱势群体，由于在就业、医疗、住房、教育等民生问题上遇到困难和障碍，生活陷入困境，无法通过合法的方式改变自己的处境，于是对社会产生严重的抵触、仇恨情绪，从而诱发报复社会的行为。

通过保障和改善民生，改革收入分配制度，促进共同富裕，是维护社会公平、化解社会矛盾最根本的途径，民生问题的妥善解决是促进社会和谐发展的“稳定器”和“解压阀”。民生建设得到改善，社会矛盾、冲突得到一定程度缓解，可以大大改善目前刑事案件数量持续高位运行的局面，减轻司法机关的工作压力（一方面来自社会治安好转、社会舆论的宽松，另一方面来自案件数量的减少），司法机关更有能力提高刑事司法的质量，从而获得民众更广泛的信任和支持，刑事司法与社会治理之间得以形成良性的互动。

---

① 比利时学者阿道夫·凯特勒指出，同一地区富人和穷人之间强烈的不平等刺激了人们的欲望，也撩起了各种诱惑。相反，在那些大多数人比较穷、富人比较少的省份，只要人们能够满足基本生活需要，犯罪就较少发生。参见[美]乔治·B.沃尔德等：《理论犯罪学》，方鹏译，中国政法大学出版社，2005，第30页。

② 如2010年频发的幼儿园惨案，2014年杭州、广州等地的公交车纵火案等。参见莫洪宪：《我国报复社会型犯罪及其预防》，《山东大学学报（哲学社会科学版）》2015年第2期。

(二)刑事司法是社会治理体系重要组成部分

1. 刑事司法是重要的社会矛盾化解机制

在全面深化改革阶段,社会利益分化、矛盾多发易发,社会矛盾得不到妥善解决容易激化为犯罪,成为影响社会稳定和谐的重要因素。就现实情况来看,由普通民事纠纷“升级”而来的刑事案件比例非常高。社会纠纷通过犯罪的形式表现出来,就需要刑事司法的介入,通过正式的刑事程序认定纠纷的性质,确认被告人是否犯罪以及该当何种处罚,使纠纷从不确定状态趋向解决,此时刑事司法是解决刑事纠纷的重要机制。① 另外,现阶段我国公共安全领域问题突出,表现为食品药品安全问题、重特大安全事故以及社会治安问题,严重影响了人民的社会安全感,通过公正而有效的刑事司法运作系统,使犯罪得到惩罚和治理,健全公共安全体系,使人民群众获得普遍的安全感,是实现社会治理的基础和重要内容。

2. 刑事司法是社会治安防控体系的重要后盾

社会治安综合治理,离不开公正高效权威的刑事司法制度。依法打击和惩罚违法犯罪活动是刑事司法最基本的职责和任务,通过开展打击、防范、教育、管理、改造等一系列工作,从根本上实现预防和治理犯罪,化解社会不安定因素,维护社会治安,保护人民的人身权、财产权、人格权等各项权益,最终实现各种犯罪案件得到有效控制和逐步下降,社会治安秩序良好,群众安全感和满意度提升。刑事司法是社会治安防控体系的最后一道防线、最后一座堡垒。

(三)刑事司法中的公民参与是公民参与社会治理的重要方式

从改进社会治理方式,引导社会各界依法有序参与社会治理的角度来看,刑事司法的公民参与是公民参与社会治理的重要方面,也是刑事司法自我完善的需要。我国是人民民主专政的社会主义国家,人民是国家的主人,有权参与各项国家事务的管理。司法权作为国家权力的重要组成部分,理应贯彻人民主权的宪法原则。党的十八届三中、四中全会都指出了人民群众参

① 在普通法系中,刑事诉讼和民事诉讼都被视为一种纠纷解决机制,只是在纠纷的严重程度上和国家的介入程度上有所差别。参见胡铭等:《转型社会多元纠纷解决》,知识产权出版社,2012,第19页。

与司法的重要作用，将“人民群众参与司法”视为“保证司法公正、提高司法公信力”的重要方式和途径。在刑事司法领域历来有公民参与的传统，我国《刑事诉讼法》第六条规定：人民法院、人民检察院和公安机关进行刑事诉讼，必须依靠群众。这就使公民参与刑事司法有了合法的依据。在刑事司法的各个环节，都有公民参与其中，比如公民报案、扭送犯罪嫌疑人、出庭作证等等，还有人民监督员和人民陪审员制度都是公民参与刑事司法的具体表现形式。

在刑事司法中，公民参与司法具有协助司法、制约权力、监督权力的功能，从而实现司法民主、促进司法公正、提高司法公信力和司法能力。[①] 因此，在刑事司法领域，借鉴社会治理的公民参与理念，建立公民有序参与司法的机制和途径，不仅是社会治理的现实需求，也是刑事司法自我完善发展的必然要求。

第二节　刑事司法在创新社会治理中的功能

一、关于司法功能的讨论

关于司法的功能，基本上有三种观点：(1)解决权利冲突与纠纷的“一元论”，认为“在解决权利冲突与纠纷的各种制度化方式中，通过法官对事实问题和法律问题的判断排除法运行中的障碍，以维护法的价值是司法权所独有的功能”[②]。(2)“二元论”是从法院制度角度出发，认为“一切法院制度皆具备之直接功能和延伸性功能”，直接功能就是解决纠纷，延伸性功能包括控制功能、权力制约功能、公共政策的制定功能。[③] 同样是二元论者，有学者认为司法的功能包括原初功能和衍生功能，原初功能即指纠纷的解决，衍生功能包括维护法律与规则创设、权力制约与权利保障、社会控制与政策推进。[④] (3)“三元论”，如学者姚莉认为“法院应当具有解决纠纷、配置权利和维护法律的统一三大功能”[⑤]，高新华认为司法权的原始功能是解决社会冲突，其派

① 陈卫东：《公民参与司法：理论、实践与改革——以刑事司法为中心的考察》，《法学研究》2015年第2期。

② 孙万胜：《司法权的法理之维》，法律出版社，2002，第32页。

③ 左卫民：《法院制度功能之比较研究》，《现代法学》2001年第1期。

④ 蒋红珍、李学尧：《论司法的原初与衍生功能》，《法学论坛》2004年第2期。

⑤ 姚莉：《功能与结构：法院制度比较研究》，《法商研究》2003年第2期。

生功能是维护社会稳定、促进经济发展、保障公民权利,扩展功能是形成公共政策、促进法律发展、增进社会福利[①]。从"一元论"到"三元论",上述研究使人们对司法功能的认知从具体到抽象,从单一到系统、多维,越来越丰富和深刻,也对我们认识刑事司法的功能带来了一些启发。

从功能一词的概念来看,是指属于总体活动一部分的某种活动对总体活动所做的贡献,一种活动之所以持续下来是因为它对整体生存是必要的。[②]笔者认为对于功能的讨论,应当将讨论对象置于特定的系统之内,否则便失于空泛和偏颇。就刑事司法的功能来看,不可否认解决社会纠纷、社会冲突是其固有的功能,但是在不同社会环境和社会系统中,对不同的主体(例如统治者、国家、社会、民众)而言,刑事司法具有不同的功能。例如国家通过刑罚权来制裁犯罪,是刑事司法的一项重要功能,但是过于严厉的刑罚会限制社会的活力,刑罚权的盲目扩张会侵犯人民的权利。

刑事司法惩罚犯罪、保障人权、维护社会稳定与发展这些功能始终保持一种动态平衡。可以说,刑事司法的本质功能或称原初功能——解决社会冲突(以犯罪形式表现出来的社会冲突),具有稳定性和不变性。而刑事司法的本质功能所衍生出来的其他功能,诸如权利保障、社会控制等等,在不同的社会结构以及治理策略下,会有不同的侧重和表现形式。中国古代著名的刑罚思想:"刑新国用轻典,刑平国用中典,刑乱国用重典""刑罚世轻世重,惟齐非齐,有伦有要",是指在不同的历史时期,根据社会经济文化发展的不同状况,依据客观形势的需要,制定出不同轻重的刑罚,来治理犯罪问题,在打击犯罪、维护社会稳定与激发社会活力、促进发展之间寻找平衡,实现了刑事司法功能体系内部的协调。因此,在讨论刑事司法的功能时,需要考虑功能作用的环境或者说作用的对象和主体,即要以系统论的思维方式去分析某一子系统对整个系统或者系统的其他部分所具有的作用。

二、创新社会治理体制下刑事司法功能的新定位

前文总结了社会治理的三个层面,分别是保障和改善民生,促进社会公平正义;创新预防和化解社会矛盾体制,健全公共安全体系,促进社会和谐稳定;改进社会治理方式,激发社会组织活力,鼓励社会各界依法有序参与社会治理。从社会治理的主要内容和目标来看,其中包含了三个核心价值:公正、

① 高新华:《试论现代司法权的功能体系》,《学习与探索》2006 年第 2 期。

② [美]J. 威尔逊:《功能分析介绍》,罗述勇译,《国外社会科学》1986 年第 10 期。

秩序和参与。通过改善民生使人民共享发展的成果是实现社会公平正义的终极目标;健全社会矛盾预防化解机制和公共安全体系,应对社会转型期社会矛盾多发突发的社会失序问题,是对社会秩序的追求;建立以政府主导的政府治理和社会各方参与的社会自我调节、公民自治的治理方式,激发社会组织的活力,是对以往社会管理方式的反思和突破,通过社会各方面的主动参与,激发社会发展的活力,提高社会治理的水平。以社会治理体制创新的内容为出发点,刑事司法应具有以下功能以呼应社会治理的现实需求。

(一)刑事司法解决社会冲突的功能

1. 司法制度是一种社会冲突解决机制

解决社会冲突是刑事司法最本初的功能,也是实现社会治理对秩序价值的追求。基于利益分化和诉求而发生的各种社会冲突自始至终伴随着人类社会的发展。社会学家致力于阐述社会冲突的积极功能和消极功能,其中齐美尔和科塞认为冲突有助于社会整合和促进社会变迁,群体间的冲突存在于社会单位之间的异质性和功能的相互依赖,能够提高社会单位的更新力和创造水平,使仇恨在社会分裂之前得到宣泄和释放①,同时冲突促进旧的社会结构的解体和新的社会结构的产生。虽然社会冲突具有推动人类文明进步的积极一面,不可否认的是,在特定的历史条件下,社会冲突对社会秩序和冲突的各方都具有破坏力和危害性,从法学的角度来看冲突应当是:主体的行为与社会既定秩序和制度以及主流道德意识的不协调或对之的反叛。② 与其说是社会冲突推动人类社会进步,毋宁说是人类在解决、化解冲突的实践中获得了发展,司法制度正是这样的一种社会冲突解决机制。在司法制度产生之前,社会冲突的解决依赖于“私力救济”,血亲复仇、协商和解是解决社会冲突最为古老和简单的方式。随着国家的建立,社会结构日益复杂化,社会冲突的范围、种类、频率也不断增加,人们对于社会冲突的认识也不断加深,大量社会冲突不仅是对个人利益、集团利益的侵害,也是对国家利益的挑战,社会冲突的蔓延和激化会威胁到统治秩序。于是统治者制定法律来规范社会行为,维持社会秩序,并建立起以国家权力为后盾的司法机构,来解决违反法律而产生的社会纠纷和社会冲突,恢复被冲突破坏的社会关系和社会秩序。

---

① [美]L. 科塞:《社会冲突的功能》,孙立平等译,华夏出版社,1988,第 171-183 页。

② 顾培东:《社会冲突与诉讼机制》,法律出版社,2004,第 4 页。

2. 刑事司法解决的是与犯罪有关的社会冲突

犯罪是社会冲突最激烈的表现形式，对现有社会秩序和制度带来最严重的破坏。犯罪最初被认为侵犯了被害人的个人利益，后来犯罪逐渐被认为是对国家利益和社会利益的侵害，14世纪法国出现检察官，由此，国家公诉主义在刑事诉讼中得到正式确认，并成为后世各国刑事诉讼的主要控诉形式。通过国家司法权来解决犯罪这种社会冲突，维持社会秩序，是刑事司法最基本的功能，也是刑事司法制度确立以来不变的追求，现在的问题是在创新社会治理体制的现实条件下，刑事司法如何能够更好地应对现代社会的冲突，实现维持社会秩序的功能。

3. 刑事司法需要多元纠纷解决的思路

社会治理崇尚多元治理，多元的维度不仅仅局限于主体的多元，还在于多元的治理方法和思路。党的十八届四中全会提出：健全社会矛盾纠纷预防化解机制，完善调解、仲裁、行政裁决、行政复议、诉讼等有机衔接、相互协调的多元化纠纷解决机制。多元化纠纷解决机制，便是现代社会治理理念的体现，社会因为复杂多样而充满魅力，没有一种方法可以一劳永逸地解决所有问题。在刑事司法领域同样需要拓展处理问题的思路，尽管由于刑事司法国家公诉主义的特性，限制了诸如民间调解、仲裁等纠纷解决方式的适用，但是在刑事司法内部，仍然存在替代性纠纷解决方式的探讨空间。胡铭教授在《多元纠纷解决与转型期刑事司法》一文中，创造性地提出将民事诉讼中替代性纠纷解决机制（Alternative dispute resolution，ADR）引入刑事司法领域，通过制度的设计使恢复性司法、刑事和解与刑事调解、社区警务以及问题解决型法庭等ADR机制更好地形成合力，以解决我国转型时期的犯罪问题[①]，本研究也会在以下的章节中对刑事司法的多元治理问题进行继续探讨。

4. 刑事司法解决社会纠纷的目标不应局限于判决的做出

习惯上人们倾向于把法院裁判的做出视为冲突的解决。事实上，关于冲突和纠纷的解决有着更丰富的内涵：一是冲突的化解和消除，使因冲突而被破坏的社会秩序和社会关系得到恢复。这意味着冲突双方的利益纠纷从对抗转为妥协，对抗情绪得到缓解和消除。二是判决所确定的权利得以实现、

① 胡铭等：《转型社会多元纠纷解决》，知识产权出版社，2012，第13-38页。

义务得以履行。三是法律或统治秩序的尊严和权威得以恢复,这体现在破坏法律秩序的冲突主体得到必要和恰当的制裁、被冲突侵犯的利益主体重新获得对法律的信任。四是从更高层次上来讲,冲突的解决还意味着冲突主体放弃和改变漠视甚至对抗社会秩序和法律制度的心理和态度,增强与社会的共融性,避免或减少冲突的重复出现。这种状况一方面来源于现实的惩罚形成的畏惧,另一方面是冲突主体直面自己行为的真心悔过。这种效果还能扩及冲突主体以外的社会成员,产生警示和教育的作用。① 如果上述四点作为冲突纠纷解决的内涵,一个刑事案件通过刑事司法程序的运作最终形成有罪和无罪的判决时,至少要考虑以下几点因素:第一,在有具体被害人的案件中,被告人与被害人之间因犯罪行为产生的怨恨、对抗情绪是否得到了化解,被害人被侵犯的权益是否得到补偿。第二,犯罪行为是否得到了公正的判决,法律的尊严是否得以维护。第三,犯罪人是否能从内心认识到行为的危害性,真心悔过,刑事司法能否实现对犯罪人的改造,并使其重新融入社会生活,不再犯罪。第四,刑事司法能否较好地实现社会控制,减少犯罪率以及再犯罪率。第五,社会普通民众对刑事司法是否有较高的信任度。

解决社会冲突是刑事司法的基本功能,在社会治理的视野下,对这一功能赋予了更丰富的内涵,我们不仅应当关注刑事司法的结果,更应该从冲突的解决过程以及效果的角度来重新审视其解决社会冲突、维护社会秩序的功能。

(二)刑事司法实现社会公平正义的功能

1. 司法公正对于社会公正具有引领作用

司法制度是与“公正”相伴而生的,司法的首要价值就在于实现和维护全社会的公平正义。通过司法实现正义是现代社会正义理论体系中的一个基本命题,一般来说,通过法律实现正义有三种基本的形式:首先是通过立法实现正义,其次是通过行政实现正义,最后是通过司法实现正义。司法正义将合理的确定性和法则的可预见性与适度的自由裁量相结合,这种形式优于实现正义的其他任何形式。② 从这个意义上讲,正义是司法活动最根本的价值目标,成为人们对司法的终极期盼和要求③,可以说司法是正义的守护神,一

① 顾培东:《社会冲突与诉讼机制》,法律出版社,2004,第 27-29 页。

② 赵秉志:《刑事司法正义论》,《中国刑事法杂志》2000 年第 6 期。

③ 杨一平:《司法正义论》,法律出版社,1999,第 52-53 页。

个社会无论多么“公正”，如果不考虑司法公正，最终必将导致社会集体的贫瘠，那也就谈不上是真正的公正，即使有这种“公正”，经过历史的检验，也终将为社会和人民所不取①。党的十八届四中全会对司法公正与社会公平正义的关系做出了深刻的诠释：“司法公正对社会公正具有重要引领作用，司法不公对社会公正具有致命的破坏作用，保证司法公正，提高司法公信力对于完善社会主义法治体系，建设社会主义法治国家具有重要的战略意义。社会的公平正义需要司法的保障，倘若司法不公，社会公正就无从谈起。”在现阶段，重塑社会公平正义，关键在于坚守司法公正的底线，使司法公正带来的公平正义感辐射社会的各个领域，从而产生示范效应，增强人们对改革和发展的信心。

2. 刑事司法公正是司法公正最重要的体现

就刑事司法而言，它直接决定了公民的自由、财产和生命的司法活动，是社会法律评估体系中最严厉的一种法律评价，因此更需要公正。社会中的个人一旦被认定有罪，将会失去自由、财产甚至是生命，而且在道德上背负沉重的负面评价，被贴上有罪标签以后，会被主流社会所抛弃，失去获得平等发展的机会。因此，人们普遍不愿意看到一个无辜的人受到刑事追究。当刑事冤案发生时，会唤起社会公众的普遍同情，人们通常会进行情感代入：一方面，面对强大的国家机器，我们每个人都可能成为冤案的受害者。当把自己想象成冤案的当事人，对于刑事司法不公正的义愤之情就会得到渲染和扩大。近年的刑事冤案如呼格案、张氏叔侄案、佘祥林案等等，引起了社会公众的广泛关注和同情，这些案件也对刑事司法的公信力造成了严重的伤害，刑事司法的公正性受到质疑，同时整个社会公平正义的情感也受到损害。另一方面，刑罚的准确适用，使犯罪人得到应有的惩罚，被犯罪行为损害的社会关系及时恢复。“恶有恶报”“罪有应得”是社会朴素的正义观，刑事司法通过对犯罪人的严厉惩罚，满足了社会公众和受害人对于公正的需求，使社会正义得以伸张。因此，刑事司法活动对于整个社会的公平正义性具有重大的影响，刑事司法的公正性是司法公正中最重要的一环。社会公众对于刑事司法公正非常关注，刑事案件往往成为社会关注的热点，刑事司法公正问题也是人们关心的话题，刑事案件的公正性会影响社会公众对于司法活动的认可，影响司法机关的公信力，引发人们对社会公平正义的讨论。

① 王晨：《司法公正的内涵及其实现路径选择》，《中国法学》2013 年第 3 期。

3. 通过刑事司法所彰显的正义性有效地控制犯罪

刑事法律对于犯罪的控制一般有两种策略：一种称之为强制性的犯罪控制(coercive crime control)，寻求借助强制性的官方力量，绝大多数情况下以威吓或遏制形式来寻求对犯罪行为的预防；另一种称之为规范性的犯罪控制(normative crime control)，依靠道德的可信赖性进行犯罪控制，通过直观的正义，引导犯罪人将被禁止的行为视为无吸引力的，从而达到犯罪控制的目标。[①] 规范性的犯罪控制发生作用的机制在于：人们之所以遵守法律，并不仅仅是因为法律制裁威胁的存在，更是因为担心自身行为引起所处社会群体的反对，人们一般将自身视为希望按照其认为正确的方式行事的道德存在物。规范的力量来自他人的社会性制裁，也来自内在的道德制裁。人们之所以遵守社会准则是因为违反社会准则可能招致非正式的制裁，包括失去过去所取得的成就、失去与他人的重要关系、在他人眼中失去信誉。[②] 内在的道德制裁来自被自身接受的外在的道德规范，也即被自身所认可的义务感。刑事法律所具有的规范性控制机制在保证绝大多数人的守法方面具有重要的作用。[③] 刑事法律的道德权威程度决定着其塑造大众观念的能力范围和通过规范性力量影响人们行为的能力范围，也就是说，刑事法律越是符合大众的正义直观、得到大众的认可，越能更好地使人们自觉地遵守。刑事司法只有确保公正性，才能获得社会大众的认同，从而被人们自觉遵守，实现刑事司法犯罪治理的任务。

4. 刑事司法公正对于实现社会治理目标具有重要的意义

在深化改革的背景下，社会治理的重要目标和内容之一就是保障和改善民生，让发展成果更多更公平惠及全体人民，实现最广泛意义上的社会公平正义。改革开放以来，我国经济社会发展取得的巨大成就，为促进社会公平

---

① [美]保罗·H. 罗宾逊：《为什么刑法需要在乎常人的正义直观——强制性与规范性的犯罪控制》，王志文译，载陈兴良主编《刑事司法评论》第 29 卷，北京大学出版社，2011，第 147 页。

② Daniel Nagin & Raymond Paternoster, "The Preventive Effects of the Perceived Risk of Arrest: Testing an Expanded Conception of Deterrence", *Criminology*, 1991(29).

③ 哈罗德·格拉斯米克(Harold Grasmick)的研究说明，对社会性反对恐惧和对守法道德承诺的担忧均可以防止非法行为的实施。参见 Harold G. Grasmick & Donald E. Green, "Legal Punishment, Social Disapproval and Internalization as Inhibitors of Illegal Behavior", *Journal of Criminal Law & Criminology*, 1980, 71(3). 还有其他学者得出了相似的结论。参见 Raymond Paternoster & Lee Ann Iovanni, "The Deterrent Effect of Perceived Severity: A Reexamination", *Social Forces*, 1986, 64(3).

正义提供了坚实的物质基础和有利的条件。根据马斯洛的需求层次理论，在实现了基本的生理、安全和情感的需要以后，人们会追求被尊重和自我实现的需要。社会公平正义是个人获得尊重和自我实现的重要保障。随着我国经济社会发展和人民生活水平的提高，特别是公平意识、民主意识和权利意识的觉醒，社会公平正义已经成为人们更高层次的追求。随着改革进入攻坚阶段，各种深层次矛盾逐步凸显，社会上存在大量不公平、不正义现象，比如教育、就业机会不公问题，收入分配差距问题，社会保障体系"碎片化"问题，特殊化和特权现象问题，司法不公问题，贪赃枉法、侵害群众权益问题等等，这些问题不仅严重损害了人们心中的公平正义感，并且已经成为影响社会和谐稳定、社会持续健康发展全局的重大问题。重塑缺失的社会公平正义，从根本上来说需要深化改革，促进人民福祉，确保司法公正则是首先的要求。

(三)刑事司法中的公民参与促进了社会治理方式转变

刑事司法的公民参与对于激发社会组织活力、提升公民参与社会生活能力、促进社会治理方式转变有重要的实践意义。

1. 社会治理的核心和精髓在于多元参与和合作治理

西方治理理论蕴含了有限政府、多元参与、民主、合作治理等理念，以多元参与为基础、合作治理为手段，谋求政府公共部门、私营部门、社会组织等多种治理主体之间进行广泛沟通与交流，通过共同参与、协同解决、公共责任机制，在社会公正的基础上提高社会治理的效率和质量。在社会治理理念下，治理的主体是多元的，既包括在社会治理中承担重要角色的政府，也包括随着社会力量的发育，逐渐成长起来的各种社会主体。社会公众不仅是公共服务的消极消费者，同时也是具有积极能动性的公民，通过各种渠道和形式参与社会生活，表达利益诉求，是提供公共服务、影响和参与政策制定与执行的重要力量。

合作治理的基础是政府治理的失灵和社会力量的兴起：现代社会具有高度复杂性和风险性，无论是国家、市场还是社会都无法单独面对风险社会的各种挑战，以国家为主导的公共行政体系出现管理危机，出现诸如机构臃肿、效率低下、信任危机和财政危机等问题，"20 世纪后期，公共行政所代表的这一社会治理体系越来越深地陷入一种困境之中，特别是此起彼伏的危机事件的频繁发生，证明它已经很难适应后工业化时代的需求”[①]。与此同时，社会力量日益壮大，非政府组织的发展促进了社会的成熟，为社会治理的多元参与提供了前提条件。在一些国家和地区，“非政府组织已经成为公众利益的代言人，特别是他们注意表达边缘状态群体的利益，起到了对政府的社会治理以及市场的自由机制拾遗补阙的作用”[②]。政府与公民、社会组织之间建立良好的合作关系，是对公民权利的尊重，彰显了民主的价值，同时可以调动公民的积极性、主动性和创造性，有利于公共资源的合理配置，使社会治理活动更加高效地展开。

2. 鼓励社会力量参与是我国现阶段社会治理的现实需要

虽然与西方社会发展的历史传统不尽一致，但是随着40多年的改革和发展，我国各种社会组织已经初具规模，并且在社会生活的各个领域发挥着重要的作用。在深化改革和创新社会治理机制的语境下，激发社会组织活力，改进社会治理方式，在党的领导下，建立以政府为主导，社会各方积极参与，实现政府治理和社会自我调节、公民自治良性互动的社会治理方式，是解决我国目前社会治理问题的必然选择。刑事司法虽然有别于一般的公共管理和社会事业，但是从本质上来看，刑事司法是国家向全社会提供的一种公共物品。公共物品的特点在于任何人消费这种物品都不会导致他人对该物品消费的减少。

刑事司法是国家代表全体社会成员惩罚犯罪的一系列活动，是国家管理社会的一种重要方式，不管是刑事司法本身还是通过刑事司法实现对犯罪的治理以及由此带来的社会稳定和安全都是一种公共产品，刑事司法是国家为社会提供公共服务的重要渠道，也是“国家与公民个人之间的纽带”[③]。因此在刑事司法中融入多元参与合作治理的元素具有理论上的可行性。同时，我国刑事司法历来具有民主要素和公民参与的传统，从“马锡五审判方式”到人民陪审员、人民监督员制度，都是公民参与司法的有益尝试。前文也谈及公民参与司法具有协助司法、制约权力、监督权力的功能，从而实现司法民主、促进司法公正、提高司法公信力和司法能力。通过合理的制度设计，完善公民刑事司法参与机制，不仅对刑事司法来说大有裨益，从社会治理方式转变的战略角度来看，这也是培养公民精神，提高公民参与社会治理能力的有效途径。

---

① 张康之：《论伦理精神》，江苏人民出版社，2010，第39页。
② 张康之：《论伦理精神》，江苏人民出版社，2010，第59页。
③ 季卫东：《法律程序的意义》，《中国社会科学》1993年第1期。

3. 社会力量参与社会治理需要提升公民的参与能力

我国社会虽然有了相当程度的发展，但是公民参与政治、社会生活的能力需要不断提升，社会自治能力仍然有待提高。"公民精神的观念与现代公共行政的缘起密切相关。在改革年代，人们不仅呼吁有教养的、以功绩为基础的公共服务，也同样需要熟谙宪法，热心公共事务、见多识广的公民。这种公民精神的观念主张公众不应该仅仅追求自身利益，而且应该追求公共利益。"①一般来说，公民精神具有四个主要的特征：一是公民要能理解国家的重要文件，能够"实践道德的哲学"，能够对那些促进公民一般利益和特殊利益，以及和宪法相一致的公共活动进行判断。二是信念，公民坚信国家政体的价值和信念是真实和正确的。三是公民能够承担起个人的道德责任。公民不仅仅关注政府的渎职和腐败问题，而且要对其他人的基本权利承担个人的道德责任。四是操守，主要是指公民要在某些方面具有容忍和宽容。

社会治理是一项复杂而精细的事业，多元参与合作治理的基础是具有公民精神和参与能力的每一个社会个体。虽然在以往的实践中，公民参与司法也存在一些问题，比如新中国成立初期的"大众司法"，"批斗"成为人民审判的一种方式，这就脱离了一般意义上的民众参与司法，而是演变成了一种阶级斗争的模式。"在这里，无须法律的逻辑推理，只需要满足大众的常识就够了；无须法律的理性判断，有效地裁决诉诸大众的情感；犯罪不可能有权利保护，因为他是人民的公敌；法律不需要程序，因为人民的眼睛是雪亮的。"②再如近些年出现的所谓"民意绑架司法"的情况，一些情节恶劣的犯罪行为往往会引发民众的道德谴责，尤其是在互联网发达的今天，非常容易形成能量巨大的社会舆论场，从而影响司法人员的认知和判断。普通民众对于现代刑事司法的规律缺乏认识，虽然民意的出发点是基于朴素的正义观，但是民意的形成具有自发性、盲目性和从众性。一些司法人员面对偏颇的民意和激昂的民愤时，无法保持中立和公正，甚至放弃司法的原则，在裁判时屈从民意以平民愤，就可能步入生成冤案的误区。③ 上面两个例子反映了公民参与司法的困境：公民有参与司法的需求，但是缺乏有序参与的机制与能力。

---

① ［美］乔治·弗雷德里克森：《公共行政的精神》，张成福等译，中国人民大学出版社，2003，第37页。

② 转引自胡铭：《刑事司法民主论》，中国人民公安大学出版社，2007，第194页。

③ 何家弘：《刑事司法十大误区》，北京大学出版社，2014，第133-140页。

4. 刑事司法的公民参与为提升公民参与能力提供了实践途径

公民精神和参与社会治理的能力不是自然就有的，而是通过不断的实践获得的。美国宪法之父杰弗逊曾说过："就我所知，社会的最后决定权只有交给人民自己来掌握，此外，别无更安全的寄托。如果我们认为人民见识不足，判断不周，不能执行他们的权力，补救的办法不是把权力从他们手中取走，而是通过教育，让他们善于判断。"[①]公民精神和参与治理的能力正是在合理的制度引导下，不断参与社会政治、民主生活的过程中不断形成的，刑事司法的公民参与正是这样一条实践的途径。刑事司法通过制度设计不断地开放化和透明化，使更多的人能依法有序地参与到刑事司法过程中来，了解现代刑事司法制度的运作机制和理念，让权利保护、程序正义、非法证据排除、罪刑法定、无罪推定、疑罪从无等理念深入人心，从而对于刑事司法乃至司法行为形成一种理性的认识，重塑对司法、对国家的信任，而这种信任恰恰是现代社会治理、合作治理的本质。[②]

在传统的理论视角下，惩罚犯罪、保障人权是刑事司法的基本功能，在社会治理创新的时代背景下，刑事司法的功能、作用有了新的内涵，也就是说，社会治理对于刑事司法提出了新的要求，包括：如何更好地化解矛盾纠纷、解决社会冲突、维护社会秩序；如何实现保障、改善民生的社会治理目标，实现最广泛意义上的公平正义；以及如何提升公民的参与能力，促进社会治理方式的转变。在这一新的功能体系下，刑事司法的社会利益得到了更进一步的彰显，有效地回应了在社会管理时期逐渐凸显的社会利益诉求，同时社会利益的保障和实现，有利于平衡与调和刑事司法中国家利益和个人利益的冲突。

---

① ［美］乔·萨托利：《民主新论》，冯克利等译，东方出版社，1998，第 28 页。

② Jone M. Bryson & Barbara C. Crosby, "Falling into Cross-Sector Collaboration Successfully", Lisa Blomgren Bingham & Rosemary O'Leary eds. *Big Ideas in Collaborative Public Management* (New York: M. E. Sharpe Inc. Armonk, 2008), p. 68.

第五章 刑事司法模式创新：合作模式的引入

第一节 新时代刑事司法的现实困境

改革开放以来，我国在法治建设方面取得了巨大的成就，刑事司法领域彻底改变了无法可依的局面。1996 年、2012 年、2018 年三次刑事诉讼法的修改，不断提升了刑事司法的立法水平，围绕着“公正与效率”主题的司法体制改革也在力图改善刑事司法的治理水平。总体而言，改革开放以后，我国的刑事司法在打击犯罪、保障人权方面取得了巨大的进步，但是不可忽视的是，随着社会的进步与发展，刑事司法在应对犯罪问题方面，仍然存在很多问题，尤其是近年来刑事冤、假、错案的频频曝光，使刑事司法陷入了公信力的危机。可以说，目前我国的刑事司法尚未能充分实现新时期社会治理化解社会矛盾冲突、实现社会公平正义和社会有效参与的功能定位。我们尝试从制度的效率和效用这两方面来审视刑事司法目前的治理困境。

一、刑事司法的效率危机

效率从经济学的角度可以理解为投入和产出的比率，一般来说，资源投入越多会带来越多的产出，但是如果投入的资源无法实现较好的配置，会带来边际效应的递减甚至是产出的负增长。因此，通常人们所说的效率可以理解为有效率，也即是通过尽可能少的投入，获得尽可能大的收益。在刑事司法领域的效率可以理解为在既定的司法资源投入的情况下，能够有效地实现对犯罪的治理,使司法资源的效用最大化。

刑事司法效率从狭义的角度讲,是指使进入刑事司法的案件得到快速的侦查、起诉和审判,及时地对犯罪嫌疑人进行定罪量刑。改革开放以后,刑事司法的规范和制度建设取得了较大的发展,但是我们不得不认真考虑刑事司法制度对于现实问题的应对能力。仅从案件获得及时处理角度来看,刑事积案问题突出,如大量超过审判期限久拖不决的案件、大量反复延长审理期限的案件、大量周而复始的审判监督案件等等。在刑事司法中案件得不到及时处理的直接后果就是超期羁押(是指依法被刑事拘留、逮捕的犯罪嫌疑人、被告人在侦查、审查起诉、审判阶段的羁押时间超过《刑事诉讼法》规定的羁押时限的一种违法行为)。[①] 超期羁押侵犯了犯罪嫌疑人、被告人的合法权利,案件的久拖不决使被追诉人长期处于人身自由的限制状态,遭受长时间的讼累,其前途和命运一直处于不确定和待判状态,严重损害了司法正义和社会公众的法律信仰,如 2003 年媒体披露了广西谢洪斌未决羁押达 28 年之久[②];佘祥林从 1994 年 4 月 11 日被抓捕到 1998 年 9 月 22 日判决生效,一共被羁押了 4 年 5 个月;李怀亮从 2001 年 8 月 7 日被抓捕到 2013 年 4 月 25 日被无罪释放,一直处于未决羁押状态,时间长达 11 年 8 个月。这些案件中的超期羁押问题引起了社会的广泛关注,引起人们对刑事司法机关的效率和公正性的普遍质疑。21 世纪初,我国超期羁押达到非常严重的程度,根据有关部门统计,1993—1999 年全国政法机关每年度超期羁押人年数一直维持在 5 万~8 万人之间。[③] 超期羁押只是一种现象,其深层次的原因不仅是刑事案件数量激增与刑事司法人力、物力资源的矛盾,还包括刑事司法理念、制度设计和运行机制的问题,有的超期羁押明显违法,在法定羁押期限届满后没有办理任何继续羁押的法律手续却继续羁押犯罪嫌疑人或被告人,有的则在形式上办理了继续羁押的手续,或者说表面上看是合法的羁押,但实质上是超期羁押。比如无罪推定、疑罪从无在具体实践中无法落实,有很多事实不清、证据不足的案件不是遵循疑罪从无的原则做出无罪判决,而是反复补充侦查和多次发回重审、审前羁押制度,缺乏必要的司法审查、监督和救济机制等等。超期羁押问题是刑事司法效率问题的一个侧面,反映了制度本身还有待完善,运行机制有待进一步理顺。

---

① 何家弘:《亡者归来——刑事司法的十大误区》,北京大学出版社,2014,第 141 页。

② 阿城、苘子:《广西惊天冤案:无罪入狱 28 年释放之后成痴呆》,《工人日报》2003 年 5 月 28 日。

③ 王雷鸣、邬焕庆:《阳光行动,路有多远? ——政法机关清理超期羁押透视》,《检察日报》2003 年 11 月 11 日。

二、刑事司法的效用危机

从广义的角度看，刑事司法的效率应该包含案件处理的质量和对犯罪整体的控制效果，也即案件得到公正的审理，有罪的人获得与其罪行相适应的惩罚，无罪的人不受刑事追究；刑事司法通过刑罚目的来实现对犯罪的有效治理，使犯罪率控制在合理的范围内，犯罪人经过矫治减少再犯罪率，社会治理状况良好。

（一）案件质量问题

刑事司法的最佳状态是“既不冤枉一个好人，也不放纵一个坏人”，但任何一个国家的刑事司法制度都不可能实现这一目标。人们不可能完全还原刑事案件发生的全过程，只能通过现有的证据去证明已经发生的事实，在刑事司法程序中，不论是侦查起诉还是审判，都是作为认知主体的人对证据进行的主观判断，因此受主客观条件和认知规律的限制，刑事错案的发生具有不可避免性。正因为真相的不确定性，现代刑事司法制度的程序价值才显得尤为重要。在我国现实情况下，被发现的冤案错案，之所以会引起人们的强烈反响，不是因为受客观认知条件的限制而难以发现事实真相，而是在于人为地违反程序造成了冤假错案的发生，例如近年披露的一批重大冤案，都或多或少存在刑讯逼供的问题，刑讯逼供不仅是对司法程序的违背，更是对法治文明的践踏，另外司法作风不正、工作马虎、责任心不强以及追求不正确的政绩观包括破案率、批捕率、起诉率、定罪率等都是突出的原因。

冤假错案对于刑事司法公信力的打击是致命的，虽然我国目前没有这方面的数量统计，但是冤假错案的负面影响不在于数量的多少，而在于其一旦发生就会产生严重的危害。近年来媒体披露的冤假错案，极大地影响了刑事司法的公信力，使人们对刑事司法的公正性及保护公民生命、财产和自由的能力产生怀疑。

（二）刑事司法的犯罪治理能力

1. 刑事司法的犯罪控制能力

虽然刑事司法的功能就是通过刑罚的威慑力惩罚犯罪、改造罪犯，同时对社会一般成员起到教育和预防的作用，但是从犯罪率来看，改革开放的前

10 年犯罪率有一定的增长，幅度不大，从 20 世纪 90 年代初到现在，中国犯罪率大幅度增长，平均每年增长 10％以上，超过了不少时期中国 GDP 的增长。[①] 虽然现代犯罪学的研究表明，犯罪和犯罪率是一个复杂的构成，受经济发展水平、社会结构、贫富差距以及社会控制力度等多方面因素的影响，但是人们通常直观上会将犯罪率的居高不下与刑事司法的犯罪治理能力不足相联系。在英国著名的民意调查机构 MORI 资助的刑事司法系统在减少犯罪功能方面的信任测量中，人们被问到对刑事司法系统“处置犯罪”抱有多少信任时，人们常常将该系统的功能和犯罪趋势联系在一起，人们对司法系统处置随处可见的犯罪方面具有不太多的信任，这种不信任源自对于公共安全的关心。[②] 我国的一些调查也显示，部分公众对于社会治安的安全感较差，有高达 61.1％的受访者表示缺乏安全感，除上海外，其余省市均有超过半数的受访者有这种感受，其中最为严重的是青海省，比例高达 77.0％。[③] 刑事司法在控制犯罪方面还没有给人们交上满意的答卷。

2. 刑事司法的犯罪矫正能力

再犯罪率一般是指受到有罪判决的人再次犯罪的比率。司法部早在 2004 年就统计过相关数据：当年中国重新犯罪率居世界中等水平，但是在重大恶性刑事案件中，刑释解教人员重新违法犯罪的占到了 70％。不过自此以后官方都没有公开这方面的数据。有学者认为在 20 世纪 80 年代中国重新犯罪率大概维持在 7％～8％，21 世纪初期上升到了 13％～14％。[④] 还有学者根据 2007 年第三季度的一组数据推算：如果按照全国在押人员 150 万人为基数，全国监狱中被判刑 2 次以上的罪犯达到 15.98％。[⑤] 从较高的再犯罪率来看，刑事司法对改造罪犯使其重新融入社会的功能也不能使人满意。

从以上的分析中可以看出，现实运行中的刑事司法遭遇效率和效用的双重危机，陷入治理困境，而现代刑事司法应有的惩罚犯罪、保障人权的功能没有得到较好地实现。

---

① 白建军：《从中国犯罪率数据看罪因、罪行与刑罚的关系》，《中国社会科学》2010 年第 2 期。

② ［英］朱利安·罗伯茨等：《解读社会公众对刑事司法的态度》，李明琪等译，中国人民公安大学出版社，2009，第 44-47 页。

③ 张中：《中国刑事司法的实践困境》，《证据科学》2015 年第 1 期。

④ 此数据来源于北京师范大学刑事法律科学研究院教授吴忠宪于 1992—2006 年间在司法部预防犯罪研究所任职时进行的估算。参见黄河：《重新犯罪率居高不下，刑释人员面临制度性歧视》，《方圆》2012 年第 310 期。

⑤ 黄河：《重新犯罪率居高不下，刑释人员面临制度性歧视》，《方圆》2012 年第 310 期。

三、对于刑事司法治理困境的解读

(一)刑事司法的“内卷化”困境

内卷化是由美国人类学家戈登威泽(Alexander Goldenweiser)创造的概念,是指当达到某种最终的形态后,既没有办法稳定下来,也没有办法使自己转变到新的形态,取而代之的是不断地在内部变得更加复杂。[①] 内卷化意味着一种社会或文化模式在某一发展阶段达到一种确定的形式后,便停滞不前或无法转化为另一种高级模式,既没有实现突变式的发展,也没有渐进式的增长,而是出于一种不断自我复制和精细化的状态,实质是“没有发展的增长”[②]。刑事司法制度在完成了制度建设的过程后,容易产生内卷化的困境,具体表现为:法律形式主义盛行、法律职业精英化和刑事司法机构科层化。

法律形式主义专注于法律的形式和结构,将法律制度视为一个封闭的逻辑体系,正确的判决可以仅用逻辑方法从预先规定的法律规则中推理出来,忽视外部力量对于法律框架的影响,不考虑一项法律结构的伦理后果和实际效果。正是这种对法律本身逻辑性的崇拜,使法律形式主义专注于庞大而又精密的法律制度,并且认为理性能够系统地设计和规划出包含自然法的各种规则和原则的普遍有效的法律制度,法官只需要忠实和服从于法律的逻辑推演,而不需要实在法之外的价值判断,法官的判决不外乎是“法律的精确复写”,法官不过是“宣告法律的嘴”,是“自动售货机,投进去的是诉状和诉讼费,吐出来的是判决和从法典上抄下来的理由”[③]。法律的精致化带来了司法机构的科层化和法律职业的精英化。科层化也称官僚制,是管理型社会的制度基础,以功能和效率为目标,通过科学和技术的原则设计和发展一个组织管理严密的科层体系,把整个社会变成一个非人格化的庞大机器,就如一条汽车生产线、一个工厂、一个车间,把众多的工人集中在机器的某一部位,重复着单一化的机械动作,目的就是高效生产某一产品。[④] 司法机关是通过精

---

① [美]塞维斯:《文化进化论》,黄宝玮等译,华夏出版社,1991,第9-12页。

② [美]杜赞奇:《文化、权力与国家:1900—1942年的华北农村》,王福明译,江苏人民出版社,1994,第66页。

③ Max Weber, On Law in Economy and Society, Edward Shils, Max Rheinstein, trans. (Harvard: Harvard University Press, 1954), p. 354.

④ 张康之:《公共行政:超越工具理性》,《浙江社会科学》2002年第4期。

密的立法和司法技术设计出来的机器，检察官、法官等法律职业人群是镶嵌在这一机器中具有专业知识和技术的操作人员，法律职业人员只要通过既定的法律规定的规则和程序来操作便能使司法制度有效地运作。如果司法制度在具体运行中出现任何问题，只需通过技术化的思路去谋求解决方案，如出现权力滥用，则通过法律的修改进行规制；如果出现官僚主义，则通过机构改革和组织重建寻求技术支持。内卷化的发展趋势使得刑事司法制度在立法及其机构设置上越来越精致完善，但是其实际运行有可能偏离社会现实，无法真正解决现实中的问题，司法行为难以获得普遍的社会认同，司法与社会之间形成鸿沟。

（二）社会利益对刑事司法"内卷化"的挑战

1996年以后的十几年间，通过立法、修法和司法体制改革，我国的刑事司法制度在制度设计上已经初步具有现代法制的基本特征，但是在实际运行中存在着这样那样的问题，严重影响了刑事司法的权威性，这之间存在一种悖论，按道理来说，法律和机构的健全应该促进刑事司法的治理能力提升，但为什么结果不尽人意呢？

有学者从刑事司法体制内部的运行机制进行解读，如我国现行的刑事司法体制是以侦查为中心，公检法三机关分工负责、相互配合、相互制约，有如一条作业"流水线"，公安局负责侦查，检察院负责起诉，法院负责审判，三家各管一段，而审判结果就是这条"流水线"的最终产品。[①] 更有人将此形象地比喻为公安局做菜、检察院端菜、法院吃菜，这种模式导致三机关配合有余、制约不足，侦查权、起诉权、审判权难以形成有效制约，从而导致司法权的滥用，影响司法公正。也有学者从刑事司法理念的角度解读，认为现代法治的无罪推定、疑罪从无等理念没有真正被司法人员所接受，从而影响司法人员对案件的判断[②]；还有学者从证据的角度出发，认为我国刑事司法中的口供至上、由供到证的侦查模式，以及证人作证率极低、非法证据排除规则的架空等是造成司法误判的主要原因，还有诸如司法受政党干涉，难以实现独立等，不一而足[③]。

这些观点都从不同的侧面揭示了我国刑事司法制度中存在的问题，但是

① 陈瑞华：《从"流水作业"走向"以裁判为中心"——对中国刑事司法改革的一种思考》，《法学》2000年第3期。

② 陈光中、于增尊：《严防冤案若干问题思考》，《法学家》2014年第1期。

③ 何家弘：《当今我国刑事司法的十大误区》，《清华法学》2014年第3期。

值得我们思考的是:在改革开放以前,没有刑事诉讼法,公检法机关也完全从属于党政机关的领导,那个时候为什么很少有人质疑刑事司法的公信力和权威,甚至是改革开放以后十几年内,刑事司法仍然带有较强的行政色彩,早期的严打在现在看来也存在很大的问题,但是在当时的情况下很少引起人们的质疑?在20世纪90年代末特别是进入21世纪以后,情况发生了改变。法律修改了,相关配套制度也完善了,比如《律师法》的制定和修改、《国家赔偿法》的出台、法律援助制度的建立等等,国家对刑事司法资源的投入也不断增长,刑事司法对于人权保障的力度、司法公正和高效的能力应该越来越高,但是为什么陷入信任危机了呢?

对于这一问题,应当历史地看待。应该说,刑事司法的案件审判质量、对人权的保障力度和公正程度比改革前和改革初期有非常大的改善,问题的关键在于社会现实发生了改变。我国的改革过程是由政治改革推动的,首先开放的是经济领域,这一时期以市场力量的培育为目标,国家的社会管理以效率为导向,通过健全的官僚机构和计划、命令上传下达这种科层化的管理方式,以应对日益复杂化的社会事务。这种管理方式必然会对刑事司法的运行模式产生影响,刑事司法通过立法和机构的完善来实现目标,相信刑事司法体系自身应对复杂社会现实的能力,而忽视了自身与外界的联系,导致司法行为难以获得社会的认同。当然,在社会领域没有获得独立之前,这种发展方式完全不会使刑事司法陷入尴尬的境地,因为刑事司法只需要顺应来自国家层面的利益诉求。但是伴随着市场经济的发展、个人价值的彰显,社会作为一种独立的领域得以形成,社会领域存在的价值在于,它通过共同的和相似的价值观、权利的实现、兴趣的发展、生活的提高等目标,将人们整合在一起,从而形成特定的力量,推动社会的发展和变革。在刑事司法领域,人们基于朴素的正义观和基本的安全感,形成了关于犯罪控制、司法公正、制约公权力的滥用等共同诉求。正是在这些共同诉求的凝聚之下,形成了刑事司法中的社会利益。特别是现代信息技术的发展,信息的传播和交流完全跨越了时间和空间的障碍,这种社会利益得以表达和放大。近年来最高法院提出要注重“法律效果与社会效果的统一”“社会效果的改善”和“让民众满意”等改革目标,在一定程度上反映了之前的司法工作“社会效果不佳”“民众不甚满意”。这表明刑事司法系统不得不跳出自我封闭的内循环模式,对刑事司法的“社会利益”这一虽然模糊却现实存在的社会事实予以回应。

传统刑事司法的分析框架以国家和个人关系作为基本的逻辑起点,刑事司法是通过国家权力发动的对被追诉人的“一场战争”,刑事诉讼法的价值在于通过程序来限制国家权力的滥用,赋予被追诉人相应的权利来对抗国家权力的不当行使,这为刑事司法的人权保障提供了重要的理论依据,并且也确实推动了刑事司法中个人利益一定程度的实现。但是从国家与个人的力量对比来看,不管赋予个人再大的权利都难以与国家公诉机构形成实质上的对抗,更何况很多情况下,法律赋予个人的权利难以充分地行使。因此,在刑事司法中,引入社会利益的维度,在国家、个人以及社会之间建立一种合作治理的运行模式,不仅可以解释我国现代刑事司法运行的困境,也可以在国家利益和个人利益之间,形成一个中立的社会利益,它既不偏向于个人也不偏向于国家,但是能够调和国家和个人之间的关系,能够在自我实现的过程中促进刑事司法社会治理目标的实现。

第二节 刑事司法合作模式的必要性和可行性

一、合作模式的必要性:刑事司法的良法与善治

(一)法律的修改促进良法的产生

2012年3月14日,第十一届全国人大五次会议讨论通过了《关于修改〈中华人民共和国刑事诉讼法〉的决定》,这次刑事诉讼法的修改以加强人权保障为指导思想,着眼于以当前司法实践中迫切需要解决的问题,是对我国刑事司法制度的重要改革和完善,使其朝着更加民主化、科学化、法治化的方向发展。从总体上来看,修改了110条,增加了65条,对原刑事诉讼法做了较大幅度的修改,较为全面地体现了我国近年来司法改革的成果,其进步之处在于:(1)发展、完善了刑事证据制度,明确和完善了证据的概念、种类、证明标准,确立了非法证据排除规则,完善证人、鉴定人出庭制度,使证据制度更加科学;(2)改进并完善了刑事辩护制度,规定在侦查阶段可以委托律师做辩护人,完善了辩护律师的会见权、阅卷权和执业保障权,扩大了法律援助的范围;(3)完善和发展了刑事强制措施制度,细化了逮捕条件、完善审查批捕程序、完善监视居住措施、强化了取保候审措施的监管与执行、适当延长拘传和传唤的时间、严格规定了拘留、逮捕羁押场所;(4)完善和发展了侦查程序,赋予侦查机关技术侦查、秘密侦查手段,完善了侦查监督的规定;(5)加强了检察机关的法律监督职能,完善了提起公诉程序;(6)完善并发展了第一审、第二审程序以及死刑复核程序;(7)优化了执行程序,进一步完善了监外

执行程序,加强了检察机关对监外执行、减刑、假释的监督,明确规定了社区矫正制度;(8)增设了特别程序,未成年人犯罪案件诉讼程序,当事人和解的公诉案件处理程序,犯罪嫌疑人、被告人逃匿、死亡案件违法所得没收程序以及精神病人强制医疗程序,以应对多元化的刑事诉讼法律关系。

党的十八大以来,以习近平同志为核心的党中央在深化国家监察体制改革、反腐败追逃追赃、深化司法体制改革等方面做出了一系列重大决策部署,取得了重大成果与进展。为了贯彻党中央精神,配合国家监察体制改革,体现司法改革成果,对刑事诉讼法进行了及时调整与跟进。2018 年 4 月 25 日,《刑事诉讼法(修正草案)》提请十三届全国人大常委会第二次会议审议,并向社会公布征求公众意见。2018 年 10 月 26 日,在经全国人大常委会三次审议,且广泛征求各地各部门意见的基础上,十三届全国人大常委会第六次会议表决通过了关于修改《刑事诉讼法》的决定。本次《刑事诉讼法》修改,一是为保障国家监察体制改革顺利进行,需要完善《监察法》与《刑事诉讼法》的衔接;二是为加强境外追逃工作力度,需要建立刑事缺席审判制度;三是总结认罪认罚从宽制度、速裁程序试点工作经验,需要将可复制、可推广的行之有效的做法上升为法律规范,在全国范围内实行。

两次修改《刑事诉讼法》,在立足我国国情的基础上,吸收和巩固了新时代司法改革的成果,较好地平衡了惩罚犯罪与保障人权、客观真实与法律真实以及公正和效率的关系,集中反映了我国刑事诉讼制度的进步和发展。尽管在一些程序细节方面还需要补充和完善,但是从整体上来说,新刑事诉讼法的立法水平达到了我国现阶段法治化的要求,如果能够得到全面的贯彻和落实,将会很好地提升我国刑事司法的治理效果。

(二)刑事司法应从良法走向善治

我国《刑事诉讼法》在立法质量方面获得了提升,在一定程度上具备了“良法”的特征。徒法不足以自行,仅着眼于法律本身的完善并不是我们最终的追求,法治的内涵在于“良法善治”,“善治”体现为通过“良法”的有效实施和运行,“法律的生命力在于实施,法律的权威也在于实施”,一般来说,法律的实施是指通过行政和司法将法律的内容、精神得以贯彻,使法律的治理目标得以实现。为了避免刑事司法进一步陷入内卷化的泥淖,目前刑事司法制度应该在“善治”问题上下功夫,也即如何准确理解、执行新刑事诉讼法,使新刑事诉讼法所彰显的打击犯罪、保障人权、确保司法公正与效率等目标得到较好实现,并在实际运行中获得良好的治理效果,能够赢得公信力,树立刑事司法的权威。

当我们将目光转向“善治”的时候,首先要思考:刑事司法“善治”的目标是什么?什么样的状态可以称得上是“善治”?治理理论认为,“善治”(good governance)是指良好的治理,俞可平教授综合各家在善治问题上的观点,提出了善治的六个基本要素[①],接下来笔者试着结合这六个基本要素,谈谈刑事司法的善治问题。

第一是合法性(legitimacy),指的是社会秩序和权威被自觉认可和服从的性质和状态。它与法律规范没有直接的关系,从法律的角度看是合法的东西,并不一定具有合法性。只有那些被一定范围内的人们内心所体认的权威和秩序,才具有这个意义上的合法性。合法性越大,善治的程度越高。取得和增大合法性的主要途径是尽可能增加公民的共识和认同感。从这个角度来看,刑事司法获得公民的认同感是非常重要的问题,同时也可以解释许霆案、李昌奎案等案件虽然在法律规则内不存在合法性问题,但是无法获得民众的认同的问题。刑事司法不仅需要关注法律文本,还要重视实践中民众的司法需求,不仅要建立刑事司法的职业话语体系,还要吸纳普通民众关于司法正义的民间知识;不仅要强调刑事司法的逻辑自洽和形式推理,还要重视合法、合理、合情的统一,法律效果与社会效果的统一,也即刑事司法要从形式上的法治走向实质上的法治。

第二是透明性(transparency),指的是政治信息的公开性。每一个公民都有权获得与自己利益相关的政策信息,包括立法活动、政策制定、法律条款、政策实施、行政预算、公共开支以及其他有关的政治信息。透明性要求上述这些信息能够及时通过各种传媒为公民所知,以便公民能够有效地参与公共决策过程,并且对公共管理过程实施有效监督。透明度越高,善治的程度也越高。透明性是程序正义的基本精神,正如著名的法律格言所说“正义不仅应该得到实现,而且要以人们看得见的方式加以实现”,人们将程序正义通俗地称为“看得见的正义”。因此,刑事司法比其他公共事务管理活动更需要公开和透明。如果刑事司法运行中,信息不够公开、透明,公众便会质疑其权力运行的公正性,目前最高法院大力推进的审判流程公开、裁判文书公开、执行信息公开,其意义在于回应公众的知情权、参与权、表达权和监督权,使司法权的运行尽可能地置于阳光之下。近年来我们不断推进的“以审判为中心的刑事诉讼制度改革”,强调充分发挥庭审在查明事实、认定证据、保护诉权、公正裁判中的决定性作用,真正做到“诉讼证据出示在法庭”“案件事实查明在法庭”“控辩意见发表在法庭”“裁判结果形成在法庭”。这样的改革举措,

① 俞可平:《治理与善治》,社会科学文献出版社,2000,第9-11页。

正是将司法过程透明地展现出来，最大限度地遏制背离公正司法的潜规则的生存空间，让司法判决更好地体现公正公平，去除司法神秘主义的面纱，让老百姓了解和理解司法，并最终信服和拥护司法，从而树立真正的司法权威。

第三是责任性(accountability)，指的是人们应当对自己的行为负责。在公共管理中，它特别指与某一特定职位或机构相联的职责及相应的义务。责任性意味着管理人员及管理机构由于其承担的职务而必须履行一定的职能和义务。没有履行或不适当地履行他应当履行的职能和义务，就是失职，或者说缺乏责任性。公众尤其是公职人员和管理机构的责任性越大，表明善治的程度越高。在这方面，善治要求运用法律和道义的双重手段，增大个人及机构的责任性。从司法的角度来看，党的十八届三中全会提出“完善主审法官、合议庭办案责任制，让审理者裁判、由裁判者负责”，四中全会提出“完善主审法官、合议庭、主任检察官、主办侦查员办案责任制，落实谁办案谁负责”，这种改革思路体现了“善治”意义上的责任性，司法责任制的改革，明确了司法权力和责任的主体，有助于司法机关依法独立行使检察权和审判权。

第四是法治(rule of law)，其基本意义是法律是公共政治管理的最高准则，任何政府官员和公民都必须依法行事，在法律面前人人平等。法治的直接目标是规范公民的行为，管理社会事务，维持正常的社会生活秩序；但其最终目标在于保护公民的自由、平等及其他基本权利。从这个意义上说，法治与人治对立，它既规范公民的行为，但更制约政府的行为。法治是善治的基本要求，没有健全的法制，没有对法律的充分尊重，没有建立在法律之上的程序性社会，就没有善治。从法治的角度来看，刑事诉讼法之所以有“小宪法”之称，在于它对国家公权力机关在剥夺公民人身自由、财产权等公民基本权利方面做出了程序上的限制，是保护公民合法权利，限制制约国家公权力的法律，因此刑事司法程序的运行重心在于对侦查权、检察权以及审判权的规范和制约，使侦查机关、检察机关、审判机关的权力在程序和法治的框架内运行。

第五是回应性(responsiveness)，这一点与上述责任性密切相关，从某种意义上说是责任性的延伸。它的基本意义是，公共管理人员和管理机构必须对公民的要求做出及时的和负责的反应，不得无故拖延或没有下文。在必要的时候还应当定期地、主动地向公民征询意见、解释政策和回答问题。回应性越大，善治程度也就越高。回应性要求刑事司法应当在坚守宪法的基础上，主动、理性地回应社会需求，将文本上的法律转变为现实中的法律，建立起沟通刑事司法与社会现实之间的桥梁，不再寻求自我封闭，而是保持适度的开放性和能动性，与社会公众保持经常性、制度性的互动，才能在此基础上建立互信、互助的关系，促进刑事司法实现善治。

第六是有效性(effectiveness)，主要指管理的效率。它有两方面的基本意义：一是管理机构设置合理，管理程序科学，管理活动灵活；二是最大限度地降低管理成本。善治概念与无效的或低效的管理活动格格不入。善治程度越高，管理的有效性也就越高。

一般来说，可以通过内部资源的整合和外部资源的输入两种方式来提升效率，从刑事司法的实际来看，一种方式是对系统内部机构实现功能整合，如刑事诉讼中的程序分流，对特定的刑事案件进行审前阶段的非刑罚化处理，以及正式审判程序中的简易程序、普通程序简化审判等等，还有针对不同犯罪案件的特点进行分流，如未成年人犯罪案件程序分流、毒品犯罪案件程序分流等等①，这种基于内部工作机制的整合可以较好地提高诉讼效率。

另外一种方式是引入系统外资源，扩大系统可以利用的资源范围，从而实现运作效率的提高。在刑事司法的侦查、起诉、审判执行等领域中引入广泛的公民参与机制，可以有效地弥补刑事司法资源不足产生的效率问题。公民参与刑事司法至少在两个方面可以提升刑事司法的治理能力。一方面是起到协助司法的作用，如专家参与审判可以弥补职业法官在专门知识和经验上的不足，降低诉讼成本、补强审判正当性、增强司法公信力、提升纠纷解决效果等积极意义。② 另一方面可以通过将现有刑事司法的某些系统本身并不擅长的事务剥离出来，交给更擅长完成这些工作的各种社会组织。从世界性的发展趋势看，公民参与司法已呈现出“社会司法”的趋势，例如在美国，商业性的组织已经参与到保释、刑罚执行等领域，社区司法运动也处于迅猛发展之中。近年来，我国的很多企业、社会团体也参与到司法中，如未成年人刑事案件羁押替代措施中社会团体的参与③，以及社区矫正中的公民、社会团体的参与，刑事和解中的公民、社区参与等。通过公民、社会组织、社区资源的引入，在弥补刑事司法资源不足的同时，优化刑事司法体制的内部功能结构，在案件合理分流的基础上将司法机关不擅长的工作交给社会，使刑事司法机关从繁杂的事务性工作中解放出来，集中优势资源于正式的侦查、起诉、审判程序，这将有利于提高案件的质量和效率。

从公共治理的角度来看，善治是国家权力向社会的回归，善治是一个还

---

① 张小玲：《刑事诉讼中的程序分流》，《政法论坛》2003 年第 2 期。

② 彭小龙：《民众参与审判的案件类型学分析》，《中国法学》2012 年第 3 期。

③ 宋英辉等：《涉罪未成年人审前非羁押支持体系实证研究》，《政法论坛》2014 年第 1 期。

政于民的过程。善治表示国家与社会或者政府与公民之间的良好合作，从全世界范围看，善治离不开政府，但更离不开公民，善治有赖于公民自愿的合作和对权威的自觉认同，没有公民的积极参与和合作，至多只有善政，而不会有善治。[①] 从刑事司法的角度来看，无论是强调其合法性、公开性、透明性、责任性、回应性还是法治性，都是为了获得民众的认同，就像习近平同志所说的"司法体制改革成效如何，说一千道一万，要由人民来评判，归根到底要看司法公信力是不是提高了"[②]，要使刑事司法提高公信力、实现善治，刑事司法需要实现治理思路的转型，通过合作治理的方式回应公民和社会的需求，吸纳公民和社会力量参与治理，在与公民和社会的互动中增进民众的认同感和信任度，以最终提高刑事司法的公信力。

二、刑事司法合作模式的可行性：社会治理体制创新

创新社会治理体制，其核心在于改进社会治理方式，鼓励和支持社会各方面参与社会治理，实现政府治理和社会自我调节、公民自治良性互动；激发社会组织的活力，正确处理好政府与社会的关系，加快政社分开，使社会组织在社会领域充分发挥提供公共服务、促进社会治理的功能。在政府与社会合作治理的方式下，实现多元预防、化解社会矛盾的机制，促进公共安全体系的健全。由此可见，现代社会治理体制得以确立的前提是各种各样社会治理力量的出现、社会治理主体多元化局面的形成。

(一)公民意识和公民精神的成长

具有公民意识的个人是现代社会的基本组成单位，同时也是社会多元治理的基础。公民意识一般是指公民对于其公民角色、价值的自觉反映，包括公民对自身的社会地位、社会权利、社会责任和社会基本规范的感知、情绪、信念、观点和思想以及由此而来的自觉、自律、自我体验，还包括公民对社会政治生活和人们行为的合理性、合法性进行自我价值、自我人格、自我道德的评判，对现实自身应有的权利和义务所采用手段的理解，以及由此产生的对社会群体的情感、依恋和对自然社会的审美心理的倾向。[③] 具有公民意识和

① 俞可平：《治理与善治》，社会科学文献出版社，2000，第11页。

② 习近平：《深化司法体制改革》，载《习近平谈治国理政》(第二卷)，外文出版社，2017，第131页。

③ 姜涌：《中国的"公民意识"问题思考》，《山东大学学报(哲学社会科学版)》2001年第4期。

公民精神的个人是实现社会合作治理的基础。

改革开放以来,我国经济水平得到了极大提高,人们在物质生活不断改善的同时,精神文化生活日益丰富,民众的文化水平和综合素质得到较快的发展。市场经济的利益驱动和公平竞争机制,唤醒了公民的主体意识,公民个体意识到了自己在社会政治经济生活中的主人地位,开始积极参与政治和经济生活,并在其中养成了平等、独立、自主、民主的意识。同时,市场经济是法治经济,国家依法治理的推进,加深了人们对于法律的理解和认识,公民的权利意识不断增强,越来越习惯用法律来维护自身的权利,这种以法治为导向的基本理念,有助于社会成员积极守法和理性精神的养成。市场经济的机制还有助于人们之间合作、互利、诚信、自律等精神的培养。

另外,我国政治民主化建设,扩大了公民各种形式的政治参与,他们获得了一定的政治知识,积累了政治经验和政治能力。[①] 总体上来说,目前我国公民的民主法律意识、公平正义意识、权利意识、责任意识、自主意识、社会公德意识都有了很大的增强,这为公民参与社会治理提供了现实的基础。当然,目前我国公民的总体素质参差不齐,这也是现代社会异质性的正常表现,在社会利益多元化、追求多样化、经济文化发展水平差异化的现实情况下,不可能在短时间内要求所有民众都具有现代的公民精神,但是从长远来看,公民意识和公民精神正是在参与社会公共事务治理的过程中得以养成。

(二)社会组织的发展壮大

萨拉蒙在 20 世纪 90 年代提出“结社革命”的概念,其主体为“占据介于市场与政府之间的社会空间的各种社会组织”[②],改革开放以后社会组织在市场经济发展和政府体制转型之间获得了突飞猛进的发展,这不仅是全球范围内的事实,同时也在我国改革 40 多年来社会发展过程中得到印证。

一般来说,“结社自由”是现代法治社会公民的基本权利。结社可以从三个不同层次理解:作为生活共同体的结社、政治目的的结社和作为社会公共事务解决机制的结社。[③] 作为生活共同体的结社是人们的自然行为,是由人的社会性决定的。在初民社会,结社的意义在于通过分工合作来获得生存的资源,因此形成了基于血缘、亲缘关系的家庭、家族等初级社会组织,现代社

① 靳志高:《当代中国公民意识的生成机制探析》,《求实》2005 年第 1 期。

② [美]萨拉蒙等:《全球公民社会——非营利部门国际指数》,陈一梅等译,北京大学出版社,2007,第 5 页。

③ 张林江:《社会治理十二讲》,社会科学文献出版社,2015,第 59-61 页。

会基于大规模的社会分工产生了业缘关系、经济关系等，在此基础上出现各种社会组织。这些结社的社会基础，都源于人的社会性，结社的主要目的是满足人们的日常生产、生活需要。作为政治目的的结社通常为各类政党和类政党组织以及宗教性质的结社，这类组织一般以谋取和分享政治权力为主要目标。最后，作为社会公共事务解决机制的结社，是现代社会社会组织发挥作用的主要表现形式。现代社会由于人口数量增长，社会分工扩大化，必然会产生较多的社会公共事务，主要包括：对行业、产业共同事务的管理和规范；为某些群体提供社会服务和福利；发展对公共科技、文化、教育有益的研究；保护人类共同拥有的自然环境；通过组织动员更多的资源以实现自助和共助等。公共事务外部性的特征超出了个体和小规模群体的能力和资源范围，需要通过整体化、组织化的方式来实现。在现代社会，政府通常是公共事务管理的主体，但是随着社会的发展，单一的政府力量在公共事务管理方面往往力不从心，因此公共事务的解决机制出现多元化的趋势，政府提供基本的公共服务、公共物品和宏观的社会管理调控，市场通过交易的方式提供一些社会服务。

与政府、市场两种机制相比，社会组织在处理社会公共事务方面具有一些独特的优点：首先，社会组织的参与主体因其参与的自愿性，会更主动地接受组织规则的约束，这种积极性和主动性一般会推动社会组织的运作效率。其次，社会组织种类较多，根据其不同的组织目标提供较为专业和针对性强的公共服务，这可以有效弥补政府公共服务的普遍性和单一性。最后，社会组织一般建立在具有共同兴趣、理想和自愿服务的基础上，这使得其运作成本低廉、活动形式多样，有效弥补政府在社会领域管不到和管不好的地方，也能克服以利润为目标的市场体制的缺陷。

改革开放40多年来，我国的社会组织呈现出突飞猛进的发展势头。从社会组织的数量上来看，20世纪50年代全国性的社团只有44个，60年代也不到100个，地方性社团大约6000个[①]，1988年实施了统一的登记制度以来，1992—2000年登记在册的社会组织维持在15万家，从2001年突破20万家之后一路攀升，至2008年底突破40万家，2012年底突破50万家。截至2020年底，全国共有社会组织89.4万个，比上年增长3.2%；吸纳社会各类人员就业1061.9万人，比上年增长5.2%。[②] 我国的社会组织经过30多年的发展，

① 俞可平：《治理与善治》，社会科学文献出版社，2000，第329页。

② 数据来源于民政部历年《社会服务发展统计公报》，http://www.mca.gov.cn/article/sj/tjgb/。

获得了快速成长,已经成为重要的社会力量,在经济、社会、文化等各个领域发挥着重要的作用,成为政府和市场之外实现社会公共治理、进行社会整合的重要力量。

(三)社区的形成与发展

社区发展这一概念源于美国社会学家法林顿的《社区发展:将小城镇建成更加适合生活和经营的地方》一书,基于二战后西方发达国家普遍面临的城市人口失业、贫困、社会秩序恶化、经济发展缓慢等一系列问题,一些社会学家提出用社区规划、社区发展的思路予以应对,一种运用社区民间资源、发展社区自助力量的构想应运而生。[①] 尽管社会学家对于社区有不同的定义,但是在社区的基本构成要素上认识还是普遍一致的,社区首先是一个空间概念,包含一定数量的人口、一定范围的区域、一定规模的设施、一种特定的文化和特定类型的组织,即聚居在一定地域范围内的人们所组成的社会生活共同体。社区建设的核心理念在于在社区范围内,形成相互信任、守望相助、热心奉献、休戚与共的关系,所有成员具有强烈的社会、家庭责任感,具有共同的归属感,共同的理想和承诺,在那里能分享信念,实现社会参与和社会互助,展开义务工作,利用社区资源,发展社区自助力量,共同解决社区所面临的问题,并在互动中建构社会网络,培育公民精神,构建社区中的共同意识,使社区成为社会的基本整合单位。

我国的社区建设始于1987年,民政部提出在城市开展社区服务,旨在通过社区服务网络的建立,健全社会保障体系和社会化服务体系,以满足社会边缘群体、弱势群体以及其他居民的基本生活需求。在此之前,我国社会的基本整合方式为在农村是人民公社,在城市是单位;改革开放后,人民公社制度首先在农村解体,随着市场经济的发展,单位制度的社会资源配置功能逐渐弱化,其所承载的社会功能、社区功能弱化,单位原有的职工生活职能和社会政治职能开始移向以居住区为核心的社区领域,再加上体制转轨带来的个体、私营从业人员的增多,使大量流动人口涌向城市社区,在这种情况下,1991年国家提出了“社区建设”的发展思路,其目的在于适应社会急剧变迁的需要,在政府指导下,依靠社区力量,利用社区资源、强化社区功能,通过公民自助、互助、他助,发展居住地域的服务与管理,使居民增加感情归属和认同,

① 潘泽泉:《社区:改造和重构社会的想象和剧场——对中国社区建设理论与实践的反思》,《天津社会科学》2007年第4期。

逐步实现社区自治。[1]

经过20多年的发展,中国社区建设在构建或培育中国市民社会的过程中发挥了重要的作用,通过社区建设营造一种属于社区层面的公共领域,发育社会性的自组织,并以某种制度化的方式使其参与到公共管理的过程之中,从而增强社区生活的自我实现能力。虽然中国目前的社区建设还存在公民认同和参与不足的问题,例如,社区不是自然形成的,而是在行政区划意义上建立起来的,在某种形式上可以说是行政管理的延伸,在对城市社区建设过程中的居民参与和社区认知的个案研究也表明,大部分居民认为社区是以居委会为管理机构的基层行政管辖区域。[2] 但是随着国家社会治理体制的转变,政府与社会关系的不断厘清,微观层面上民间各种自发的社区组织和社区发展实践的渐次出现,公民个体反思能力、参与能力和公民权利意识的增强,中国社区发展也会从传统意义上高度同质化的单一社区转变为功能多样的复合性社区,成为社会公共治理的重要场域。

具有公民精神和公民意识的社会个体、数量众多的社会组织的涌现以及现代社区建设取得的阶段性成果,凸显了社会作为一个有别于政府、市场的特殊领域正逐渐形成和发展。党中央提出创新社会治理体系,正是对这一现实情况的回应。创新社会治理体系要求重新定位政府职能,由"全能型政府"向"有限政府"转变,政府治理的职能主要体现在制定规划、政策和标准体系,制定与实施社会建设总体规划和专项规划,提供社会治理基础设施和公共产品服务,依法行政和依法监管,维护良好社会秩序,保障公共安全等方面。政府在社会领域实现与公民个人、社会组织、社区的合作治理,规范现代社会组织体系,改革社会组织管理制度,推进社会组织明确权责、依法自治。加强基层社会自治,发挥公民参与的基础作用,积极探索社会治理的新途径、新形式,开创人人有责、人人尽责、人人享有的社会治理共同体。

创新社会治理体系的时代背景,使我们探讨刑事司法的合作模式成为可能。具有民主法律意识、公平正义意识、权利意识、责任意识、自主意识和参与意识的现代公民是刑事司法合作治理的基础,社会组织的多样化为刑事司法合作治理带来组织和服务上的保障,社区的初步发展使刑事司法的合作治理获得了空间载体。社会治理体制的不断创新发展,为刑事司法的合作治理带来制度上的保障,同时也能促进公民、社会组织以

---

① 冯玲、李志远:《中国城市社区治理结构变迁的过程分析》,《人文杂志》2003年第1期。

② 杨敏:《作为国家治理单元的社区——对城市社区建设运动过程中居民社区参与和社区认知的个案研究》,《社会科学研究》2007年第4期。

及社区参与能力的进一步提高，使刑事司法合作治理走向常规化和制度化的发展道路。

第三节　刑事司法合作模式的基本内涵

合作治理是现代公共管理的新理念，旨在解决跨越部门公共问题的一种新的治理形式。丹尼尔·A. 马兹曼尼安在 2010 年指出，合作治理是指为了解决那些仅凭单个组织或仅靠公共部门而无法解决的公共政策难题，所采取的建立、督导、促进和监控跨部门组织合作的制度安排，其特征是两个或更多的公共机构、营利和非营利机构的共同努力、互惠互利和自愿参与。① 从更为具体和广泛的层面来看，合作治理可以视为"为了实现一个公共目的，使人们有建设性地参与跨公共部门，跨不同层级政府，和（或）跨公共、私人、公民团体的公共政策制定和管理的过程和结构"②。虽然对合作治理的表述有所不同，但是共同之处在于，将合作治理视为一种以实现特定公共目的，建立在多元主体以共识为导向的协商、沟通、互动基础上的平等决策和执行过程。合作治理理念的提出是基于现代公共管理的现实困境。无论是政府、市场还是社会，任何单一治理机制都不能包揽全部公共事务，也无法有效应对各种可能的风险，构建多主体、多向度的合作互动关系是现代社会治理的必然要求。

刑事司法虽然有别于政府通过行政方式进行公共事务管理，但其本质上是一种公共事务，是国家惩罚严重危害社会秩序的犯罪行为、保障公民权利、提供安全稳定的社会秩序的公共管理活动，刑事司法领域符合公共治理的特征，通过公共机构、私人机构以及公民个人等多元治理主体的合作治理，建立国家和社会、公共部门与私人部门之间相互依赖、协商合作的关系，共同分担刑事司法的治理责任，这将是现代社会解决刑事司法治理困境的一种有益的思路。

---

① Shui－Yan Tang, et al. "Understanding Collaborative Governance from the Structural Choice, Politics, IAD, and Transaction Cost Perspectives", *Ssrn Electronic Journal*, 2010, pp. 25-37.

② Kirk Emerson, et al. "An Integrative Framework for Collaborative Governance", *Journal of Public Administration Research and Theory Advance Access*, 2011(5), pp. 1-30.

一、刑事司法合作治理的主体及其关系

(一)刑事司法合作治理的主体

合作治理最核心的要求在于多元治理主体的共同治理,在刑事司法的合作治理中,应当充分吸纳各种治理主体。从整体上来看,可以将合作治理的主体分为国家、诉讼参与人和社会力量三类。首先,以检察院、法院和司法行政部门组成的国家机关,是刑事司法社会治理的主要、核心力量。其次,刑事诉讼中的各种诉讼参与人,其中包括犯罪嫌疑人、被告人、被害人及其辩护人、法定代理人、近亲属以及被害人及其诉讼代理人、近亲属等,他们与刑事诉讼结果具有直接的利益关系,因此是合作治理的主体。再次,刑事诉讼中的证人、鉴定人和翻译人员等诉讼参与人的活动也对刑事诉讼的顺利开展具有重要的推动作用,也应当是合作治理的主体。最后,包括一般社会公众、社会组织、社区组织构成的社会力量。与刑事诉讼活动没有直接利害关系的社会公众,通过各种方式参与到刑事司法活动中来,成为刑事司法合作治理的主体,如人民陪审员、人民监督员或者在网络、媒体发表关于刑事司法案件的意见和建议,对刑事司法的办理产生积极或消极影响的个人等等。传统的公民参与司法仅仅是指公民个体的参与,在现代社会,随着各种社会团体、群众组织的发展壮大,对社会公共事务的介入更加广泛和深入,在实践中很多社会组织已经参与到司法领域并发挥了重要的作用,成为刑事司法合作治理的主体。另外,随着我国社区建设的发展,社区成为人们生活、工作的重要空间,人们基于社区的共同利益通常会自发形成维护社区治安、预防犯罪、矫正犯罪的力量,在国外兴起的社区司法[①]、社区调解以及我国实践中的社区矫正都体现了社区在刑事司法社会治理中的重要作用。由公民、社会组织、社区形成的“社会司法”模式是世界性的发展趋势。[②]

(二)刑事司法合作治理主体间的关系

在多元化的合作治理主体中,需要对主体间的关系进行准确的定位,划

---

① 社区司法是指以社区的秩序整合和提升社区生活品质为目标,由社区直接参与的犯罪预防以及社区主导的各种司法活动的总称。参见 Todd R. Clear & David R. Karp, *The Community Justice Ideal*. (Boulder: Westview Press, 1999), p. 25.

② 陈卫东:《公民参与司法:理论、实践及改革》,《法学研究》2015 年第 2 期。

分出分工和合作的领域,对各种治理力量进行整合。尽管刑事司法需要从封闭走向开放,吸纳各种力量参与治理,但是在刑事司法社会治理的整体架构中,国家仍然是治理的主导力量。从刑事司法的发展历史来看,经历了从私力救济向国家公力救济的演变,国家成为犯罪治理的专属场域是历史发展的必然趋势,随着现代社会犯罪样态的日益复杂化,专属于国家的反犯罪职能仍需不断强化,国家所具有的特定属性和反犯罪的客观需要也是形成国家治理犯罪专治领域的重要动因。

首先,由于抗制犯罪本身在很大程度上是运用强制力量对犯罪行为予以制止和打击,在抗制犯罪的同时需要保障人权,而国家通过罪刑法定、罪刑相当、无罪推定等刑事原则以及严格的程序机制(包括证据制度、辩护制度等)来避免社会陷入私刑泛滥与人权被肆意践踏的混乱局面。

其次,在现代条件下,犯罪行为不断"进化",犯罪日趋智能化、集团化甚至国际化,与社会力量相比较而言,国家拥有犯罪控制的特殊优势,如国家拥有强大的反犯罪专业优势,现代警察制度是主要的反犯罪专业力量,同时公安机关还有治安管理、户籍管理、消防管理、道路交通安全及车籍管理等诸多职能,使得国家可以最大限度地跨警种、跨地区调动和运作这些反犯罪专业力量中的所有要素。另外国家还具有反犯罪技术方面的优势,如 DNA 技术、指纹识别系统、通过计算机建立起来的社会公众档案库等等,这些手段是任何非国家的个人、组织所无法拥有的。

最后,国家对于非官方的反犯罪的社会资源具有突出的整合能力,如一些企业、单位的录像监控系统以及移动运营商可以提供有关电话信号,对电话使用人位置的实时、动态监控等等,这些资源在犯罪侦查活动中起到了重要的作用,但是只有国家才具备对这些资源进行调动和整合的能力,也只有国家在利用这些信息资源时能保证在打击犯罪的同时保障公民的隐私权不受侵害。[①]

因此在包括立案、侦查、起诉、审判以及监狱执行环节在内的刑事诉讼的正式程序是国家刑事司法治理的主导场域,尤其是在重罪、暴力犯罪以及危害国家安全等犯罪行为的治理方面,应当确立刑事司法刚性程序的主导作用。在国家主导场域内,多元主体的合作治理主要体现在社会力量对国家主导程序的协助以及监督方面,如建立侦查阶段协助型公民参与形式,由信息提供、见证等边缘性参与到参与决策过程、分享职能、承担责任等实质性的参

① 卢建平、莫晓宇:《刑事政策体系中的民间社会与官方:一种基于治理理论的场域界分考察》,《法律科学》2006 年第 5 期。

与,由协助侦查到协助强制措施的决定和执行,从监督侦查的角度来看,我国的人民监督员制度便是对自侦案件中的违法立案、不立案、违法侦查等违法行为进行监督。

在国家主导的正式刑事程序之外,社会力量在犯罪预防、轻微犯罪的处理、对犯罪所破坏的社会关系的修复、犯罪矫正等方面有非常大的合作治理空间。尤其是在劳动教养制度废除以后,我国将会有大量的轻微违法犯罪涌向国家刑事司法系统,这将会使本身就不堪重负的刑事司法面临严峻的挑战。因此充分发挥社区、社会组织在犯罪预防、社区调解、轻微刑事案件处理、恢复性司法、犯罪矫正等方面的作用,具有现实的意义。例如基于被告人认罪而产生的以下问题:如何使犯罪人重新回归到社区正常的社会关系中?犯罪人重新犯罪的风险有多大?社区如何防范犯罪人再次违法犯罪?犯罪人对社区和犯罪人造成的损失如何承担责任?如何帮助被害人走出心理阴影和获得法律等方面的救助?社区如何修复被犯罪所破坏的社会关系?等等。社区在解决这些问题时通常强调突破实体与程序法律的界限,综合运用修复、矫正、和解、谅解、沟通、包容等超越法律规范的开放性原则来实现实体法律所无法企及的目标。① 在国家和社会力量的共治领域,应发挥国家引导、社会充分参与的合作关系。国家的引导作用主要体现在制度设计和规范引导上,"拓宽人民群众有序参与司法渠道",将合作治理纳入法治的轨道,合理划定合作治理的范围和方式,建立合作治理的保障机制,对各种社会力量的治理能力进行整合,对合作治理的效果进行评估和监督,避免无序参与违反刑事诉讼的基本原则和基本规律、扰乱刑事司法的正常秩序等负面情况的出现。

二、刑事司法合作模式的基本理念

刑事司法的合作治理要求刑事司法系统始终保持一种开放性,吸纳各种力量,在最大限度的合作的基础上实现刑事司法的良好治理。在这一过程中一种多元化的思路和理念至关重要。

(一)刑事司法价值的多元化

价值是哲学、经济学、伦理学等人文社会科学的基础概念,一般指"值得

① 李本森:《社区司法与刑事司法的双系耦合》,《法律科学》2014 年第 1 期。

追求的或者美好的事物的概念,或者值得追求的或者美好的事物本身",它反映了人们所追求的东西,包括目标、爱好、追求的最终地位,或者反映了人们心中关于美好的和正确的事物的观念,以及人们"应当"做什么而不是"想要"做什么的观念。价值具有内在性和主观性,因此,"价值"本身的意义不在于它是什么,而在于它为人们的作为或者不作为提供了某种动机。① 刑事司法所追求的价值决定了刑事司法的功能以及制度和程序的设置。从历史的发展角度来看,刑事司法的基本价值具有从一元走向多元的发展趋势。在最初阶段,人们通常将社会秩序的维护作为刑事司法首要的价值,在实践中体现为运用国家刑罚权来惩治和预防犯罪,与此相对应的是对效率价值的推崇,在刑事司法的制度设计中赋予国家以最大限度、第一时间抓获并惩罚犯罪分子以及用最快的速度定罪量刑的各种权力,而不需要有太多程序性的障碍。在随后的发展中,人们发现这种以惩罚犯罪、效率至上的价值观并不能有效地维护社会秩序,相反带来的是暴力的狂欢和秩序的混乱。这时个人的自由、权利等价值逐渐被人们所重视,由此带来的是对司法公正价值的追求。在这种价值理念下,刑事司法在制度设计上向人权保障方面倾斜,并形成了对程序本身价值的认识。

因此,刑事司法的价值既不是一元的也不是二元的,更不是封闭的,刑事司法的价值系统是随着社会的不断发展而进步,其价值内涵获得不断丰富。在刑事司法的合作治理中,应当始终保持一种开放的价值态度,将社会秩序、效率、公平、正义、自由乃至冲突、伦理、人文等价值都纳入考虑的范围,并将价值的冲突和平衡作为合作治理的切入点和突破点。

(二)刑事司法利益的多元化

传统观念认为,刑事司法作为一种国家法律制度,其维护的利益应当是以国家为代表的整体的社会利益。犯罪人作为被追诉对象,其个人利益常常会被所谓的国家利益和社会利益所取代,随着现代人权运动的发展,被追诉人在刑事诉讼中的权利保障也逐渐走进社会和国家的视野。刑事司法合作治理的基本思路是在尊重多元参与主体的利益诉求的基础上,实现联合行动,因此有必要重新审视刑事司法中的各种利益。

刑事司法中国家利益、社会利益和个人利益既有一致性也有冲突性,国家对于统治和秩序的利益、被追诉人的诉讼利益以及回归社会的利益、被害

---

① [美]普拉诺:《政治学分析辞典》,胡杰译,中国社会科学出版社,1986,第187页。

人的诉讼利益及精神和物质利益、社会公众的朴素正义、司法正义、秩序以及制约公权力、参与利益等多元的利益诉求的存在，使刑事司法利益构成具有多样性和复杂性，刑事司法的合作治理模式需要在多元利益并存的现实条件下，对其进行整合，实现利益共识，在利益共识的基础上调动合作主体参与治理的积极性，从而达成多元共治的效果。

（三）刑事司法功能的多元化

一般认为刑事司法的基本功能在于惩罚犯罪、保障人权、维护社会秩序的稳定。在社会治理的语境下，应该对这些功能进行更深层次的解读：在有具体被害人的案件中，被告人与被害人之间因犯罪行为而产生的怨恨、对抗情绪得到了化解，被害人被侵犯的权益得到补偿；犯罪行为得到了公正的判决，法律的尊严得以维护；犯罪人从内心认识到行为的危害性，真心悔过，刑事司法实现了对犯罪人的改造，并使其重新融入社会生活，不再犯罪；刑事司法较好地实现社会控制，减少犯罪率及再犯罪率；社会普通民众对刑事司法具有较高的信任度，等等。由此观之，只有对刑事司法的抽象功能进行多元的解读，才可以在实践中进行更为具体的制度设计，同时也表明仅靠刑事司法制度本身无法充分地实现这些功能要求，只有充分调动系统内外的资源，开展合作治理，才能最终实现刑事司法的治理功能。

（四）刑事司法程序的多元化

多元化的价值、利益和功能必然要求刑事司法进行多元化的程序、体系设计。单一的程序、体系无法应对复杂多变的现实问题。2012 年、2018 年两次修改《刑事诉讼法》，已经出现了这种程序多元化的思路。如 2012 年《刑事诉讼法》修改，在正式的审判程序之外增加了四个特别程序：当事人和解的公诉案件诉讼程序鼓励当事人和解，希望更好地实现刑罚对被害人的抚慰功能，有助于化解犯罪人和被害人之间的矛盾，并减少刑罚的运用，有利于犯罪人回归社会；未成年人刑事案件诉讼程序加强了对未成年人的权利保障，建立了附条件不起诉制度和前科封存制度，这些都有利于针对未成年犯罪人的特点展开教育、挽救和感化，凸显了刑事司法程序的人性化特点；犯罪嫌疑人、被告人逃匿、死亡案件违法所得没收程序有效衔接了联合国反腐败公约及有关反恐怖问题的决议，挤压了犯罪分子转移非法财产的空间，有利于对被害人权利的及时保障，实现了实体正义；依法不负刑事责任的精神病人强制医疗程序开创了对有暴力倾向的精神病人实施安保处分的先河，实现了精神病人违法后的规范化处置,避免了公共安全持续受到侵害的问题。

2018年修改《刑事诉讼法》,增加了速裁程序、认罪认罚从宽制度的相关程序,对于轻微刑事案件以及被追诉人主动认罪的案件,实现了程序的分流,有利于提高刑事司法体系的效率。缺席审判程序,可及时固定一些案件的证据,避免因时间过长导致证据灭失,有助于司法机关及时惩治犯罪,保障被告人合法权利,提高了刑事诉讼效率,实现公正与效率的统一。

这些特别程序都是在刑事司法实践中存在突出问题,而普通刑事审判程序又无法有效应对的情况下,通过多元化程序设置,进行开创性的尝试,增强了刑事司法应对复杂犯罪现象的能力,体现了刑罚目的和功能的多元化。从整体来看,这种多元化程序体系的思路,仍有较大的发展空间,如在侦查阶段确立非刑罚化处理程序,有意识地进行分流程序设计;在审查起诉阶段完善不起诉制度、暂缓起诉制度等;在审判阶段加强法院审理程序的灵活性和多样性,在案件分类的基础上对不同案件进行类型化处理以提高诉讼效率、完善简易程序和速裁程序,增强其适应性与灵活性、探讨轻罪案件书面审判的程序、完善认罪认罚案件的司法审查与确认程序等等。在刑罚体系的设置上重建轻微犯罪的处遇体系,完善非刑罚处罚措施的适用,探讨社区刑罚体系,扩大社区矫正的适用范围,发挥社区和社会力量的重要作用。刑事司法程序、体系的多元化是未来的发展趋势,是提高刑事司法对犯罪问题整体应对和治理能力的必然要求,开展广泛的合作则是多元化的程序、体系得以有效运行的客观需求。

三、刑事司法合作模式的主要方式

协商和互动、有效的参与构成正式刑事司法程序中合作治理的基本方式。

(一)刑事司法合作模式中的协商和互动

合作治理中的协商和互动,或称为坦诚合理性的沟通,被广泛认为是合作治理的重要组成部分。“协商不是简单的利益叠加,它需要周全地思量、倾听他人的观点。”[①]理想的协商过程是合作治理体系中的参与者都有平等的机会把他们的建议和知识或信息输入集体决策过程中,换言之,所有参与者的政策建议都会平等地被其他参与者所考虑,并且参与者的信息在商议过程中

① Nancy Roberts, “Public Deliberation in the Age of Direct Citizen Participation”, *American Review of Public Administration*, 2004(34), p. 315.

都会被其他参与者参考。[①] 同时,协商是一种治理能力学习与提升的过程。研究者认为,参与者通过协商的过程全面了解他们所共同面临的社会问题,增长他们解决问题所需要的知识和技术,并形成成功或失败的社会记忆。[②]

在国家和社会治理过程中,采用协商互动的方式能够较好地对政治组织之间、政府与公民之间、公民与公民之间的关系进行调适,达成国是商定、政策决定、事务解决、矛盾化解、权利保障和利益实现。协商和互动的目标在于通过多种意见表达,实现公共利益与不同利益的协调,从而达成对公共事务治理的共识:协商首先是多种意见和看法的表达过程,在这一过程中不同的利益偏好、意见和认识都获得尊重和吸纳,在利益冲突时,在协商沟通之下,形成"国家利益和私人利益的交融互惠,私人利益在公共利益的导向下增进国家和社会的利益,国家和社会的公共利益为个人利益的最终实现提供公共保障,以利益的共生共彰推动整个社会的物质繁荣"[③],在利益协调的基础上,达成公共事务管理、决策的共识。协商的过程体现了相对弹性的道德规范在国家和社会治理中的突出作用。在社会运行和治理规则中,存在具有刚性的法律规则、次级刚性而具有权威性的政治制度规则、相对弹性的道德规范规则[④],协商互动使这些规则实现了较好的统一,通过协商与对话,基于"说服"产生共识或者合意,使得刚性的法律和制度具有更广泛的民意基础和正当性,协商互动的公开透明性和信息对称性使得整个公共决策、公共治理过程获得最大限度的合法性。

在刑事司法合作治理的过程中,协商互动体现在国家权力机关与公民之间围绕刑事司法的立法、政策制定、运行机制、利益冲突等现实问题进行广泛的协商与互动,国家通过搭建协商平台,不再关门立法和单向度地实施规则,而是确保多元利益主体享有更多的知情权、参与权、表达权和监督权,并在此基础上形成关于刑事司法的利益共识,促进刑事司法决策的科学化和民主化,强化和优化刑事司法政策的公正合理性和运行的优良绩效。刑事司法过程中的协商可以具有多种形式,如公开听证、决策咨询、群众讨论、媒体评论、网络互动等等,在一些具有重大影响的刑事案件中,还可以引入第三方的公

---

① 蔡岚:《合作治理:现状和前景》,《武汉大学学报(哲学社会科学版)》2013年第5期。

② R. Bouwen, et al. "Multi-party Collaboration as Social Learning for Interdependence: Developing Relational Knowing for Sustainable Natural Mannagement", *Journal of Community & Applied Psychology*, 2013, 14(3).

③ 虞崇胜等:《政治协商:协商民主在中国的理论创新与实践探索》,《中国人民政协理论研究会会刊》2007年第2期。

④ 王浦劬:《中国的协商治理与人权实现》,《北京大学学报(哲学社会科学版)》2012年第6期。

民调查团[①],促进民间与官方的协商沟通,推动重大公共事件的解决,提升刑事司法的公信力。2012 年《刑事诉讼法》修改前一年,2011 年 8 月 31 日,十一届全国人大常委会第二十二次会议初次审议了《中华人民共和国刑事诉讼法修正案(草案)》,并将草案及草案说明在中国人大网公布,向社会公开征集意见,截至 2011 年 9 月 30 日,《刑事诉讼法》修正案草案征集到 78000 条建议。[②]《刑事诉讼法》修改,公开向社会征集意见,体现了立法阶段国家与社会的协商互动,"良法的程序保证来源于立法程序的民主性和专业性的有机协调","刑事立法程序的民主性要求刑事立法摒弃神秘主义,让国民参与刑事立法过程"[③],在《刑事诉讼法》修改征集意见的过程中,社会公众对于刑事诉讼程序及其规律有了进一步的认识,并且对刑事诉讼中的重大问题有了充分表达的自由,在这种协商互动的过程中,新修订的《刑事诉讼法》不仅可以吸纳合理的建议,提升自身的立法水平,同时也可获得社会各界较高的认可度,为其顺利地推行和实施奠定良好的公众基础。

(二)刑事司法合作模式中的有效参与

有效参与是合作治理的基础,通过参与人和那些有着不同目标、不同关系、不同身份的人在他们各自的机构或部门内一同合作来解决难题、化解冲突和创造价值。[④] 有效的参与能促进有效的产出,例如能增进对关键问题的理解,更有效地管理冲突和分歧,能增进参与方之间的相互信任和尊敬,增进社会和集体决策的能力,获得更多有效的信息,增强合作在内外环境中的合法性。[⑤] 刑事司法合作治理能力的提升有赖于各种治理主体的有效参与,强调的不仅仅是形式上的参与,更是切实发挥合作治理的制度功效,取得实质性的成果,这构成了合作治理现实合理性的基础。实现有效的参与需具备以下条件。

首先,要调动参与主体的积极性。在现实生活中,人们常常热衷于对刑

---

① 如在云南李乔明"躲猫猫"致死案件和浙江乐清上访村长意外死亡案件中,都出现了网友、公民自发组成的公民调查团。在官方、民间信息沟通不畅,出现公信力危机的情况下,独立的第三方公民调查团在一定程度上能够起到缓冲民怨、调停政府强制手段的作用,促进体制内外的良性互动与沟通。

② 姚冬琴:《刑诉法大修内幕:四位亲历者讲述修法 10 年博弈》,http://legal.people.com.cn/GB/187879/17494589.html,最后访问时间 2016 年 3 月 15 日。

③ 梁根林:《刑事政策:立场与范畴》,法律出版社,2005,第 269 页。

④ Roxane Salyer Lulofs, et al. *Conflict: From Theory to Action* (Boston: Allyn and Bacon, 2000), p. 76.

⑤ 蔡岚:《合作治理:现状和前景》,《武汉大学学报(哲学社会科学版)》2013 年第 5 期。

事案件的讨论，在英国的一项调查中发现，2/3 的人会经常或相当经常地谈论犯罪问题，谈论量刑问题的比例几乎与此相当；在社会问题谈论度的排序中，经济和健康问题在部分公众那里远不如刑事司法问题，70%的人说他们在前几周里与家人或朋友谈论过犯罪问题。① 国家应当通过恰当的方式引导公众对于刑事问题的关注，将其转化为积极参与刑事司法的行为。

其次，要求参与主体具备基本的参与能力。影响参与主体的参与能力的主要因素在于参与主体对于刑事司法知识的认知程度。一般来说，除非与法律工作直接相关的人群，公众对刑事司法知识和信息的获取主要通过媒体和周围亲戚朋友的经验，由于商业媒体机构的新闻价值观特性，媒体对于刑事司法的报道往往不顾真实性、过度追求戏剧性和耸人听闻的效果，而个人经验又难免带有偏见，信息的不对称性常常误导人们对于刑事司法的态度和认知。因此，有计划地开展多种渠道的公共法律教育是提升公众刑事司法参与能力的有效策略，当然这种法律教育并不一定是刻板的宣讲或者是灌输，可以借助社会关注度高的刑事案件，官方通过各种信息平台与公众展开充分的讨论与互动，向公众介绍刑事司法的基本理念和规律，这便是一种最好的普法教育方式。如 2016 年“互联网开年第一案”快播庭审直播，成为社会关注的焦点，引发社会巨大反响，网上热评汹涌如潮，连续两天庭审，总时长达 20 余小时的直播引来大量围观，直播期间累计有 100 余万人观看视频，最高时有 4 万人同时在线，快播案的庭审直播已经成为一堂生动的法治公开课，让无数网民见证了法庭辩论的魅力和看得见的程序正义。广大网民、司法人员都将从这起案件中获得尊重辩护权利、妥善处理舆论监督与依法独立行使审判权的关系等有益的启示。在网民的讨论中不乏一些理性的思考，点燃了大众对法律常识的学习热情，甚至是对法律条文、法治理念的讨论和思考，有评论称“快播案庭审直播后的刷屏和热评是普法胜利”②“一次快播案的庭审直播，胜过 1 万次的普法教育”等等。这次视频直播虽然只是审判流程优化的一小步，却让社会公众看到了刑事司法系统的自信心，主动将司法行为置于阳光之下，相信当这种互动形态制度化、常规化以后，在不断的冲突、讨论、磨合中，必将弥合民间知识与刑事司法规律之间的认知差距，促进公众的刑事司法参与能力的提高，刑事司法本身也获得公信力的提升。

最后，国家要负有保障有效参与的义务。参与保障是有效参与的外在环

① [英]朱利安·罗伯茨等：《解读社会公众对刑事司法的态度》，李明琪等译，中国人民公安大学出版社，2009，第 192 页。

② 沈阳：《快播庭审直播后的刷屏和热评是普法胜利》，http://news.youth.cn/gn/201601/t20160110_7509690.htm。

境,是社会参与顺利进行的前提,合作治理的有效参与有赖于制度、程序、组织、资金、人才和技术等各方面的保障,共同构成了有效参与的保障体系,将各种要素资源有机结合起来,才能促进参与的有效性。从刑事司法的实践来看,国家权力机关是整个刑事司法活动的主导者,各项诉讼活动的顺利进行离不开公权力机关的参与、支持和配合,为了确保参与的有效性,公权力机关负有一定的保障义务,这种保障义务主要包括两方面内容:一是消极的不干预义务,指公权力机关不能以各种手段干预、破坏公民参与司法,例如现行人民陪审员制度之下,司法机关限制人民陪审员发表意见或参与决策的现象;二是积极的协助义务,要求公权力机关采取积极措施为公民的参与提供各方面的便利条件。[①]

四、刑事司法合作模式的前提:刑事司法信息公开

公开性和透明性是刑事司法善治的核心因素,要求实现刑事司法过程充分公开和透明。而刑事司法信息公开,是实现公开性和透明性的必然要求。从合作的角度而言,在刑事司法信息的分享、流动的基础上,促成交流与共识的形成,才能最终形成有效的利益表达和协商合作。因此刑事司法信息公开不仅是刑事司法善治的基本要求,同时也是展开合作的前置环节。刑事司法的合作治理是多元主体共同参与刑事司法的治理过程,治理主体首先要了解有关刑事司法的各种信息,以选择合适的行动策略。一般而言,刑事司法信息集中于刑事司法公权部门,这些部门有义务规范地向各个参与主体公开相关信息;如果信息不公开,参与主体就无法了解刑事司法的过程,也不可能进行真正的合作治理。刑事司法信息的公开至少在以下三个维度上推动刑事司法的合作治理进程。

(一)信息公开确保合作治理主体的知情权

知情权的本质就在于公众能够自由地寻求、接收与传递信息,是现代社会每个公民都应当享有的权利,从目前世界各国民主法治发展的趋势来分析,知情权作为一项权利,是公民对政府的一项在道德和法律上的合理要求[②],并且已经为《世界人权宣言》第十九条、《公民权利与政治权利公约》第十九条所确认。知情权在司法程序的运作中扮演了一个非常重要的角色,

① 陈卫东:《公民参与司法:理论、实践及改革》,《法学研究》2015年第2期。

② 夏勇:《知情:权利与义务的解读》,《工人日报》2001年3月23日。

因为公众知情权不仅可以增强“真相发现的过程的质量和保护其完整性，使得被告人和作为整体的社会受益”，而且“形成了一个公正的外观，从而提升公众对司法程序的尊重”。[①] 从权利保障的角度来看，司法信息公开是对知情权的重要保障，从世界范围来看，美国、欧盟、英国、日本、瑞典等各国和地区的司法实践都是以知情权的宪法权利为基础，通过信息自由法，建立了相应的司法信息公开制度，并以此作为实现司法公开（透明）的主要制度保障。[②]

（二）合作主体在信息公开中实现表达权

刑事司法部门信息公开的职责不仅是简单的告知，还需要对信息的形成原因进行合理的解释。在资讯高度发达的现代社会，社会公众可以非常便捷地获取各方面的信息，进行比较和分析，因此社会公众绝不是信息的被动接受者，并不是刑事司法部门官方发布什么信息公民就接受什么信息，相反，公众会对官方信息持有一种“审视”的目光。因此刑事司法信息不仅要公开，更需要附有必要的说明、说理，并且给予社会公众讨论的空间，搭建一个官方与民间交流的平台，使各种治理主体都能充分地表达意见，并及时得到回应，从而建立良性的合作关系。

（三）信息公开的最核心作用在于实现监督权

刑事程序公开是国家权力运作公开的重要方面，其公开性与透明性越高，就意味着刑事程序的民主化程度越高。程序公开为民众监督司法提供了可能性和有效性，使得司法机关和司法工作人员无法从事“暗箱操作”[③]，人民群众可以依靠公开的基本素材评判和监督司法，有助于公众增强对司法的信任度，提升司法公信力。同时信息公开带来的监督力量，可以形成一种倒逼机制，“倒逼非法干扰司法审判的因素退出历史舞台，倒逼法官的职业道德和业务素质得到提升，倒逼社会形成一种让事实和法律成为评判案件公正与否的良好氛围”[④]。刑事司法中的信息公开，从监督的维度促进了合作治理的达成，实现了“让人民监督权力，让权力在阳光下运行”的内在要求。

---

① Wayne R. LaFave, Jerold H. Israel, Nancy J. King, Criminal Procedure (Fourth Edition) (New York: West Group, 2004), p. 1082. 转引自胡铭：《刑事司法民主论》，中国人民公安大学出版社，2007，第212页。

② 刘爱良：《我国司法信息公开制度的重构、检讨与展望》，《时代法学》2012年第1期。

③ 胡铭：《刑事司法民主论》，中国人民公安大学出版社，2007，第210页。

④ 张新宝等：《司法公开三题》，《交大法学》2013年第4期。

下　篇

第六章　基于被追诉人处分权的协商式合作

第一节　刑事诉讼中协商式合作的价值

一、合作的基础:被追诉人的处分权

对抗是刑事诉讼的基本特征,如弗兰克法官所言:在最低限度的意义上,所有西方世界的司法制度都是对抗制的,因为在这些国家,当事人都是对立的,都是与国家进行对抗,都有机会获得一个中立且独立的法官听取其意见,都能获得站在其立场上的法律代理人的代理。① 合作则意味着放弃对抗和冲突,在互相妥协的基础上,通过协商达成共识,共同推动某一目标的实现。在某种程度上说合作与对抗是一对相互矛盾的概念,并且各自有其存在的前提和空间。

(一)刑事司法中的对抗与被追诉人诉讼权利

1.国家追诉制度确立了刑事诉讼的控辩对抗

从刑事司法的历史发展过程来看,刑事诉讼中对抗产生于国家追诉制度

① Gordon Van Kesse,"Adversary Excesses in The American Criminal Trial",Notre Dame L.,*Rev*,1991,p.413.

的确立。在犯罪概念从民事侵权行为中分离出来以后，由国家专门机构统一行使对犯罪的追诉权和惩罚权。在国家追诉主义原则下，国家致力于对犯罪行为的侦查，获取相关的证据材料，对犯罪人进行定罪和实施刑罚，而被追诉人则希望避免被定罪从而免于刑罚制裁。因此在刑事诉讼中，对抗存在于国家追诉机关与那些不认罪的被追诉人之间，他们之间具有根本对立的利益追求。

对抗的前提是赋予被追诉人相应的诉讼权利。与民事诉讼中被告和原告势均力敌的对抗不同，刑事诉讼中的被追诉人与国家公诉机关存在力量上的天然不平等性，如侦查机关为了查明案件真相，可以通过各种强制手段来搜集证据，甚至是限制嫌疑人的人身自由，而被追诉人仅仅是凭一己之力来对抗国家的追诉行为。为了防止国家公权力在刑事诉讼中的滥用，平衡对抗双方的力量，现代刑事司法通过正当程序的设计赋予被追诉人各种权利来对抗国家的追诉行为，如辩护权、沉默权、质证权等等。刑事司法之所以没有变成国家对被告人的"弱肉强食"式的不均衡战争，就是得益于赋予刑事被追诉人越来越强大的防御力量，同时国家刑事追诉权受到越来越严格的程序限制，在此基础上形成的控辩双方势均力敌的对抗式诉讼形态。[①]

2. 控辩对抗是现代刑事诉讼的基本要求

在刑事诉讼程序中，增强控辩双方的对抗性是现代刑事诉讼发展的规律和趋势，对抗性司法在限制国家公权力滥用、保障公民合法权利方面具有不可替代的价值。我国 1996 年《刑事诉讼法》修改的重大进步之一就是使刑事诉讼朝着对抗制的方向转变，不仅赋予了被追诉人相当的诉讼权利，还改革了法庭审判方式，希望通过增强庭审的对抗性，实现法庭审判查明案件真相的作用。2012 年《刑事诉讼法》修改又进一步扩大了被追诉人的诉讼权利，同时确立的保障证人及鉴定人出庭作证、非法证据排除等制度，使对抗制在刑事司法中有了进一步发展的空间，党的十八届四中全会确定的"推进以审判为中心的诉讼制度改革"，最终使得以法庭对抗为中心的刑事司法制度得到完善，并伴随着诉讼制度的改革发挥更大作用。

(二)刑事司法中的合作与被追诉人诉讼权利放弃

对抗制的过程是控方追求对被追诉人定罪的刑事诉讼效果，并将说服法

---

① 陈瑞华：《司法过程中的对抗与合作：一种新的刑事诉讼模式理论》，《法学研究》2007 年第 3 期。

院定罪判刑作为诉讼目标，被告人及其辩护人则将无罪或轻罪作为辩护的方向。但在司法实践中，刑事诉讼到了审判阶段，被告人不认罪的案件一般占10%～15%，其他85%～90%的案件一般是被告人认罪的案件。[①] 在大量的被告人认罪的案件中，控诉方和被追诉人在罪与非罪的问题上，不存在争议，对抗性明显下降，这为双方的合作带来了空间。

另外，现代复杂而精细的刑事诉讼程序，就是通过给国家公诉权设置一个程序上的限制，防止公权力的滥用，以保障无辜的人不被错误地定罪。这一套刑事诉讼程序也是建立在被追诉人不认罪、控辩双方对立的基础上，但是在被追诉人自愿认罪的基础上，这套程序失去了对抗的基础，就会显得有些烦琐。

因此，在刑事诉讼中，如果能够确保被告人认罪是自愿的，则可以简化相应的诉讼程序，从而节约刑事司法资源，提高效率。在这种理念下，世界上很多国家的刑事诉讼制度中引入了非对抗式或合作机制。在我国刑事诉讼制度中，突出表现为简易程序、速裁程序、认罪认罚从宽程序以及公诉案件当事人和解程序，这些程序共同的前提都是被追诉人自愿认罪，意味着其对法律赋予的相应诉讼权利的放弃，如不强迫自证其罪的权利、无罪推定的权利、无罪辩护的权利等等。此处讨论的基于被追诉人处分权的合作治理，是指被追诉人放弃部分诉讼权利，在自愿认罪基础上与国家、被害人之间形成的合作治理方式。这种合作是建立在刑事诉讼对抗与合作并存的基础上，建立在尊重被追诉人主体地位的基础之上，是现代刑事诉讼理念的进步。

二、合作的意义：提升刑事司法治理效能

在被追诉人自愿认罪的基础上，被追诉人与国家、被害人之间就刑事诉讼案件的处理进行合作。这种合作的价值在于合作的各方都能通过协商沟通获得利益最大化，实现社会治理目标，提升刑事司法的治理能力。

(一)合作对于创新社会治理的意义

1. 尊重当事人诉讼处分权，是社会治理方式转变的重要方面

创新社会治理体系的方式在于向公民和社会放权，改变由国家强制力自

① 顾永忠：《关于以审判为中心诉讼制度改革的建议》，《法制日报》2016年1月20日。

上而下对于社会和公民的控制，激发公民和社会参与治理的热情和能力。在以往的刑事司法运行过程中，国家公诉主义理念一直占据主要地位，绝大部分犯罪行为都被纳入国家公诉体系。这一方面使国家刑事诉讼程序承载了繁重的任务，另一方面忽视了来自当事人自主化解纠纷矛盾的意愿。在被追诉人自愿认罪的情况下，鼓励国家与被追诉人之间的合作以及被追诉人与被害人之间的合作，使公民能够根据自身的利益做出选择，充分体现了对诉讼主体选择权的尊重。国家在这一过程中扮演的是程序和规则提供者的角色，在此意义上的合作是社会治理方式转变在刑事司法领域的重要体现。

2. 合作有利于创新有效预防和化解社会矛盾的体制

在有具体被害人的刑事案件中，很大一部分刑事案件是一般社会矛盾纠纷的激化和升级。创新有效预防和化解社会矛盾的体制在于建立畅通有序的诉求表达渠道，通过心理干预、矛盾调处、权利保障机制，将矛盾妥善化解，使权益得到切实保障。被追诉人与国家、被害人通过协商、沟通来解决刑事纠纷，是有别于正式的侦查、起诉和审判诉讼程序的矛盾纠纷化解的思路。正式的刑事诉讼程序通常注重于定罪、量刑和刑罚执行，往往忽视了对被追诉人犯罪原因、犯罪心理的探究以及犯罪行为的矫正，同时对被害人权益的保障也存在不足，被害人由于得不到精神和物质上的补偿、赔偿，也容易引发负面情绪，不利于社会的稳定和谐。在被追诉人自愿认罪的情况下，被追诉人得到国家刑事司法制度较为轻缓的对待，有助于缓解仇恨心态，早日回归正常的社会生活。在与被害人的沟通过程中，双方之间的矛盾纠纷甚至仇恨敌对的情绪能够得到真正意义上的化解。同时双方和解的达成，使被追诉人与被害人之间因犯罪而破坏的社会关系得以修复，社会公众对于秩序、安全的利益期待得以实现。

(二)合作对于刑事司法治理能力提升的意义

基于被追诉人处分权的刑事司法合作，对于国家刑事司法治理能力的重要意义在于刑事司法效率和效用的提升。以程序正义为理念设计的正式的刑事诉讼程序，为了实现诉讼过程的对抗性，会给被追诉人提供充分的程序性保障；为了防止国家公权力的滥用，会给追诉机关设置必要的程序性限制，在这种情况下，国家为了完成追诉过程，需要投入巨大的人力、物力和时间等司法资源。在一些复杂疑难案件中，正式的、普通的、完整的诉讼程序，对于发现案件事实真相、确保正确审判具有不可替代的程序意义，但是在一些事实清楚、证据确实充分的案件中，这些精致而复杂的诉讼程序就失去了存在的依据，甚至成为一种繁文缛节，浪费司法资源、降低司法效率。因此很多国家都会建立一些简易程序来快速解决一些案件，如美国通过辩诉交易的程序解决了90%的刑事案件，否则那种建立在极高诉讼成本投入基础上的对抗式诉讼将处于不堪重负甚至濒于崩溃的境地。①

无论什么案件、什么情况都无一例外地适用相同的法律程序，实现了形式上的平等，但从长远来看无法有效整合现代社会复杂、多样的矛盾、纠纷，探索刑事司法程序的多元化，树立“不同案件适用不同的程序”的司法理念，赋予当事人更多的程序选择权，让诉讼程序能够达到“让所有利益主体都满意的结果”②，是现代刑事司法制度发展的必然趋势。多元化的程序，一方面有助于减轻国家司法系统的负担和压力，另一方面可以使正式的审判程序集中优势诉讼资源着力解决疑难、复杂、社会影响较大的案件，确保案件获得公正的判决，这对于提升刑事司法的运行效果，彰显司法公正、维护司法公信力，具有重要的意义。

（三）合作对于当事人的意义

基于被追诉人的认罪，被追诉人与被害人之间的合作，在犯罪治理上有助于实现法律效果和社会效果的统一。承认犯罪人与被害人的和解，首先是认可双方在刑事诉讼中的主体地位，尊重他们依照自己的意愿主动参与矛盾纠纷的化解的权利，而这种合作是建立在双方互惠互利的基础上，实现了双方利益的最大化。被追诉人与被害人达成和解协议，消除了紧张、仇恨的对抗情绪，被追诉人的真诚悔罪意味着其对自己行为的深刻和清醒的反思，被追诉人与被害人和解的过程，是人际互动的过程，通过妥善的引导，这种沟通可以产生对被追诉人犯罪心理矫治的作用，有利于其犯罪改造和回归社会。双方和解的达成，被害人的原谅可以使被追诉人获得从宽处理、从宽处罚甚至是不被起诉的法律后果，这种处理后果可以减轻刑罚处罚的严厉性，给予被追诉人改过自新的机会。对于被害人而言，被追诉人的真诚悔罪使其精神情绪获得安抚，和解过程的参与使其主体性得以体现，被追诉人主动赔偿被害人损失，实现被害人的权益保障，有助于其走出犯罪带来的困境。

---

① ［美］弗洛伊德·菲尼等：《一个案例两种制度——美德刑事司法比较》，郭志媛译，中国法制出版社，2006，第329页。

② 马明亮：《协商性司法——一种新程序主义理念》，法律出版社，2007，第326页。

第二节 国家与被追诉人之间的合作

国家与被追诉人之间的合作基础是被告人自愿认罪,合作动力对于国家而言在于被追诉人的主动认罪,减少了国家在侦查犯罪、证明犯罪成立上的阻力,节约了司法资源,提高了效率。对于被追诉人而言,获得了程序上的从快处理和实体上的从轻处理。这种通过控辩协商的合作方式在我国的刑事诉讼中,主要落实在简易程序、速裁程序以及认罪认罚从宽程序上。

一、简易程序及其完善

"简易程序"最早出现在我国刑事诉讼中,始于 1996 年《刑事诉讼法》的修改,修正后的《刑事诉讼法》第一百七十四条规定:"人民法院对于下列案件,可以适用简易程序,由审判员一人独任审判:(一)对依法可能判处三年以下有期徒刑、拘役、管制、单处罚金的公诉案件,事实清楚、证据充分,人民检察院建议或者同意适用简易程序的;(二)告诉才处理的案件;(三)被害人起诉的有证据证明的轻微刑事案件。"这一时期的简易程序主要是为了解决刑事案件数量不断攀升而刑事司法资源投入有限的矛盾。简易程序的设置在一定程度上剥夺了被追诉人的诉讼权利,比如说"获得充分的审判"[①]及其衍生的一系列诉讼权利。虽然这一时期简易程序的规定并没有剥夺被告人获得审判的权利,但是为了提高诉讼效率,对于被追诉人的诉讼权利产生了一些限制,如适用简易程序审理的公诉案件,人民检察院可以不派员出席法庭,并且不受普通程序中关于讯问被告人、询问证人、鉴定人、出示证据、法庭辩论程序规定的限制,被告人由此丧失了一定的质证权。另外,有关是否启用简易程序,也是由"人民检察院建议或者同意适用"或者法院决定适用,而被追诉人并无表达意见的权利。由此可见这一时期的简易程序是由国家一方为了提高诉讼效率而制定的规则,合作的因素较少,被追诉人既无法就是否适用与国家进行协商,也无法从简易程序的适用中获得好处和利益。

在 2003 年,最高人民法院、最高人民检察院和司法部联合发布了《关于适用简易程序审理公诉案件的若干意见》和《关于适用普通程序审理"被告人认

① "获得充分的审判"是联合国《公民权利和政治权利国际公约》以及《欧洲人权公约》等国际公约所承认的基本人权。

罪案件”的若干意见》，其中后者也被称为“普通程序简化审”，是基于诉讼效率的角度考虑对普通诉讼程序的改造，这两个《意见》中增加了“被告人、辩护人对所指控的基本犯罪事实没有异议”[①]作为开启简易程序的实体要件，并同时规定在人民检察院建议使用简易程序时，“人民法院在征得被告人、辩护人同意后决定适用简易程序”[②]，在人民法院主动启动简易程序时，规定“人民法院经审查认为可以适用简易程序审理的，应当征求人民检察院与被告人、辩护人的意见”[③]，在上述两种情况下法院均需制作《适用简易程序建议书》，送达检察院和被告人及辩护人，这可以看作是开启简易程序的程序要件。与此相同的是，“普通程序简化审”中，也做出了类似的规定。至此，在通过程序简化以提升诉讼效率的合作方式中，被追诉人及辩护人的意见受到重视，并成为开启简化审理程序的实体要件和程序要件，简化的审理程序逐渐带有合作的色彩，也即国家和被追诉人双方协商合作下的产物。

2012 年《刑事诉讼法》的修改，吸纳了两个《意见》的相关内容，对简易程序进行了较大的修改，扩大了简易程序的适用范围，基本上将“普通程序简化审”的案件范围包括在内。新修改的《刑事诉讼法》规定：“基层人民法院管辖的案件，符合下列条件的，可以适用简易程序审判：(一)案件事实清楚、证据充分的；(二)被告人承认自己所犯罪行，对指控的犯罪事实没有异议的；(三)被告人对适用简易程序没有异议的。”同时规定“适用简易程序审理公诉案件，人民检察院应当派员出席法庭”，这在一定程度上确保了被告人享有质证权。自此从法律上赋予了被告人在简易程序适用上的否决权和质证权，确立了被追诉人在简易程序中合作的主体地位。

二、刑事速裁程序及其完善

2014 年 6 月，第十二届全国人大常务委员会第九次会议表决通过了《关于授权最高人民法院、最高人民检察院在部分地区开展刑事速裁程序试点工作的决定》，2018 年《刑事诉讼法》修改，将速裁程序改革的成果以立法形式加以确认。刑事速裁程序是在简易程序的基础上对诉讼程序的进一步简化和改造。对于基层人民法院管辖的可能判处三年有期徒刑以下刑罚的案件，案件事实清楚，证据确实、充分，被告人认罪认罚并同意适用速裁程序的，可以

① 参见《关于适用简易程序审理公诉案件的若干意见》第一条第二款。

② 参见《关于适用简易程序审理公诉案件的若干意见》第三条。

③ 参见《关于适用简易程序审理公诉案件的若干意见》第四条。

适用速裁程序，由审判员一人独任审判。速裁程序极大地缩短了办案期限，简化了办案程序。

在办案期限上，检察院审查起诉的期限为一个月，重大、复杂案件可以延长十五日，而符合速裁程序的案件，应当在十五日内审查起诉完毕，对于可能判处有期徒刑超过一年的，可以延长至十五日。同样在审判期限上，法院受理后要在十日内审结，对可能判处有期徒刑超过一年的，可以延长至十五日。第一审普通程序的审理期限通常是两个月，至迟不超过三个月；第一审简易程序的审理期限是二十日，对可能判处有期徒刑超过三年的，可以延长至一个半月。速裁程序与简易程序和普通程序相比大大缩短了办案期限。期限的缩短意味着程序的简化，适用速裁程序审理案件，不受送达期限的限制，甚至省略了开庭审理的核心环节法庭调查和法庭辩论，但在判决宣告前应当听取辩护人的意见和被告人的最后陈述意见，适用速裁程序审理案件，应当当庭宣判。

尽管在适用条件、办案程序、办案期限上有一定的区别，刑事速裁程序比简易程序更加灵活、快速地处理案件，但是从本质上来看，简易程序和刑事案件速裁程序的共同思路都在于从简化诉讼程序的角度来优化配置司法资源，虽然在一定程度上能够实现案件的繁简分流、提高诉讼效率，但是仍然是在原有诉讼框架内，从国家的角度出发来改造刑事诉讼程序，制度设计中缺少对被追诉一方利益的考量，被追诉一方只有被动地接受义务，没有积极配合的动力。在我国的刑事司法实践中，以更加开放的视角来看，国家和被追诉人的合作可以在更多形式、范围内展开。

三、认罪认罚从宽制度的确立

（一）国家与被追诉人的合作具有广泛的空间

从程序的角度来说，合作可以使刑事程序提前终结，在侦查阶段的撤销案件、在审查起诉阶段对于情节显著轻微的被追诉人做出不起诉的处理，减少进入审判程序中的案件数量，并且减少正式审判程序不确定性给被追诉人带来的不利影响，有利于被追诉人回归社会。从实体的角度来看，被追诉人通过与国家的合作，提供犯罪线索和情报，获得减轻或者免除刑事追究的利益；或者类似于“辩诉交易”的方式，使被追诉人通过与检察官的协商和妥协，换来较轻的罪名和刑罚，而控方获得可受控制的起诉结果。当然这种理论上的控辩双方“利益共赢”的局面，对于双方无疑具有很大的吸引力，对于提升刑事司法效率和效用具有不言而喻的价值。从世界范围内来看，以美国辩诉交易为典型代表，包括英格兰的认罪答辩和辩诉交易制度、德国的供述协商制度、法国的庭前认罪程序、意大利的协商性程序[①]都将国家和被追诉人基于自愿认罪的实体性的协商合作纳入了刑事司法体系之内。

在我国的刑事司法实践中，也有类似“辩诉交易”的尝试，如 2001 年被称为“中国辩诉交易第一案”的“孟广虎案件”，在国内掀起了对“辩诉交易”制度的大讨论，理论界也展开了关于辩诉交易是否适用我国的大讨论。但是由于当时在此问题上的巨大意见分歧，“孟广虎案”之后，“辩诉交易”在实践中迅速销声匿迹。[②] 随着理论界关于辩诉交易研究的深入，以及刑事和解的发展，在我国已经建立了一定的理念和实践基础，基于被追诉人认罪答辩的合作机制，已经拥有了更大的可能性。

（二）认罪认罚从宽制度的确立

党的十八届四中全会提出了“完善刑事诉讼中认罪认罚从宽制度”，2016 年初召开的中央政法会议，根据十八届四中全会的精神，提出 2016 年要在借鉴辩诉交易等制度合理元素的基础上，抓紧研究提出认罪认罚从宽制度试点方案，经全国人大常委会授权后，选择有条件的地方展开试点。会议再一次肯定了认罪认罚从宽制度在我国现阶段刑事司法改革中的重要意义：充分体现了现代司法宽容精神，是我国宽严相济刑事政策的制度化，也是对刑事诉讼程序的创新；并对认罪认罚从宽制度的内涵进行了解读——实行认罪认罚从宽制度，既包括实体上从宽处理，也包括程序上的从简处理。总体上而言，探索认罪认罚从宽制度的完善，有利于促使犯罪嫌疑人、被告人如实供述犯罪事实，配合司法机关依法处理好案件；有利于节约司法成本，提高司法效率；有利于减少社会对抗，修复社会关系。

中央的支持和重视，使我国刑事诉讼领域探索基于被告人处分权的合作获得了更大的发展空间。如北京市朝阳区人民检察院推出了刑事速裁程序中的“认罪协商”机制：在办理符合刑事速裁程序案件中，如果犯罪嫌疑人与检察官达成协议，并签署认罪协商承诺书，检察官提起公诉时，不仅将建议法院适用刑事速裁程序，还将提出比同类犯罪行为正常量刑减轻 10%～20%幅度的建议。经过两年多的试点，基于被追诉人处分权的刑事司法合作在我国获得了实践上的发展空间。

---

① 马明亮：《协商性司法——一种新程序主义理念》，法律出版社，2007，第 27-50 页。

② 魏晓娜：《背叛程序正义：协商性刑事司法研究》，法律出版社，2014，第 167 页。

2018年认罪认罚从宽程序被正式写入《刑事诉讼法》。作为一项崭新的刑事诉讼制度，认罪认罚从宽制度是宽严相济刑事政策法治化体现，体现了我国刑事诉讼模式向合作化方向转变的趋势，对于有效惩罚犯罪、保障人权、优化资源配置、提高刑事诉讼效率、化解社会矛盾纠纷、促进社会和谐稳定具有重大意义。① 作为一项新制度，我们期待认罪认罚从宽制度在实践中走得更深更远，在控辩协商、合作方面有更大的作为，为国家治理体系和治理能力的现代化做出司法贡献。

第三节　被追诉人与被害人的合作

一、被追诉人与被害人合作及刑事和解

被追诉人与被害人的合作，通常被习惯地称为"刑事和解"，但是广义上来说，刑事和解"作为新型的解决刑事案件的方法，是一种平和的、协商的、合意的结案方式，是程序分流的重要途径，是解决刑事纠纷、确定被告人刑事责任的一种方式"②。从这一角度来看，刑事和解不仅仅是指被追诉人与被害人之间的和解，还包括国家刑事司法机关与被追诉人之间就公诉事项进行合作达成和解的情况。如法国《刑事诉讼法》中关于刑事和解的规定就是检察官向犯罪行为人提议的和解，是一种惩罚性的公诉替代措施，而被追诉人与被害人之间的合作被称为"刑事调解"，是一种基于恢复性司法理念的补偿性公诉替代措施。③

从一般意义上来说，在我国刑事和解主要是指被追诉人与被害人之间就相关民事问题通过协商、谈判等方式达成和解，而不包括检察机关与被追诉人就刑事责任问题进行的和解，也有学者用"刑事谅解"指代这种现象以示与广义上的刑事和解之间的区别。④ 在我国的《刑事诉讼法》中，规定了自诉案

---

① 樊崇义：《刑事诉讼模式的转型——评〈关于适用认罪认罚从宽制度的指导意见〉》，《中国法律评论》2019年第6期。

② 参见2008年1月卞建林教授在"刑事和解与刑事诉讼法完善研讨会"上的发言：《刑事和解实证研究观点撷录》，《国家检察官学院学报》2009年第2期。

③ [法]贝尔纳·布洛克：《法国刑事诉讼法》，罗结珍译，中国政法大学出版社，2009，第332页。

④ 卞建林、封利强：《构建刑事和解的中国模式：以刑事谅解为基础》，《政法论坛》2008年第6期。

件的当事人双方可以自行和解，2012 年《刑事诉讼法》确立了部分公诉案件的当事人和解程序。因此从我国的立法表述来看，被追诉人与被害人之间的合作体现为被追诉人真诚悔罪，通过向被害人赔偿经济损失、赔礼道歉等方式获得被害人谅解，在被害人自愿和解的基础上，双方达成和解的情形。

二、当事人和解与创新社会治理

被追诉人与被害人合作基础上的当事人和解程序，体现了国家公诉权向个人起诉选择权的权力让渡。现代国家的刑事司法制度遵从国家追诉主义，认为犯罪不仅侵犯了被害人个人的权利，而且是对统治秩序、社会秩序的侵害，国家理所当然具有追诉犯罪的权力，除了少数自诉案件保留了私人追诉的权利，国家基本上将私人追诉或者放弃追诉犯罪的权利排除在国家公诉体系之外。然而随着个人作为权利主体地位的彰显，当犯罪行为发生时，人们越来越看到被害人个人利益所受到的侵害以及基于此所产生的追诉权。在这种情况下，将原本属于公诉案件范围的一部分案件赋予被害人一定的起诉选择权和刑罚权，体现了对于被害人利益的重视与保护，也是对被害人诉讼主体的肯定。同时，这种基于合作达成的和解也有利于刑事纠纷的及时解决，促进双方之间社会关系的恢复，减轻当事人的诉讼负担，促进了被追诉人回归社会等价值目标的实现。

如何看待“花钱买刑”与社会公平正义？就目前的刑事司法实践来看，当事人的和解的适用前提虽然有被告人真诚悔罪，但是这种主观方面的审查较为困难。一般来说，双方和解的达成以是否就赔偿达成一致作为标志。实践中，往往是由被追诉人的经济状况决定和解是否能够达成：如果被追诉人经济条件较好，能够满足被害人的赔偿要求，则双方能够达成和解；在有些情况下，即便被追诉人真心悔过，但是由于经济条件的限制，无法满足被害人的赔偿要求，则无法实现和解，客观上造成了有钱的被追诉人可以有更大的机会不被追究刑事责任或者获得从宽处罚。也正因为此，有人质疑刑事和解使“花钱买刑”合法化，极大地动摇了“法律面前人人平等”的基本原则，尤其是在目前我国社会贫富差距的现实，容易引发新的社会矛盾，使人们质疑司法的公正性，不利于社会的稳定与和谐。

针对这一问题，可以引入社会合作机制，吸引社会资源建立救助基金或者救助组织，对于真诚悔罪而无力支付赔偿的被追诉人，由基金先行向被害人垫付赔偿，这样可以使被害人及时获得救助，尽快摆脱因犯罪行为而陷入的困境，重新恢复正常的生活秩序；被追诉人事后向救助基金或者救助组织提供与赔偿款项相对应的劳务或服务。在此过程中,救助组织也可以充当第三方调解机构来促成和解的达成,以及作为一种社会监督力量,对于和解过程中双方不合理或者是违背公序良俗的和解约定进行监督,以实现社会对刑事司法公平正义的利益诉求。

三、当事人和解与恢复性司法

作为一种制度的刑事和解与作为一种合作理念的刑事和解之间还存在着一定的区别:作为一种制度的刑事和解,刑事诉讼法规定了其严格的适用范围[①],而作为一种合作理念的刑事和解可以适用所用刑事犯罪案件的处理;作为制度的刑事和解更注重和解程序上的合法性,而作为一种合作理念则注重和解过程的有效性,也即是否在真正意义上化解了矛盾、冲突。从一种司法理念的角度来看,我国目前的当事人和解程序可以看作是恢复性司法的一种制度表现形式,就未来的发展趋势而言,以当事人和解为基础的刑事和解制度仍然有较大的完善空间,主要的完善路径是以恢复性司法所具有的恢复正义的价值,更多地丰富和解的内涵,如在和解过程中对物质需要和精神需要的平衡:考虑那些倾向于犯罪的人是否需要心理健康咨询、药物治疗、安全的住房等需求,只有这样才能真正实现刑事和解的价值,而我国目前的刑事和解并没有相关的辅助制度、方法和措施来对双方当事人进行心理修复,甚至出现一些司法人员出于种种目的,违背当事人意愿,通过强硬做思想工作、隐瞒事实和法律等手段强制和解,造成受害人和加害人在精神损害方面并没有获得真正的修复。[②]

当事人之间通过合作达成和解,应当将价值定位于促进双方破坏的关系愈合,纠正加害方的错误,修复损害关系,治愈受伤害的心灵和被破坏的社会关系,从而使刑事司法达到对犯罪最好的治理效果。这一恢复性的过程,单靠刑事司法系统是无法完成的,需要刑事司法与社会、社区、社区成员、社会组织之间展开更为广泛的合作,促进被害人与加害人和解的达成以及恢复性目的的实现。

刑事司法中基于被追诉人处分权的合作,无论是国家与被追诉人的合

---

① 《刑事诉讼法》第二百七十七条规定了刑事和解适用于因民间纠纷引起,涉嫌《刑法》分则第四章、第五章规定的犯罪案件,可能判处三年有期徒刑以下刑罚的;除渎职犯罪以外的可能判处七年有期徒刑以下刑罚的过失犯罪案件,并规定五年以内曾经故意犯罪的,不适用刑事和解程序。

② 姜敏:《刑事和解:中国刑事司法从报应正义向恢复正义转型的路径》,《政法论坛》2013 年第 5 期。

作，还是被追诉人与被害人的合作都在一定程度上实现了国家利益、社会利益、个人利益的平衡，其在我国的具体制度尚处于初步发展阶段，因此在制度设计上倾向于从程序上和实体上将其适用限定在一定的范围之内，以国家与被追诉人的合作为例，可以探讨建立更深入的合作方式。这种合作的方式在现阶段有可能违背社会大众朴素的正义感，就未来的发展来看，社会监督机制是否能在其中发挥作用，决定着这种合作方式是否具有发展的可能性；社区、社会组织、社会团体在促成犯罪方与被害方关系的修复、救助被害人以及犯罪人的社区改造方面发挥的作用越大，越会促进刑事和解的适用范围和力度向更广更深的方向发展。当社会利益成为合作过程中各方利益的制衡机制后，适时开展更深入的合作方式是未来刑事司法改革的发展趋势。

第七章 基于司法民主的参与式合作

根据参与权的表现形式不同,公民参与刑事司法分为两种情况:一种是为国家刑事诉讼法等相关法律所规定的制度化、程序化的参与方式,如人民陪审员制度等;另一种是社会公众基于知情权、表达权、监督权等基本权利而衍生的广义的参与权,如公开审判的案件,社会公众有权知晓其审判情况,表达对案件的看法,监督法律的实施等参与方式。

我们可以将第一种看作是直接参与,第二种是间接参与。其中第一种公民直接参与刑事诉讼程序,主要形式有四类:一是公民以诉讼参与人的身份参与司法审判(当事人及其辩护人、诉讼代理人除外),如证人、鉴定人、翻译人员等。二是以纠纷解决者的身份参与司法审判,如人民陪审员。三是以司法监督者的身份参与,如人民监督员和羁押场所的巡视员。四是其他参与协助司法活动的人,如侦查活动的见证人等。本章内容首先探讨公民参与刑事司法的价值,其次探讨公民直接参与刑事诉讼的相关制度和问题,最后关注我国公民参与刑事司法的地方性实践经验。

第一节 公民参与刑事司法的价值

司法权是国家政治权利的重要组成部分,公民参与司法,既是一国司法民主的重要标志,也是保证司法公正的重要方面。司法活动虽然具有专业性,但是不代表司法活动应该被国家或专业人士所垄断。司法最本质的特点是人民性,司法活动在本质上是解决社会矛盾,民事案件解决的是平等主体之间的财产纠纷和人身纠纷;行政案件解决的是公民、法人或者其他组织与国家行政机关和组织之间的矛盾纠纷;刑事诉讼解决的是涉嫌犯罪的公民与被害人以及国家之间的矛盾纠纷。因此，司法机关解决纠纷的能力是否足够、纠纷解决的过程是否公平、纠纷解决的结果老百姓是否满意，这些都与老百姓的根本利益息息相关。

司法活动虽然是由专门机关进行的，但是本质上是解决社会治理过程中不可避免的矛盾纠纷问题，是社会治理的重要组成部分。随着改革的不断推进，中国社会进入快速转型期，社会利益格局日益多元化。公众利益诉求日趋复杂，同时公民的民主参与意识也越来越强烈，更加渴望表达自身利益诉求，共同参与社会公共事务的管理。党的十八大报告中指出，中国特色社会主义事业是亿万人民的事业，必须坚持人民主体地位。广大人民群众是社会建设的力量源泉，要始终坚持人民当家做主的主体地位，充分发挥人民群众参与国家治理、社会治理的基础性作用。

党的十八届三中全会提出“广泛实行人民陪审员、人民监督员制度，拓宽人民群众有序参与司法渠道”，在十八届四中全会上，又进一步提出“在司法调解、司法听证、涉诉信访等司法活动中保障人民群众的参与，保障人民陪审权利，扩大参审范围”。两次全会对于公民参与司法、分享司法权做出了纲领性的部署，畅通公民参与司法的路径与方式，是彰显公民权利的重要政治任务。

共建共治共享的社会治理格局，就是要最大范围地鼓励各种力量参与到社会治理中来，形成人人有责、人人尽责、人人共享的社会治理共同体。其中，“人人”指的就是社会中的每一个人，是最广大的社会公众。通过制度的设计，使公民有序参与到刑事司法活动中来，为公民参与社会治理拓宽了渠道，在参与过程中，公民参与社会治理的能力和素养也会得到提升。同时，参与的亲历性使得公民了解刑事司法的运行过程和运行规律，提升了刑事司法的公信力和权威性。

第二节　刑事诉讼中的公民参与

一、公民参与侦查活动及其展望

我国刑事诉讼法在侦查环节上对公民参与司法的具体规定有：举报、报案、证据调查中的参与、见证人制度和扭送制度。《刑事诉讼法》第一百一十条规定任何单位和个人发现有犯罪事实或者犯罪嫌疑人，有权利也有义务向公安机关、人民检察院或者人民法院报案或举报。举报和报案是公民的权利，也是一项法定义务。《刑事诉讼法》第五十二条规定：必须保证一切与案件有关或者了解案情的公民，有客观地充分地提供证据的条件，除特殊情况外，可以吸收他们协助调查。该条旨在鼓励公民提供证据、线索协助调查。见证人制度是指侦查机关邀请与案件无利害关系的社会公众参与到部分侦查行为当中，监督、确认侦查行为的程序合法性，关于见证人的规定在刑事诉讼法多个条文中均有体现。扭送是刑事诉讼法授权任何公民对现行犯、通缉犯、越狱者以及正在追捕人可以扭送至任一公安司法机关。扭送本身仅仅是特殊情况下代为行使原本仅由执法机关享有的侦查权或采取强制措施的权利，扭送行为本身不能看作是侦查行为，只是发现侦查消息的来源。

从刑事诉讼法中规定的一般公民参与侦查的形式来看，主要集中于协助侦查方面，如提供犯罪消息的来源的公民报案、举报、扭送制度；协助完成物证提取类的侦查行为的见证人制度。但是从实践来看，实施得并不理想，即使是看起来可执行性更强的见证人制度由于缺乏具体的操作程序，实践中适用情况也不理想。[①]

在侦查阶段，基于侦查行为的秘密原则[②]，以及侦查行为的专业性和风险性，公众合作治理的切入点不易界定为直接参与其中，协助侦查的意识可以作为公民法治意识、公共精神培育的切入口。公众在侦查阶段的监督型参与可以进行一定程度的尝试，也有一些实践的空间。侦查阶段缺乏相应的司法监督机制是我国刑事司法中的突出问题，很多学者提出在侦查阶段建立司法审查机制[③]，在我国的刑事诉讼制度下尚难以实现，在这种情况下建立公众监督侦查行为的机制，具有一定的现实意义。20 世纪 90 年代末公安部曾推行特邀监督员制度，对公安机关和公安民警执法执勤和遵纪守法情况进行监督便是一种有益的尝试；2003 年以来检察机关在自侦案件中试点推行了人民监督员制度，由人民监督员对自侦过程中的违法立案、不立案、违法侦查等行为进行监督。另外，我国近年来试点的看守所羁押巡视制度，允许社会普通民众、社会团体走进看守所，允许新闻媒体采访报道，有效地提高了看守所被羁

---

① 程雷：《公民参与侦查：制度、实践与法理》，载陈卫东主编《公民参与司法研究》，中国法制出版社，2011，第 388 页。

② 侦查秘密原则强调侦查活动的内容不对外公开，除当事人以及相关关系人外，任何人不得介入侦查活动，以避免侦查保密事项的泄露，两大法系的主要代表国家均秉持秘密侦查原则，侦查公开为例外情形。参见程雷：《侦查秘密原则初步研究》，《山东警察学院学报》2006 年第 4 期。

③ 龙宗智：《强制侦查司法审查制度的完善》，《中国法学》2011 年第 6 期。

押人的待遇，促进了监管机关执法的规范化[①]，对刑讯逼供等违法侦查行为起到了一定的遏制作用[②]。如何在确保侦查权的高效性、秘密性的基础上，凭借适当的制度设计发挥社会公众对侦查活动合法性的监督作用，可以作为未来刑事司法合作治理的考量范围。

二、人民监督员制度及其完善

2003年开始试点人民监督员制度，旨在通过人民直接参与到检察工作中，起到监督、规范检察权运行的作用。经过十几年的发展，该制度取得了很大的成绩，但是也存在较大的不足。如：监督范围过窄，人民监督员仅限于检察机关自行侦查的职务犯罪案件，仅仅是对检察机关侦查权的监督。在我国，检察机关不仅承担着诉讼监督的职能，还承担着自侦案件的侦查、提起公诉等职能，并且从总体上来看，提起公诉，也即公诉权是检察机关最重要的职能，也给起诉裁量权滥用带来了空间。人民监督员不能适用于检察机关办理的普通刑事案件，使得公诉权缺乏有效的社会监督机制。另外，人民监督员的产生模式——“单位推荐、检察机关确认”使得其缺乏民意的代表性，从而使其活动官方化、形式化。[③]

党的十八届三中全会以后，有关部门已经提出了一些关于人民监督员的改革措施，主要思路也是围绕着现存的问题展开的，2013年11月12日通过的《中共中央关于全面深化改革若干重大问题的决定》要求“广泛实行人民陪审员、人民监督员制度，拓宽人民群众有序参与司法的渠道”。2014年9月最高人民检察院与司法部联合下发的《关于人民监督员选任管理方式改革试点工作意见》以及2015年3月下发的《深化人民监督员改革方案》，将人民监督员的产生选任交由司法行政机关负责，将监督的范围由原来的7种扩展为11种情形。2016年，最高人民检察院出台了《关于人民监督员监督工作的规定》。

国家监察体制改革以来，检察机关职务犯罪侦查职能发生重大调整，将职务犯罪侦查权转隶国家监察委员会。人民监督员的监督对象是人民检察院直接立案、侦查的案件，随着监察体制的改革，人民监督员原有的监督对象受到了很大的限制。随着《中华人民共和国监察法》的颁布实施，检察院的职

① 陈卫东：《羁押场所巡视制度研究报告》，《法学研究》2009年第6期。

② 倪爱静：《遏制刑讯逼供的新尝试——吉林辽源羁押场所巡视制度试点概述》，《人民检察》2008年第23期。

③ 卞建林：《人民监督员制度的运行与完善》，《国家检察官学院学报》2014年第1期。

能和定位也进行了相应的调整，2018 年 10 月 26 日，十三届全国人大常委会第六次会议修订通过的《中华人民共和国人民检察院组织法》，其中第二十七条明确规定，“人民监督员依照规定对人民检察院的办案活动实行监督”，将人民监督员制度首次以立法的形式予以明确。为了落实修改后的《人民检察院组织法》，2019 年 8 月，最高人民检察院印发实施《人民检察院办案活动接受人民监督员监督的规定》，对人民监督员监督检察办案活动做出规范，将人民监督员的监督范围扩大到涉及“四大检察”各个方面，并对人民监督员工作机构的职责，人民监督员的工作机制、监督模式做出了规定。截至 2020 年 10 月，全国共有人民监督员 2.2 万余人。2019 年 8 月至 2020 年 8 月，仅仅一年时间，全国检察机关共邀请了 21165 位人民监督员监督检察办案活动 14298 件次。在这一年中，监督活动总量大幅提升。①

人民监督员制度作为我国司法体制改革的重要内容，在保障人民群众对检察工作的知情权、参与权、表达权、监督权，提高检察工作质量、提高人民检察院公信力方面起到了积极的促进作用，并且取得了良好的社会效果。就未来的发展趋势而言，加快人民监督员立法进程，着力突出人民监督员的监督重点，在规范人民监督员的工作机制、统一人民监督员的选任和管理、明确人民监督员提出的建议和意见的法律地位、健全人民监督员的履职保障等方面进行制度完善，使人民监督员制度有效运行，产生更大的实际效应。

三、人民陪审员制度及其完善

审判阶段中社会公众参与合作治理的主要形式就是陪审制度，世界很多国家都在本国法律文化的基础上建立了有关陪审方面的制度来保障社会公众参与司法、分享司法权，如英美国家的陪审团制度、日本的裁判员制度等等。从世界范围内看，公民参与审判的方式具有多样性，比如英国的治安法官，由公民直接被任命为法官而就特定种类的案件独立地进行审判，澳大利亚、瑞士等国也有公民法官制度，即由“非法律专家”的公民独立行使司法职权。② 另外还有“法庭之友”制度、量刑委员会制度等等。

在我国的刑事司法体系中，审判阶段社会参与的正式制度较为单一，仅有人民陪审员制度，并且在实践中该制度的运行状况长期受到一些质疑，如

① 孙凤娟、刘亭亭：《广度＋深度：2.2 万人民监督员的“刚性”监督》，《检察日报》2020 年 10 月 27 日。

② 熊秋红：《司法公正与公民的参与》，《法学研究》1999 年第 4 期。

人民陪审员的“精英化”“准法官化”，很多人民陪审员成为“陪审专业户”，缺乏随机性和独立性，无法体现代表人民的民主性和广泛性，甚至与法官、法院形成利益共同体，在审判中丧失客观中立性[①]，使人民陪审员制度在实践中流于形式，“陪而不审、审而不议”，背离了人民陪审员参与审判、分享司法权、监督司法、保障司法公正的初衷。

党的十八大以来，以全面深化司法改革为契机，人民陪审员制度改革再次被提上了议程。党的十八届四中全会确立了完善人民陪审员制度的基本方案，为人民陪审员制度的改革提供了方向和指引。2015 年 4 月 24 日，最高人民法院与司法部联合印发了《人民陪审员制度改革试点方案》，针对现行人民陪审员制度中存在的问题，提出了一系列的改革措施，并于当年 5 月研究制定试点实施方案，选择北京、河北、黑龙江、江苏、福建、山东、河南、广西、重庆、陕西 10 个省、自治区、直辖市的 50 个法院开展人民陪审员制度改革试点。2018 年 4 月《中华人民共和国人民陪审员法》(以下简称《人民陪审员法》)颁布实施。此次改革希望解决人民陪审员制度中存在的陪审员精英化、专职化、陪而不审审而不议的突出问题，主要是从以下几个方面入手。

首先，降低选任条件旨在提高人民陪审员的代表性和平民化。陪审员的年龄从 23 岁提高到 28 岁，学历要求从大专降低为高中以上。年龄的提高，是因为陪审员需要一定的社会阅历和生活经验；学历的降低，意味着陪审员不一定是高学历的社会精英，只要具有朴素的法律观和道德观，参加审判只服从于良心和道德，依据良知和生活经验对案件事实进行裁判就可以了。反而是具有专业法律知识的律师、公证员等职业者不能担任陪审员。放宽学历限制可以让入选的陪审员更加接地气，代表性更强。

其次，增加陪审员的随机性以避免陪审员专职化。具体做法是“三个随机”，随机抽取候选人，从候选人中随机抽选人民陪审员人选，在人民陪审员名单中随机抽取确定参加个案审判的人选。除此之外，通过“个人申请和所在单位、户籍所在地或者经常居住地的基层群众性自治组织、人民团体推荐”的陪审员候选人不得超过陪审员名额数的 1/5。通过增加随机性，解决了人民陪审员的广泛性、代表性，希望改革以往“驻庭陪审员”的陪审员专职化弊病。

再次，明确陪审员参审权的范围，解决陪而不审、审而不议的问题。《人民陪审员法》第二十一条、第二十二条规定，陪审员参加三人合议庭审判案

① 李拥军：《人民陪审员制度的现实困境与出路：基于陪审复兴背后的思考》，《法学》2012 年第 4 期。

件，对事实认定、法律适用，独立发表意见，行使表决权。陪审员参加七人合议庭审判案件，对事实认定，独立发表意见，并与法官共同表决；对法律适用，可以发表意见，但不参加表决。该规定明确了人民陪审员参与事实审理和法律审理的范围，在三人合议庭中，陪审员既参与事实认定问题的表决又参与法律适用问题的表决。在七人合议庭中，人民陪审员只参与事实认定问题的评议和表决。在人民陪审员和法官组成的七人合议庭里，人民陪审员需有4人，从人数上占据多数，因此在事实问题的评议上，人民陪审员的意见可以对评议的结果形成实质性的影响。

最后，明确人民陪审员的适用范围。陪审员参加的案件仅限于一审程序，且考量因素主要包括群体利益、公共利益、社会影响、复杂程度等等。《人民陪审员法》第十六条进一步明确了适用陪审员参加的七人合议庭的案件，包括：(1)可能判处十年以上有期徒刑、无期徒刑、死刑，社会影响重大的刑事案件；(2)根据《民事诉讼法》《行政诉讼法》提起的公益诉讼案件；(3)涉及征地拆迁、生态环境保护、食品药品安全，社会影响重大的案件；(4)其他社会影响重大的案件。注重人民陪审员化解重大案件纠纷、协调法律效果和社会效果、提升司法公信力的重要作用。

如果说刑事诉讼主要环节上社会公众参与在之前更多地是为了彰显民主的价值，在形式上体现人民群众对于司法活动的参与与监督价值，那么在社会治理的模式下，凭借社会参与治理的契机，实现社会公众参与司法从形式民主向实质民主、从形式参与向实质参与转化，使公民拥有一种主政的地位，使人人感到自己对社会负有责任和参加了自己的政府，是人民学习治理的最有效手段。① 人民陪审员制度在社会治理的新时代背景下，已经跳出司法的小圈子，回归民主的本质，是人民参与司法治理、社会治理和国家治理的重要途径。人民陪审员制度是否能如改革预期的那样发挥作用？在改革初期司法工作人员会不会因为制度的磨合导致工作量的增加，而对人民陪审员制度束之高阁？随机遴选抽选机制在实际操作中会不会产生居民不配合、管理成本增加的问题？人民陪审员是否有积极性和责任心参与案件审理，能否提供有实质性意义的评议意见？事实问题和法律问题如何清晰划分？……这些可能产生的问题，都需要我们在实践中不断调试改进，当然这一过程也是公民参与治理能力和治理水平提升的过程。

---

① 张善根：《民主嵌入司法：〈人民陪审员法〉的价值》，《北方法学》2019年第6期。

第三节　公民参与刑事司法的地方经验

一、河南"陪审团"制的尝试

（一）"陪审团"制的基本情况

在探索社会公众参与司法的道路上，一些地方司法机关在结合当地具体情况的基础上，进行了一些创新性的实验，如在国内引发热议的河南的"陪审团"制。2009 年 2 月 17 日，河南省高级人民法院在审理梁红亚死刑上诉案时首次组织人民陪审团参加庭审，邀请人民群众代表组成"人民陪审团"，参与审判，对案件裁判发表参考意见，开启了中国人民陪审制改革的先河，引起了全国各界的强烈反响。2009 年 6 月，河南省高级人民法院党委组织经过反复论证后，制定了《关于在刑事审判工作中实行人民陪审团制度的试点方案（试行）》，在郑州、开封等 6 个地市的两级法院进行试点。随着试点的推进，2010 年 3 月，河南全省法院全面开展了人民陪审团的试点工作，至 2010 年底河南全省法院刑事审判中普遍试行人民陪审团制，案件适用范围也由刑事审判领域扩大到了民事审判和行政审判领域。[①]

人民陪审团自试点之初便引发了社会各界的激烈讨论，有褒有贬，观点不一。如有学者认为人民陪审团的试点有助于克服我国人民陪审员制度的缺陷（非独立性、形式主义），有助于展现司法民主的价值，保障人民群众的知情权、参与权、监督权、表达权，同时具有法制教育和普及的价值。[②] 同时也不乏一些质疑的声音，如有学者认为人民陪审团模式选择紊乱、功能定位模糊、陪审员构成单一、被告人选择权丧失、适用审级随意、配套机制缺位等。[③]

---

① 邓红阳：《本报专访河南省高院院长张立勇》，《法治周末》2010 年 6 月 10 日。

② 汤维建：《人民陪审团制度试点的评析和完善建议》，《政治与法律》2011 年第 3 期。

③ 汪建成：《非驴非马的"河南陪审团"改革应当慎行》，《法学》2009 年第 5 期。

(二)对“陪审团”制的评价

1.对陪审员制度的“团式改造”

值得肯定的是人民陪审团对于陪审员制度进行“团式改造”的思路。团式改造的精髓在于扩大陪审员的规模:对于个案而言,在以往的陪审过程中,仅有1个或2个陪审员,陪审往往流于形式,陪审员对案件的影响微乎其微。由9～13人组成的陪审团,虽然其形成的陪审意见不具有直接的法律后果,但是陪审团可以在没有法官在场的情况下,单独开会、讨论并独立地发表意见,这样形成的建议具有强大的群众基础,使得法官在审判过程中不得不重视陪审团的意见。另外,人民陪审团的团体化效应,使审判仪式化、剧场化[①],进一步推动了庭审实质化和以审判为中心的改革。当人民陪审员不再是法庭上的独立个体,而是一个团体,这时人民陪审员不仅是审判参与者,更充当了观众的角色,当法官面临更多的观众时,他将更加审慎地扮演自己的法官角色并且考虑如何塑造能被观众接受的形象。对于陪审员整体规模以及选任方面,河南的试点方案突破了以往单一化、精英化的模式,对陪审团成员条件的规定比较宽松:23～70岁未受过刑事处罚的人员都可以成为陪审团成员,同时要求每个基层法院必须配备不低于500人的人民陪审团成员库,使得陪审员能够实现最大限度的广泛性和代表性。上述两点改革思路均被《人民陪审员法》认可和吸纳。

2.“陪审团”制试点中存在的问题

在人民陪审团试点过程中存在着一些问题,如陪审团的议事范围既涉及事实问题又涉及法律问题,这样混合在一起的结果,会使得陪审员在法律地位上的弱势掩盖其在事实认定上的优势[②],基于此,《人民陪审员制度改革试点方案》明确了人民陪审员审理事实认定和法律适用的范围。又如,在人民陪审团试行过程中出现的组织陪审团参审案件成本过高、组织困难等问题,给《人民陪审员法》制定过程中明确经费保障问题提供了参考。

---

① 剧场理论又称“拟剧论”,由美国社会学家戈夫曼提出,他认为社会和人生是一个大舞台,社会成员作为这个大舞台上的表演者,都十分关心自己如何在众多的观众(即参与互动的他人)面前塑造能被人接受的形象。有学者提出“司法剧场化”,也即将庭审活动比喻成舞台表演,法官、检察官、律师和当事人等参与的角色表演活动,参见舒国滢:《从司法的广场化到司法的剧场化:一个符号学的视角》,《政法论坛》1999年第3期。

② 汤维建:《人民陪审团制度试点的评析和完善建议》,《政治与法律》2011年第3期。

就像学者质疑的那样，人民陪审团还存在着许多问题，但这样一项改革举措，在推进我国公民参与司法、陪审制度改革等方面具有重要的意义。在人民陪审团试点中形成的经验以及遇到的问题，为我国人民陪审员制度的改革提供了可供参考、借鉴的思路，其中很多在《人民陪审员法》中都有一定的体现。

由此来看，人民陪审团作为一种改革和创新，虽然没有被后来的改革全盘吸收，但是为推动我国人民陪审员制度的改革提供了一种非常有价值的地方性经验，具有重要的实践价值。在人民陪审团试点基础上，河南省高院又推出了“人民观审团”这一群众参与司法的创新模式。在公民参与逐渐成为现代社会发展的主流趋势的现实背景下，地方司法机关自主探索公民参与司法的途径是值得鼓励的。通过保持司法机关的适度开放性，主动接受民众监督，加强民众与司法的对话，不仅满足了公众对于司法的知情权、参与权、表达权，同时促进了司法公开和公正，有利于法官与民众之间的思维互补，做出既符合法律又贴近民意的判决，从而提高审判质量。社会公众与司法机关之间的合作治理，必将进一步提升司法系统的治理能力。

第八章　基于社会协同的共治式合作

在国家和社会力量的共治领域，建立国家引导、社会力量广泛参与的合作关系，对于协助刑事司法提升治理能力具有现实的意义。在刑事司法中能够发挥社会力量优势的领域有很多，如社会工作者在少年司法工作中开展社会调查工作、附条件不起诉的帮教工作[①]等等。本章以我国的社区矫正制度、法律援助制度为切入点，分析社会力量协助刑事司法的合作治理形式，并以美国"问题解决型法庭"为例，探讨社区、社会力量参与刑事司法合作治理的方式，为我国刑事司法中的合作治理提供可以借鉴的经验。

第一节　社会力量参与社区矫正制度

一、社区矫正是社会力量协助刑事司法的重要场域

（一）社区矫正是轻罪犯罪矫治的发展趋势

社区矫正是一种不使罪犯与社会隔离并利用社区资源教育改造罪犯的方法，是所有在社区环境中管理教育罪犯方式的总称。简单地说，就是让符

① 席小华：《社会工作介入少年司法的基础与现状研究：以〈刑事诉讼法〉修改为背景》，《预防青少年犯罪研究》2013 年第 1 期。

合法定条件的罪犯在社区中执行刑罚。国外较常见的包括缓刑、假释、社区服务、暂时释放、“中途之家”、工作释放、学习释放等。我国法律中的社区矫正主要是与监禁刑相对应的行刑方式，把符合社区矫正条件的罪犯置于社区内，由专门的国家机关，在相关社会团体和民间组织以及社会志愿者的协助下，在判决、裁定或决定确定的期限内，矫正犯罪心理和行为恶习，并促进其顺利回归社会的非监禁刑罚执行活动。

社区矫正作为一种全新的刑罚执行方式，与传统惩罚性的刑罚价值相比更注重刑罚的恢复性价值。社区矫正虽然具有一定的惩罚性，但其作为行刑社会化的一种方式，其基本理念在于通过弱化监狱的封闭性、放宽罪犯自由度、增加罪犯与社会的联系，促使罪犯掌握生活技能与相关社会知识、塑造罪犯符合社会正常生活的信念和人格，最终促成罪犯回归社会，摆脱犯罪“标签”的影响，使罪犯能够更快、更好地融入社会，达到预防犯罪的目的。可见，社区矫正不仅体现了对犯罪人的尊重，更重要的是满足了罪犯再社会化和实现自我发展的需求。如果说以自由刑取代肉体刑是刑罚执行方式的第一次飞跃，那么社区矫正制度又是人类文明迈出了一大步，实现了刑罚执行方式由监禁刑向非监禁刑发展的第二次飞跃。①

（二）社区矫正集中体现了社会协同共治的理念

监禁刑主要由政府的专门机关承担实施，非监禁刑则交由社会，主要由社区负责执行。这也是创新社会治理理念在刑罚执行中的一种具体体现。社区矫正核心在于积极利用各种社会资源、整合社会各方面力量，将罪行较轻、主观恶性较小、社会危害性不大的罪犯或者经过监管改造、确有悔改表现、不致再危害社会的罪犯置于社区中进行有针对性地管理、教育和改造的工作。以矫正工作人员的队伍建设为例，矫正要求工作人员具备矫正罪犯心理与行为的矫正知识、矫正技术和矫正能力，但是，国家刑事执行的专门矫正官、缓刑官和假释官的资源是有限的。而实施社区矫正，可以依托和借助社区的各种矫正资源和服务力量，有效应对犯罪，同时减少国家对监狱的经济投入，降低监禁行刑的成本，缓解监狱矫正的压力，使监狱能够集中人力、财力、物力去矫正那些主观恶意和社会危害性较大的罪犯。

① 高铭宣：《社区矫正写入刑法的重大意义》，《中国司法》2011年第3期。

二、我国目前的社区矫正仍以国家为主导

(一)我国社区矫正制度的发展

我国2003年试点社区矫正制度，2005年扩大试点，2009年全面试行，十几年来社区矫正工作有序推进，取得了良好效果，2016年全国累计接收社区服刑人员184.7万人，解除社区矫正的有113.8万人。社区矫正的人均成本只有监禁刑的1/10，社区矫正期间重新犯罪率只有0.2%，促进了社会和谐稳定。[①] 同时社区矫正获得了较为广泛的群众认可和尊重，根据北京市司法局委托零点公司进行的调查，67.8%的民众接受社区矫正制度，40.3%的民众愿意成为志愿者，89%以上的人认为社区矫正工作取得了明显成绩。根据零点公司对上海市民的问卷调查，市民总体上对犯罪与惩罚的态度比较理性：75.7%的民众表示，要根据所犯罪行轻重，再确定是否应该进入监狱服刑。认为不管是什么罪都必须进监狱服刑的为19%，38.6%的受访者对社区服刑人员比较信任，认为他们已经对他人没有危害，属于普通居民。不仅如此，一些社会公众还通过担任志愿者主动帮教社区矫正人员等方式，积极参与到社区矫正工作中，以实际行动支持社区矫正工作的进行。[②]

经过长期的实践，立足我国的基本国情，借鉴吸收其他国家有益做法，形成了具有中国特色的社区矫正制度，2019年12月28日，第十三届全国人民代表大会常务委员会第十五次会议审议并全票通过了《中华人民共和国社区矫正法》，自2020年7月1日起施行。

(二)社区矫正从一元管理走向多元治理

我国的社区矫正仍然具有较强的行政管理色彩：由政府—司法行政机关实行对社区矫正的统一管理，确立其执行主体的地位，集社区矫正工作的人、财、物资源于一身。司法行政机关开展社区矫正工作，对于发动和整合现有社会资源尚未有足够的重视。专门机关是社区矫正工作的骨架，起支撑作用。社会力量是社区矫正工作的肌肉，赋予社区矫正工作力量。它们同时塑

---

① 孟建柱：《全面推进社区矫正工作　促进社区服刑人员更好地融入社会》，http://www.moj.gov.cn/sqjzbgs/content/2014-07/11/content_5663779.htm? node＝30091，最后访问时间：2016年3月15日。

② 转引自吴宗宪：《论社区矫正立法与刑法修正案》，《中国司法》2009年第3期。

造了社区矫正工作完整的形象。专门机关主要是在监督管理中发挥作用，社会力量主要是在教育帮扶中发挥作用。专门机关的作用、重点在于制定工作标准，发挥好监督管理作用，社会各方面齐心协力。[①] 社区矫正工作应探索从一元管理走向多元治理，处理好专门机关和社会力量的关系，采用社会化的方式进行，充分调动社会各方面的力量，积极参与矫正工作。如果社会组织和社区的定位不明确，其权利义务缺乏相应的保障，缺乏自主性，在社会矫正领域社会自治能力难以有效发挥。

三、扩大社会力量参与度，提升社区矫正治理能力

（一）社区矫正的专业性需要社会力量介入

在多年的探索实践中，我国社会组织、社区力量在社区矫正工作中发挥了重要的作用，就未来而言，可以探索更深入的参与方式。

为了提高社区矫正适用的准确性而开展的审前调查、矫正环境评估、再犯风险评估，需要在社会风险因素量化数据采集、分类、筛选和归纳的基础上，科学地精算犯罪风险因子及其生发、抑制概率，通过罪犯对社会风险而非人身危险的定量分级与管控效用的收益排列组合，设置一套精确的社会学意义的风险等级评估标准及其对应的分级分类管控系统，最终根据不同风险等级需要而对犯罪人分流设置适度的监督或隔离应对措施[②]，这就需要专业的社会调查机构、犯罪研究机构、心理研究机构及专业统计机构的联合行动。贯穿于社区矫正始终的监督管理、教育矫正、社会适应性帮扶三项工作任务中，社区组织、社会工作者及各类企事业单位都可以发挥自己的专长和优势参与其中，并且依靠专业性取得更好的效果。

在监督管理这方面，一般仍采取“盯人防守”的包户分摊责任制，造成地方社区矫正工作人员压力大、任务重，如果仍限于加大投入、增派人员等传统思路，在人财物资源有限的情况下效果并不明显，资源使用效率较低。[③] 就未来的发展趋势来看，可以充分利用现代发达的科技手段，在大数据分析统计

---

① 王顺安、李红梅：《纪念〈社区矫正法〉实施一周年暨〈社区矫正法〉历史意义及适用问题研讨会观点综述》，《中国司法》2021 年第 9 期。

② F. B. Lecturer, MV Full, G. L. Honorary, “Risk Management in the Correctional System of Canada: A Problematic Model”, *The Howard Journal of Criminal Justice*, 2013, 52(52), pp. 254-256.

③ 李川：《修复、矫治与分控：社区矫治技能三重性辩证及其展开》，《中国法学》2015 年第 5 期。

的基础上，确立犯罪人风险评估和分类管理体系，充分利用电子监控、居家矫正、训练营和“中途之家”等具备不同等级的社会限制和分离强度的创新性措施予以应对。不断推进社区矫正基础数据与各个城市管理数据平台之间的数据共享，打通数据壁垒和信息孤岛，有效实现协同作战、精密智控。[①] 在这个过程中利用市场机制，引入相关的科技企业、社会组织，通过向社会购买服务和产品，如电子监控系统的开发和应用，训练营和“中途之家”社会慈善资金的引入和教育服务、培训的市场化购买等等。

教育矫正是一项专业性非常强的工作，在教育矫正中一般坚持集中教育与个案教育相结合、分段教育与分类教育相结合、心理矫正与行为矫正相结合，这需要专业组织、专业人员综合运用社会学、心理学、教育学、法学等专业知识开展科学矫正，在这一方面社会工作者群体具有特殊的专业优势，社会工作者通过专业的训练，能够通过运用个案、小组、社区、行政等专业方法，以帮助机构和他人发挥自身潜能，协调社会关系，来解决和预防社会问题。

(二)社会力量参与社区矫正的困境

目前我国现有的社会工作者的人力资源还未得到充分的挖掘和利用，资源与需求无法有效整合：一方面，社会对社工人才需求巨大，2012 年民政部发布的《社会工作专业人才队伍建设中长期规划(2011—2020 年)》，提出到 2015 年，社会工作专业人才总量增加到 50 万人，到 2020 年，社会工作专业人才总量增加到 145 万人。目前，从数据上来看，人才缺口还很大。另一方面，社会工作专业毕业生就业率低，民政部的信息显示，从全国范围看，毕业后实际从事社会工作的专业学生不足 8%。社会工作人才流失率高。据报道，深圳社工流失率从 2008 年的 8.2%到 2011 年的 17.6%，再到 2012 年的 18.1%，早期的深圳社工仍在岗的已不足 30%，逾七成已离岗。[②]

这些数据说明，我国现有并不丰富的社工资源并没有获得合理的配置和利用，社会矫正作为吸纳社会工作者的广泛领域，在利用社会工作者人力资源方面还有很大的发展空间。社会工作者进入社会矫正系统最大的障碍在于政府体系内岗位设置的问题，目前我国大部分与社会矫正有关的岗位都由政府的公务员或社区工作人员担任，这部分岗位在招聘、待遇与人员更替方面与市场上的一般聘用有所不同，在编制上受国家财政、人事制度的影响，数

① 黄颖慧、张增富：《以数字化改革为牵引 走出社区矫正“智治之路”》，《人民调解》2021 年第 7 期。

② 李小彤：《正视社会工作者的就业困境》，《中国劳动保障报》2014 年 9 月 10 日。

量有限,导致大量的社工无法通过正式的官方渠道介入社会矫正工作。民间组织是社会工作岗位主要的提供者,以香港为例,民办社工机构占社工机构总数的3/4以上,注册社工中的61.7%就职于民间机构。[①] 民间组织成为吸纳专业社工、培育专业社工的中坚力量。在创新社会治理体制的背景下,社会服务的提供将逐步下放至民间组织手中,通过政府购买,为民间组织提供发展空间,民间组织的发展将会带来大量的社会工作岗位,社区矫正可以凭借这一契机,最大限度地整合社会资源,提升自身的治理能力。

(三)社会力量参与社区矫正的未来发展

2014年11月14日,司法部、中央综治办、教育部、民政部、财政部、人力资源社会保障部印发《关于组织社会力量参与社区矫正工作的意见》,对社会力量参与社区矫正工作进行了全面的部署:一是引导政府向社会力量购买社区矫正社会工作服务。二是鼓励引导社会组织参与社区矫正工作。鼓励社区矫正机构开展疏导心理情绪、纠正行为偏差、修复与家庭和社区关系、恢复和发展社会功能、引导就学就业等项目。三是发挥基层群众性自治组织的作用。发动引导社区社会组织、志愿者和居民群众广泛参与社区矫正工作,促进社区服刑人员融入社区、回归社会。四是鼓励企事业单位参与社区矫正工作,通过捐赠物资、提供工作岗位、提供技能培训、提供专业服务等方式,为社区服刑人员回归社会提供帮助。五是切实加强社区矫正志愿者队伍建设。六是加强矫正小组建设,落实社区矫正措施。

新颁布实施的《社区矫正法》也确立了广泛动员和组织社会力量参与,坚持专门机关和群众路线相结合的原则,强调社会治理、源头治理、综合治理、共同治理的新模式、新理念。创新社会治理体制在社区矫正领域迈出了重要的一步,在社区矫正中细化了社会力量所包含的对象,包括社会工作服务者、社会组织、基层群众性自治组织、企事业单位以及志愿者等,并对每一种社会力量参与社区矫正的形式做出了部署。其中通过政府向社会组织购买公共服务,是创新社会治理体制的主要方式之一,现在政府在职能转型的过程中,正确处理政府和社会的关系,加快政社分离是未来的发展趋势,适合由社会组织提供的公共服务和解决的事项交由社会组织承担,从而激发社会组织的活力,更好地完善社会公共服务体系。在社区矫正工作中,社会工作服务具有专业性和针对性,能够较好地为社区矫正人员提供服务,促进其心理和行为的矫治。政府向社会

① 刘振国:《民间组织:社工人才发挥作用的重要载体》,《中国社会报》2007年11月29日。

组织购买社会工作服务，一方面减轻了政府自身提供服务的负担，另一方面给社会组织提供了生存和发展的空间，促进社会领域自治力量的发育。发动引导社区社会组织、志愿者和居民群众广泛参与社区矫正工作，突出了基层社会的自我调节、自我治理。企事业单位参与社区矫正工作，通过捐赠物资、提供工作岗位、提供技能培训、提供专业服务，彰显了企业的社会责任。

总的来说，在社区矫正领域引入社会力量，其可能性在于社会作为一个独立的场域已经在中国逐渐形成，公共服务的提供主体能够部分地承担某些社会公共事务的管理工作。在国家和政府的引导和支持下，社会力量参与社会治理的途径和渠道不断拓展，同时其参与社会治理的能力也将会获得进一步提升。因此，社会力量引入社区矫正的治理之中，其意义不仅在于促进社会矫正制度的发展，还为刑事司法其他方面的合作带来一种示范性的参考思路。社会力量参与刑事司法的关键意义在于，对于刑事司法的功能进行重新整合与定位，将那些社会力量能够较好地解决的功能，交由社会来承担，为刑事司法体系适当减负，优化其功能结构。

第二节　社会力量参与法律援助制度[①]

一、我国法律援助模式的现状

法律援助是国家保障经济困难的公民和特殊案件当事人获得必要的无偿法律服务，维护当事人合法权益、维护法律正确实施和社会公平正义的一项重要法律制度，作为一项重要的民生工程，法律援助体现了国家对于公民的责任和义务。从20世纪90年代法律援助试点到2003年《法律援助条例》的颁布实施，我国政府主导的法律援助模式逐渐成形，在维护司法公正和社会稳定等方面发挥了积极的作用。

政府主导的法律援助在现行法律规定中体现为“政府责任、律师义务、社会参与”的具体运行模式。《法律援助条例》第三条明确指出“法律援助是政府的责任”，这种责任体现在“财政支持”“机构设置”“监督管理”等方面。同

① 本节内容已发表于《浙江大学学报(人文社会科学版)》2017年第1期，题为“法律援助的中国模式及其改革”，文中提出的确立法律援助国家责任、社会参与等观点在2021年8月20日公布，并于2022年1月1日施行的《中华人民共和国法律援助法》中均有所体现。

时《法律援助条例》第六条以及《律师法》第四十二条规定了法律援助是律师的法定义务，并对拒绝履行法律援助义务的律师及律师事务所规定了强制性的制裁措施。社会参与体现为《法律援助条例》第七、第八条规定，国家鼓励社会对法律援助活动提供捐助，国家支持和鼓励社会团体、事业单位等社会组织利用自身资源为经济困难的公民提供法律援助。在这种模式下，法律援助具体运作方式体现为：(1)从经费来源上看，主要依靠国家财政拨款。(2)从机构设置上看，由政府成立专门的法律援助机构，受理、审查、批准法律援助申请；指派法律援助工作人员或者社会律师、基层法律服务工作者承办法律援助案件；核发案件补贴，并对法律援助的组织实施进行监督和管理。(3)从提供模式上看，由法律援助机构的工作人员和社会律师、基层法律工作者承办法律援助案件相结合，以社会团体、民间组织办理一定数量的法律援助案件为补充。

这种政府主导的法律援助模式解决了我国法律援助从无到有的问题，其实质是在资源稀缺、政府投入不足的情况下，政府通过强大的行政职权，一方面增加财政投入，另一方面赋予律师等法律工作者强制性义务，通过提供免费法律服务和社会的捐赠来弥补财政资源的不足，具有明显的行政化色彩。政府主导的行政化模式忽视了法律服务市场的基本规律，同时政府的大包大揽，忽视了法律援助本身的社会公益性，导致社会领域有效参与不足。实践表明，我国法律援助从建立至今，始终无法摆脱供需矛盾的约束：有限的财政经费投入，不断扩张的法律援助需求，屡遭诟病的案件质量。时至今日，不断扩大法律援助覆盖面、提升法律援助质量仍然是改革的目标。因此，我们有必要在对我国法律援助模式进行实证分析的基础上，审视政府主导的法律援助模式的内在缺陷，并探讨其改革问题，以实现新时期国家和社会赋予法律援助维护社会稳定、促进社会公平正义、司法人权保障的重要使命。

二、我国法律援助制度存在的主要问题

(一)从供给侧来看：总供给的有限性与结构不合理

如果将我国的法律援助视为公共产品的生产系统，在此系统一端是国家对于法律援助经费的财政输入，输出的产品具体体现为各类法律援助案件以及法律援助咨询服务，产品的输出量体现了国家对法律援助服务的供给能力。长期以来我国的法律援助供给呈现出增量有限、结构失衡的特点。

1. 受制于国家财政能力，法律援助总供给增长能力有限

从供给侧来看，我国法律援助的经费来源主要是财政拨款，长期以来国家不断加大法律援助经费投入。图 8-1 数据显示，我国法律援助经费在 2005 年以后开启了高速增长模式，至 2011 年年均增长率达到 28.7%，远远高于同一时期全国教育经费 18.97%的平均增长率[①]，以及社会保障经费 26.5%的平均增长率[②]。在经历了一段时间超高速增长后，基于现有存量基础的增大，法律援助经费投入增速趋缓，2011—2014 年平均增长率回落至 10.1%。[③] 同时值得注意的是，我国法律援助经费主要来自财政拨款，表 8-1 为 2005—2014 年 10 年间，财政拨款占经费收入总量的比例。[④] 表 8-1 数据显示，我国法律援助经费中，财政拨款常年保持在 90%以上，多数年份在 98%以上，最高年份达到 99%。

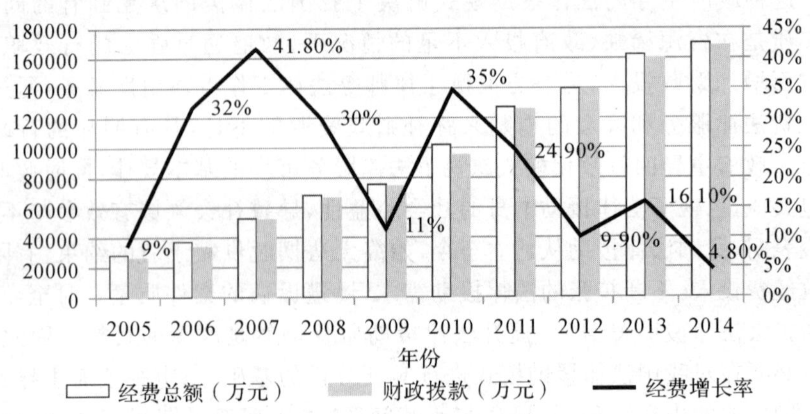

图 8-1 我国法律援助经费收入及构成(2005—2014)

注：数据来源于中国法律援助网：http://www.chinalegalaid.gov.cn/China_legalaid/node_40884.htm。

---

① 同期全国教育经费年均增长率基于 2005 年和 2011 年教育经费投入数据计算得出，数据来源：《教育部、国家统计局、财政部关于 2005 年全国教育经费执行情况统计公告》(http://www.moe.gov.cn/srcsite/A05/s3040/200911/t20091130_78263.html)、《教育部、国家统计局、财政部关于 2011 年全国教育经费执行情况统计公告》(http://www.moe.gov.cn/srcsite/A05/s3040/201212/t20121231_146315.html)。

② 同期全国社会保障经费增长率基于 2005 年和 2011 年社会保障经费投入数据计算得出，数据来源于财政部网站：http://sbs.mof.gov.cn/zhengwuxinxi/shujudongtai/。

③ 平均增长率基于 2011—2014 年法律援助经费投入数据计算得出。

④ 数据来源于中国法律援助网：http://www.chinalegalaid.gov.cn/China_legalaid/node_40884.htm。

表 8-1　2005—2014 年财政拨款占法律援助经费总额的比例　（单位：%）

年份	2005	2006	2007	2008	2009	2010	2011	2012	2013	2014
经费总额	2.805	3.702	5.253	6.824	7.576	10.23	12.77	14.03	16.29	17.07
财政拨款	2.622	3.347	5.167	6.695	7.485	9.582	12.62	13.90	16.07	16.86
比例	93.5	90.4	98.4	98.1	98.8	93.7	98.8	99	98.7	98.8

2. 总供给结构不合理，首先来看法律援助案件的构成

我国法律援助提供服务的主要形式是法律咨询和民事、行政、刑事案件代理。从目前法律援助机构的案件审批情况来看，各类案件比例失衡。

表 8-2 中数据反映出我国民事法律援助案件在全国法律援助案件中占据绝大多数，刑事法律援助的比例较低，并且 2005 年以后逐年降低，在 2012 年下降到 13%，而民事法律援助案件从 2003 年的 57.11%上升到 2012 年的 86.38%，这种结构显然极不合理，与世界法律援助发展趋势不符。在法律援助经费短缺的情况下，各国通常尽量控制甚至缩小民事法律援助的范围，以确保刑事犯罪嫌疑人、被告人获得法律援助，如英国从 1997 年到 2004 年，刑事法律援助经费增长了 37%，民事法律援助经费呈下降趋势，民事法律援助事务减少了 24%，美国的民事法律援助人均经费仅占国民人均法律援助经费的 19%。①

表 8-2　我国法律援助各类案件数量及比例(2003—2014)

年份	案件总数/件	刑事法律援助		民事法律援助		行政法律援助	
		数量/件	比例/%	数量/件	比例/%	数量/件	比例/%
2003	166433	67807	40.74	95053	57.11	3573	2.15
2004	190187	78602	41.33	108323	56.96	3262	1.71
2005	253665	103485	40.80	147688	58.22	2492	0.98
2006	318541	110961	34.84	204945	64.34	2608	0.82
2007	420104	118946	28.31	297388	70.79	3770	0.90
2008	546859	124217	22.71	418419	76.51	4223	0.78

① 陈永生：《刑事法律援助的中国问题与域外经验》，《比较法研究》2014 年第 1 期。

续表

年份	案件总数/件	刑事法律援助		民事法律援助		行政法律援助	
		数量/件	比例/%	数量/件	比例/%	数量/件	比例/%
2009	641065	121870	19.01	515414	80.40	3781	0.59
2010	727401	112264	15.43	610198	83.89	4939	0.68
2011	844624	113717	13.46	726826	86.05	4081	0.49
2012	1022015	133677	13.08	882839	86.38	5499	0.54
2013	1158876	222200	19.17	931027	80.34	5649	0.49
2014	1243075	240480	19.34	997058	80.20	5804	0.46

注：数据来源于中国法律援助网：http://www.chinalegalaid.gov.cn/China_legalaid/node_40884.htm。

其次是法律援助案件各类承办人员的构成情况，我国法律援助案件具体承办者主要有三类：一是法律援助机构的工作人员；二是社会律师和基层法律工作者；三是社会组织和法律援助志愿者。表8-3为2005—2014年法律援助案件各类人员办理数量及比例，其中2010—2012年数据缺失，但是根据表8-3数据，我国法律援助各类人员办理案件的比例及发展趋势整体保持稳定。法律援助机构工作人员办理案件的比例逐年下降，从2005年的34.3%下降到2014年的18.8%。社会律师和基层法律服务工作者办理了绝大多数的法律援助案件，并且比例逐年上升，从2005年的63.4%升至2014年的76%。社会组织人员和志愿者办案比例有限，缓慢增长，从2005年的2.3%增至2014年的5.2%，法律援助的社会参与度较低。

表8-3 部分年份法律援助案件各类人员办理数量及比例

年份	法援机构工作人员		社会律师及基层法律服务工作者		社会组织人员及志愿者		案件总数/件
	数量/件	比例/%	数量/件	比例/%	数量/件	比例/%	
2005	87011	34.3	160770	63.4	5884	2.3	253665
2006	106142	33.3	204836	64.3	7536	2.4	318541
2007	135466	32.2	259877	61.9	16440	3.9	420104
2008	138708	29.7	312863	67	15350	3.2	466921
2009	154806	28.4	371950	68.1	19142	3.5	545898

续表

年份	法援机构工作人员		社会律师及基层法律服务工作者		社会组织人员及志愿者		案件总数/件
	数量/件	比例/%	数量/件	比例/%	数量/件	比例/%	
2010	……		……		……		……
2011	……		……		……		……
2012	……		……		……		……
2013	195555	20.5	704527	73.7	53838	5.6	955841
2014	188407	18.8	760682	76	51958	5.2	1001047

注：数据来源于中国法律援助网：http://www.chinalegalaid.gov.cn/China_legalaid/node_40884.htm，其中2010—2012年数据缺失，由于统计口径不同，2005—2007年案件总量是承办案件量，2008—2014年案件总量是结案数量。

（二）从需求侧来看：总需求的持续扩张性

法律援助需求量并不是一个内涵、外延清晰的概念，通常情况下以法律规定的援助事项范围、符合经济困难标准的申请者作为衡量法律援助需求的依据[①]，这也是通常意义上所说的符合法律条件的需求（简称法定需求）。但在实践中，要全面把握法律援助的总需求，至少还要考虑法律援助的潜在需求量，以及符合法律援助条件的需求量得到多大程度的释放等问题。[②] 除非进行严格的界定，法律援助需求量并不是一个可以简单测算和预测的数据，法律援助机构办理的案件数量只能体现国家对贫困者法律服务需求的保障情况，难以全面反映现实中的客观需求，但实际案件数量、构成以及增长情况，可以帮助我们把握现实社会中法律援助需求的变化趋势。

1.符合法律援助条件的需求量不断增长

图8-2为2003—2014年法律援助办案量的构成及增长情况。2003—2014年，全国办理的法律援助案件由166433件增长至1243075件，年均增长率为20.06%。由此可见，随着社会的发展，民主政治建设以及法治水平的不

① 洪笃凯：《试论法律援助需求量》，《中国司法》2012年第4期。

② 在法律援助高度发展的理想状态下，法律援助的实际需求与潜在需求应当是相等的，但在通常情况下，法律援助的潜在需求会远远大于实际需求，如民众的一部分法律援助需求尚未纳入国家法律援助体系内。另外，即便是符合法律规定的法律援助事项，也并非完全进入法律援助程序之内。

断提高，公民权利意识不断增强，贫困者对法律援助服务的需求大量增加。同时，从具体的、阶段性的社会环境进行分析，这种需求的增加又与一定时期社会转型、变革、社会利益关系调整产生的突出的社会矛盾问题紧密相连。

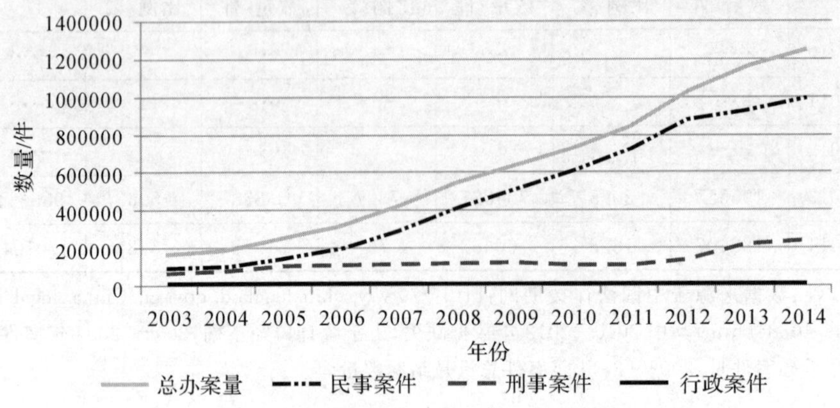

图 8-2　法律援助办案量的构成及增长情况(2003—2014)

注：数据来源于中国法律援助网：http://www.chinalegalaid.gov.cn/China_legalaid/node_40884.htm。

2. 法律援助潜在需求量的释放

从潜在需求向法定需求转化的方式便是法律法规对法律援助适用条件的扩充。以刑事法律援助为例，我国刑事法律援助案件增长缓慢，从 2005 年起至 2012 年一直维持在 11 万件左右，值得注意的是，刑事案件数量在 2013 年有了较大的增长，从 2012 年的 133677 件增加至 2013 年的 222200 件，增幅达到 66.2%，并且此后维持在 20 万件以上的水平。[①] 引起这一变化的主要原因是 2012 年《刑事诉讼法》扩大了法律援助的适用范围[②]，使原本潜在的法律援助需求通过合法的方式释放出来，有学者预测在新《刑事诉讼法》实施以

① 参见表 8-2 数据。

② 2012 年《刑事诉讼法》的修改，第一，确立了依申请适用的法律援助，犯罪嫌疑人、被告人因经济困难或者其他原因没有辩护人的，本人及其近亲属可以向法律援助机构提出申请；第二，扩大了依职权适用法律援助的范围，在原来的未成年人，盲、聋、哑人以及可能判处死刑的人的基础上增加了“尚未完全丧失辨认或者控制自己行为能力的精神病人”和“可能判处无期徒刑的人”；第三，提前了法律援助适用的诉讼阶段，规定法律援助不仅适用于审判阶段，也适用于侦查和审查起诉阶段。

后，刑事诉讼法律援助的数量将增加5倍左右[①]，虽然在实践中并未出现井喷的增长，可能的解释是由于刑事被追诉人对于法律援助的认知程度较低，法定需求并未得到完全释放，但这足以说明国家对于刑事诉讼中被追诉人权利保障的重视会进一步释放法律援助的潜在需求。

2015年6月，中共中央办公厅、国务院办公厅印发了《关于完善法律援助制度的意见》，将不断扩大法律援助范围作为未来发展的主要目标，其中在原有民、行法律援助事项范围外，要求各省逐步将与民生紧密相关的事项纳入法律援助范围，并探索申诉案件的法律援助，进一步放宽经济困难标准。在刑事法律援助方面，除了落实《刑事诉讼法》及相关配套法规制度关于法律援助范围的规定，还提出开展试点法律援助参与刑事申诉代理，建立法律援助值班律师制度，在法院、看守所派驻法律援助值班律师，以及法律援助参与刑事案件速裁程序、刑事和解、死刑复核案件等等。随着依法治国进程不断推进，法律援助的深度参与使得当前的司法体制改革获得正当性保障，法律援助潜在需求量将不断转化为现实需求量。

总体上来看，法律援助的总需求在保持持续增长的基础上，随着刑事法律援助需求的推动以及各种潜在需求的释放，我国法律援助需求总量在未来将保持持续的高增长水平。而根据笔者对我国2003—2014年法律援助经费投入(x)和办理案件量(y)两组数据进行的回归分析，发现法律援助案件量的增长与经费投入存在高度相关性（见图8-3）[②]，我国法律援助案件办理量的增长与经费投入的增长有较高的相关性，这说明我国政府主导的法

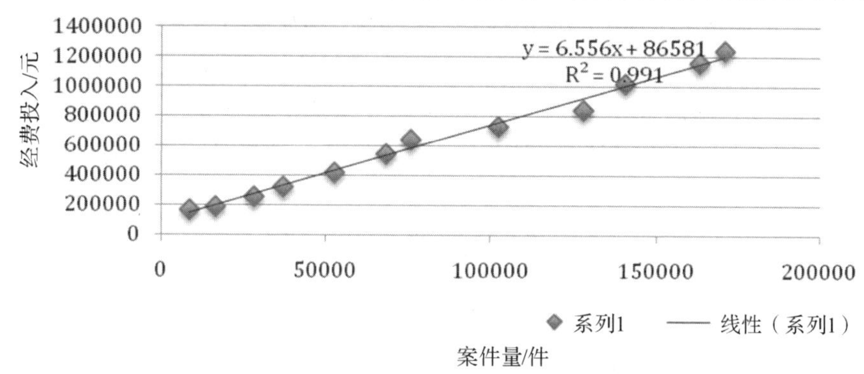

图8-3　法律援助案件量与经费投入相关关系

① 顾永忠：《中国刑事诉讼法律援助制度发展研究报告》(下)，《中国司法》2013年第2期。

② 在此线性回归模型中 $R^2=0.99136$，在回归分析中 R^2 大于85%即代表变量之间具有较高的相关性。

律援助具有增量式推进[①]的显著特征。在未来法律援助经费增长受限而法律援助需求进一步扩大的情况下，法律援助供给与需求的矛盾将进一步加剧。

三、法律援助中国模式的缺陷分析

法律援助中国模式的特点在于政府通过财经经费的增量投入和律师免费的服务摊薄法律援助成本，扩大法律援助范围，并通过行政化的组织运行方式推动法律援助增量式发展，这是在法律援助制度建立初期经费短缺、律师资源不足的条件下，应对巨大法律援助需求的必然选择。事实也证明，这种发展模式对于短时期内扩大法律援助受益面，迅速建立法律援助的体系框架卓有成效。然而这种发展方式隐含着改革动力不足的固有缺陷。

（一）资源输入方式不可持续性的缺陷

1.单纯依靠财政增加投入无法突破公共服务的成本限制

从前文的实证分析可以看出，我国的法律援助经费主要依靠财政投入，作为一项基本公共服务，法律援助经费投入受制于国家总体财政能力以及公共服务支出结构。公共服务支出系统是由教育、科技、卫生、社会保障和文化等支出要素构成的复杂系统[②]，在公共服务整体投入增长的前提下，法律援助的财政投入在经历了较大幅度的增量发展之后，仍然需要考虑在公共服务支出结构中的平衡性。目前来看，法律援助财政支出近五年内增长速度已经高于教育、社会保障和就业等财政支出的增幅[③]，未来大幅增长的可期待性有所下降。“对公平正义的追求，不能无视代价”[④]，法律援助的成本问题，也一直

---

① 增量原是经济学术语，与存量、流量相对应，后被广泛应用到其他学科话语体系中，如增量式民主、增量式改革等。增量式发展是指通过输入流量的增加，实现存量增长，从而推动增量的递进发展。参见余永清：《近三十年来两岸关系的“增量式”发展模式初探》，《世界经济与政治论坛》2009年第3期。

② 娄峥嵘、徐元善：《我国公共服务支出优化：理论模型与实证分析》，《中国行政管理》2011年第7期。

③ 教育和社会保障、就业财政支出的增长率分别为12.5%和14.1%，数据由财政部国库司网站公布数据计算而来，数据参见 http://gks.mof.gov.cn/zhengfuxinxi/tongjishuju/，最后访问日期为2016年6月24日。

④ 波斯纳法官的名言：“The demand of justice is not independent of its price”，转引自：熊秉元：《正义的成本》，东方出版社，2014，第31页。

困扰着世界各国政府[①]，单纯依靠财政经费增量投入推动法律援助发展，扩大服务供给，后继乏力。未来的改革应当在保持财政经费稳定增长的基础上，整合更多的社会资源以扩大法律援助的资源总量，同时探索管理、运行机制、供给模式的改革，通过提高经费利用率来提升法律援助的供给能力。

2. 法律服务市场的逐利性决定了律师无偿法律援助服务的不可持续性

我国的法律援助制度通过法律和行政的手段强制性要求律师等法律服务者必须履行法律援助的义务，为符合条件的公民提供无偿的法律援助服务。[②] 律师等法律服务者的大量无偿服务是我国法律援助制度的重要资源输入方式。[③] 表 8-3 数据也证实了，律师和基层法律服务工作者承担了 70%左右的法律援助案件。

律师承担强制性法律服务义务是在法律援助资源稀缺，政府财政能力有限的情况下，促进法律援助快速发展的必然选择，但是这一制度设计存在着理论实践上的悖论：(1)从国际惯例来看，法律援助的责任主体是国家，是政府为贫困者提供的一种公共产品和服务，贫困者应当通过正常的渠道和合法的手段获得这些产品和服务，而非将此义务转嫁给律师。(2)从法律服务市场的实践来看，无论是律师事务所还是律师，都是自负盈亏的独立的经济体，通过有偿的商业性的法律服务得以生存和发展。虽然，出于职业伦理的要求，律师职业具有维护司法正义的天然公益性，但这种职业伦理出于道德而非法律的强制要求，就像医生职业具有救死扶伤的伦理要求，医生可以自愿开展一些免费的义诊活动，但并无法律强制每个医生必须承担一定量的义诊。

由律师提供免费法律援助服务的资源输入方式带来的问题是律师激励不足，法律援助服务质量难以保障，很多学者研究表明，法律援助案件质量不

---

① [英]理查德·扬、戴维·沃尔：《刑事正义、法律援助和捍卫自由》，载刘长好译、宫晓冰主编《各国法律援助理论研究》，中国方正出版社，1999，第 164 页。

② 虽然政府为法律援助案件承办律师提供一定的办案补贴，但该补贴仅是对社会律师办理案件成本支出的物质补偿，如交通和食宿费用，并不包含对其智力成本支出的补偿，从全国范围来看政府支付给社会律师的法律援助办案费用较低，远远低于律师服务的市场价格，办案补贴并不包括律师的服务费，律师是无偿地提供法律援助服务。

③ 2012 年，我国为公民提供代理和辩护服务的法律援助案件超过了 100 万件，是英国年平均提供代理服务数量的 10 倍，但我国政府对法律援助的财政投入不足英国的 1/10。

高与案件补贴过低有直接关系。[①] 从域外的经验来看,法律援助服务是律师法律服务市场的一部分,律师通过公平竞争有序参与。我国律师等法律服务者无偿提供法律援助的做法,在世界范围内也是独有的。[②] 律师法律援助服务义务有必要在理论上进行重新论证,在实践上进行新的制度设计。

(二)行政化组织运作方式的缺陷

1. 政府职能不清导致行政效率不高

我国法律援助运作主要依赖于政府的行政推动,法律援助机构负有组织管理监督等行政职能:受理审查法律援助申请是政府对法律援助社会需求的管理;批准法律援助申请是政府给予法律援助的行政许可行为;指派法律服务人员承办法律援助案件是政府对法律援助资源的管理、配置、使用;核发案件补贴是政府对法律援助资金的管理和使用行为。除此之外,我国的法律援助管理机构还会直接提供一定数量的法律援助服务,在表 8-3 中法律援助机构工作人员提供了部分案件办理,这一比例虽然逐年下降,但仍然有 20%左右,原因在于:我国法律服务市场发展不均衡,部分地区缺乏社会法律服务者;政府法律援助机构中存在一定数量的具有法律服务资质的人员。由政府直接提供法律援助服务存在合法性缺陷:(1)政府本身既是法律援助的监管者又是法律援助的提供者,存在“既是裁判员又是运动员”的现象,减损其监管者的权威。(2)法律援助机构工作人员由国家提供福利工资,承办案件又可以领取办案补贴,相对于社会律师提供免费的法律援助服务而言显得极不公平,在利益驱动下,法律援助机构工作人员往往热衷于承办案件,极易滋生腐败,同时造成了法律援助机构管理职能缺失,偏离正确的建设方向。[③] (3)法律援助机构双重职能导致机构臃肿,行政成本提升,有限的法律援助经费不能得到合理配置,利用率不高。

---

① 较低的案件补贴使得有经验和水准的律师不愿意承办法律援助案件、律师对法律援助案件投入精力过少,“偷工减料”并且“理直气壮”。参见左卫民:《中国应当构建什么样的刑事法律援助制度》,《中国法学》2013 年第 1 期;马静华:《指定辩护律师作用之实证研究——以委托辩护为参照》,《现代法学》2010 年第 6 期;黄东东:《法律援助案件质量:问题、制约及其应对——以 C 市的调研为基础》,《法商研究》2015 年第 4 期;等等。

② 桑宁:《论中国法律援助的创新与发展》,《中国司法》2013 年第 10 期。

③ 桑宁:《法律援助提供模式研究——中国“专职模式”辨析》,《中国司法》2013 年第 12 期。

图 8-4 为 2003—2013 年我国法律援助经费收入及支出情况。① 数据显示办案费用支出仅占支出总额的 30%～40%②，办案支出较少，法律援助机构运行的行政成本较高，有近 60%的经费支出并非直接用于案件办理。在其他国家和地区，法律援助的经费绝大多数都用于办案，管理费用所占比例很低，如英国 2000—2001 年度法律援助财政净拨款为 17 亿英镑，95%用于律师办案，只有 5%用于法律援助人员工资和行政管理开支，再如荷兰中央政府的法律援助财政拨款中，行政和业务开支仅占 8%左右。③

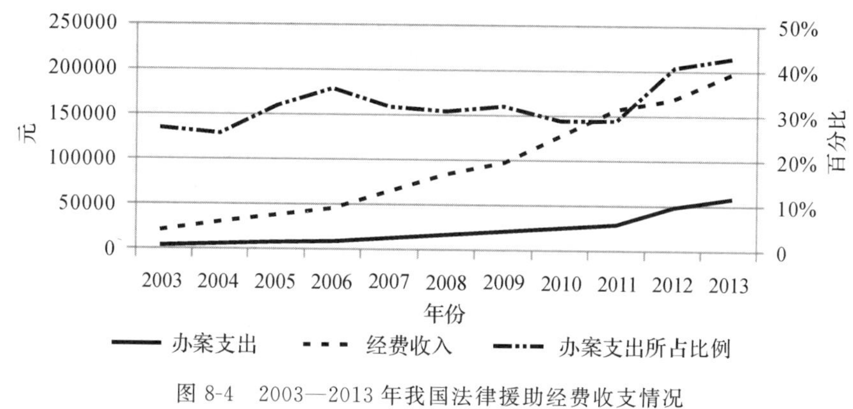

图 8-4 2003—2013 年我国法律援助经费收支情况

2. 政府责任的定位对法律援助案件结构的影响

前文表 8-2 数据反映了我国法律援助案件结构失衡，刑事案件比例偏低。这与法律援助的政府责任定位有密切的关系。2000 年以后我国改革开放进入加速阶段，贫富差距加大、社会矛盾凸显、民间纠纷日益增多，中央提出构建社会主义和谐社会的发展战略，法律援助制度被定位为政府责任，从建立之初就肩负着化解纠纷和矛盾、维护社会稳定的使命。④ 从政府责任构成来看，化解大量民事利益纷争是维护社会稳定的重要方面，同时打击犯罪、维护社会治安也是政府的主要职责，而为刑事案件中的犯罪嫌疑人提供公平的诉

① 法律援助经费支出主要有三部分：人员经费、基本公用费用和业务经费，其中业务经费包括办案支出、宣传费用支出及培训费支出和其他费用支出。

② 数据来源于中国法律援助网：《全国历年法律援助数据图》(http://www.chinalegalaid.gov.cn/China_legalaid/content/2010-08/27/content_3998331.htm?node=40884)；司法部法律援助司《2012 年全国法律援助工作概览》，《中国司法》2013 年第 6 期。

③ 陈永生：《刑事法律援助的中国问题与域外经验》，《比较法研究》2014 年第 1 期。

④ 参见司法部法律援助中心：《中国法律援助制度诞生的前前后后》，中国方正出版社，1998，第 1-2 页。

讼保障则偏重于国家责任。从这一角度来看，法律援助机构更倾向于民事案件的办理。另外从行政绩效的角度考虑，民事纠纷案情相对简单，办理难度较低，相对而言，由于我国长期形成的重打击、轻保护的刑事司法环境，刑事辩护环境差，风险大。因此法律援助向民事案件倾斜更容易体现出法律援助事业的繁荣。法律援助作为一项公共服务，不仅需要满足公益性的特征，更应该符合司法规律，以政府责任为导向的法律援助制度不符合该制度的初衷：刑事法律援助是法律援助最初的制度形态，民事、行政案件大多涉及与财产相关的权益，而刑事诉讼涉及剥夺公民的自由，甚至生命等最基本和重要的宪法权利，刑事案件的法律援助是最低限度也是最重要的法律援助，在现代法律援助制度中处于最基础的地位。①

政府责任的定位使得法律援助对刑事司法公平的保障力度不够。图 8-5 为 2003—2014 年法律援助案件占全年一审审结刑事案件的比例。

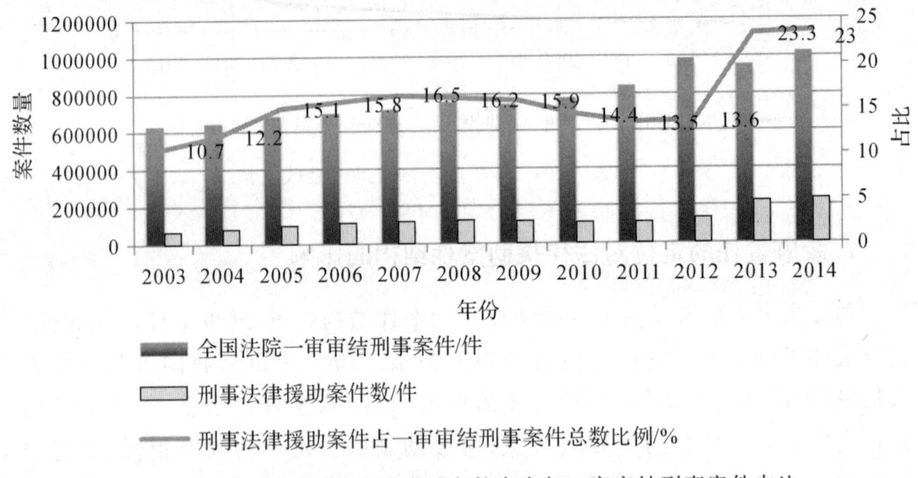

图 8-5　2003—2014 年法律援助案件占全年一审审结刑事案件占比

由图 8-5 数据可见，法律援助为刑事被告人提供的辩护援助服务数量较少，刑事法律援助案件数平均仅占全国法院一审审结刑事案件数的 15.9%，这说明目前法律援助工作在刑事司法领域并未实现基本人权保障的功能。从国外的实践经验来看，刑事诉讼中被告人获得律师辩护帮助是刑事诉讼现

① 刘万奇、王志勇：《新刑事诉讼法视角下法律援助制度思考》，载顾永忠主编《刑事法律援助的中国实践与国际视野》，北京大学出版社，2013，第 146-147 页。

代化的发展趋势[①]，各国都通过各种方式来保障被告人获得律师辩护服务[②]，有资料显示美国大约80％的刑事被告人是由政府出资聘请律师提供辩护服务[③]。反观我国，长期以来刑事案件的律师辩护率一直维持在较低水平，大致为20％～30％[④]，这意味着70％左右的犯罪嫌疑人、被告人无法获得律师辩护帮助，因此提高我国刑事案件犯罪嫌疑人、被告人获得律师辩护帮助有待于法律援助向刑事领域的倾斜。

3.“政府失灵”与法律援助社会参与度低

2003年的《法律援助条例》将法律援助定位为“政府责任、律师义务、社会参与”，法律援助既是政府责任又是公益事业。但是长期以来，我国法律援助组织生存发展艰难，处于自生自灭的状态，社会组织对法律援助的贡献十分有限，表8-3中数据显示，2005—2014年间社会组织和法律援助志愿者承办案件占案件总量的2％～5％，年均增长率仅为0.27％。就在同一时期，我国的社会组织获得了长足的发展，至2013年底全国社会组织数量已经达到54万多个，自2000年以来保持了年均10.2％的增长速度，成为一种普遍的社会力量，在教育、医疗、科技、环保、公益等社会各个领域发挥了重要的作用。法律援助社会参与度低的可能解释是政府在法律援助社会参与方面管理缺位，实践中政府至今没有出台过关于鼓励促进社会组织参与法律援助事业的政策。党的十八届三中全会提出创新社会治理体制，激发社会组织的活力，适合由社会组织提供的公共服务来解决的事项，交由社会组织承担。在各个领域充分利用社会组织参与治理的大背景下，政府应当加快研究制定促进法律援助社会化参与的政策法规，使社会力量成为政府法律援助真正的合作伙伴。

综上所论，法律援助政府主导的中国模式存在内在缺陷，限制了法律援

---

① 马静华：《刑事辩护率及其形成机制研究——以刑事一审为中心》，《四川大学学报（哲学社会科学版）》2011年第6期。

② 如美国联邦最高法院在“吉迪恩案”中认为：在法庭中，律师是“必需品”而非“奢侈品”，轻罪案件中贫困犯罪嫌疑人、被告人可以享有政府提供的免费律师辩护服务。在美国，一般认为最高刑期为一年以上监禁刑的犯罪属于重罪，其余属于轻罪。参见Gideon v. Wainwright，372 U. S. 335(1963).

③ W. J. Stuntz，“The Virtues and Vices of the Exclusionary Rule”，*Harvard Journal of Law & Public Policy*，1977，20(2)：443-455.

④ 关于我国的刑事案件律师辩护率，尽管调查的结果各地有所差异，但大致均显示在20％～30％，如马静华对西部某县的调查，律师辩护率为22.31％，参见马静华：《指定辩护律师作用之实证研究——以委托辩护为参照》，《现代法学》2010年第6期。顾永忠对全国多个地市的调研发现，刑事案件律师辩护率在30％左右，参见顾永忠：《中国刑事法律援助制度发展研究报告》（上），《中国司法》2013年第1期。

助满足公众需求的能力。《法律援助条例》对于法律援助“政府责任、律师义务、社会参与”的定位，是我国法律援助制度组织、运作的基本思路。然而实践中，这种模式存在内在缺陷。政府责任强调政府在法律援助经费投入上的义务，受我国财政能力的限制，仅靠经费的投入难以满足持续增长的法律援助需求。对于律师法律援助义务的强制规定，存在理论和实践上的悖论，制约了法律援助案件质量的提高。行政化的组织运作模式，使得法律援助机构运作效率不高，造成了有限资源无法合理配置，同时政府管理目标的导向使得法律援助供给结构失衡，政府宏观调控的失灵，使得社会领域自发参与法律援助的自治功能受到抑制，未能发挥应有的作用。上述缺陷使我国法律援助制度在经历了一定时期的高速发展后始终徘徊于供需矛盾的困境，无法实现跨越式的发展。

四、法律援助多元协同治理模式的构建

依法治国的全面推进，对困难群众法律保障力度进一步加强，对法律援助制度的保障能力提出了更高的要求，现有模式的内在缺陷使我国法律援助事业遇到了发展瓶颈，因此应当在扩大供给能力，提升供给质量的目标下改革我国法律援助模式。改革的方向是重新定位法律援助的责任主体，建立多元化供给机制，构建政府主导下的行政化、市场化、社会化的多元协同治理模式。

（一）法律援助的国家责任

1. 从政府责任向国家责任的转变

从20世纪90年代开始试点到2003年《法律援助条例》的制定，法律援助被定位为政府责任，然而法律援助制度所具有的促进社会公平正义、维护司法公正、社会稳定、人权保障等价值绝非政府职能所能承载的。法律援助不仅是政府提供的一项法律服务，还是我国法制体系的重要组成部分，将法律援助局限为政府责任，降低了其应有的地位，如关于法律援助全国性的立法《法律援助条例》仅仅是国务院的部门规章，政府责任被下放到县级以上四级政府身上，而由各级政府主导建立的法律援助体系具有高度的分散性，难以形成统一的法律援助国家政策。

对法律援助政府责任的定位反映了我国特定时期政府在国家和社会管理中的全能型角色，政府就等同于国家。对于政府责任的强调，导致政府在

法律援助方面的绝对话语权，不管是组织管理方面还是具体的法律服务提供方面都带有强烈的行政色彩，忽视了市场机制和社会机制在公共服务管理中的作用。然而和其他公共事业领域一样，这种政府主导的模式，在市场经济获得充分发展后受到挑战。在新公共管理运动兴起的背景下，国家治理结构的变革着力于调整政府与市场的关系进而促进政府职能转变。[①] 2000 年以后非营利性组织(NGO)的兴起，又进一步形成了对“政府与市场”二元结构的有益补充。党的十八届三中全会提出推进国家治理体系和治理能力现代化，意味着以政府、市场和社会为三大基本要素的国家治理体系在我国的确立。

在国家治理能力现代化的背景下，将法律援助定位为国家责任，有助于厘清法律援助的内部关系，法律援助是国家治理体系的重要组成部分，应当由国家统一立法，政府作为法律的执行者，具体负责法律援助的组织管理工作。同时在法律援助制度的发展过程中，应当遵循国家治理能力现代化的路径，通过政府、市场、社会三大力量共同协作提升治理能力。

2. 国家责任与律师义务

在“政府责任、律师义务”的法律援助模式下，律师和基层法律服务工作者提供免费法律援助服务支撑起法律援助的快速发展，这种发展模式受到颇多质疑，认为这是政府将其负有的法律援助责任转嫁给律师。[②] 在明确了法律援助是国家责任的语境下，律师的法律援助义务应当从其职业伦理和社会责任的角度去解读，国家赋予律师法律服务资格的专有性，律师必然要承担起相应的社会责任，但是律师法律援助义务的实现方式需要与具体办理法律援助案件脱钩，取消律师必须完成一定数量法律援助案件的规定，拓展律师履行法律援助义务的形式，比如税收、捐赠等，所得收入纳入法律援助经费进行统一管理使用。与此同时，政府在法律服务提供模式上进行相应的改革，分阶段推行政府购买服务的方式，律师和律师事务所作为平等的市场主体，通过公平竞争有序参与到法律援助中来。

(二)法律援助多元供给

我国目前法律援助供给方式主要有三种：一是法律援助机构直接提供法律援助服务(行政化的供给方式)；二是法律援助机构指派律师和基层法律工

① 范柏乃等:《政府职能转变:环境条件、规划设计、绩效评估与实现路径——基于 Kast 组织变革过程模型的分析》,《浙江大学学报(人文社会科学版)》2016 年第 3 期。

② 贺仁海:《法律援助:政府责任与律师义务》,《环球法律评论》2005 年第 6 期。

作者办理法律援助案件并给予案件补贴；三是由社会组织和志愿者提供法律援助服务。从表面上看，除了法律援助机构的行政化供给，作为法律服务市场参与者的律师和社会组织都参与了法律援助供给，具有多元供给的特征，但究其实质仍然是行政化供给的延续。律师办理法律援助案件领取补贴并非遵循市场化的价格机制，也非基于市场的自由竞争而是行政指派，即便是现在如火如荼地进行的政府购买法律援助服务，也仍是在律师等法律服务者提供无偿法律服务前提下的定额补贴模式，并非真正意义上的市场化；社会组织对法律援助参与有限，在接受政府指派后也领取法律援助经费提供的案件补贴，与政府法律援助工作重叠，这与社会组织利用自身资源提供法律援助服务的有益补充的角色定位不符，无法有效增进法律援助的总量供给。因此，有必要对法律援助市场化、行政化、社会化的供给方式进行重新定位和设计。

1.法律援助的市场化探索

法律援助市场化的前提是存在一个较为完善的法律服务市场，在这个市场中存在购买者和服务提供者，服务的价格由市场竞争机制来调解，市场运作遵循合同和契约的精神。法律服务市场化的主体，一面是作为购买者的政府，另一面是作为服务提供者的市场主体，具体来说，是以市场运行机制为依托的各律师事务所及其从业律师为主。① 市场化建立在交易双方地位平等的基础上，因此前文所提将律师法律援助义务与必须完成一定数量法律援助案件的履行方式剥离是律师和律师事务所获得平等市场主体地位的制度保障。

市场化运行有待于建立政府购买法律援助服务机制。2015年6月出台的《关于完善法律援助制度的意见》中，明确提出了加大政府购买法律服务的力度，这些文件的出台为法律援助市场化发展提供了动力。自2014年开始，国务院、省、市都把法律援助纳入了政府采购项目，但是就其实施方式来看，仍然沿用“定额补贴”的模式，并没有按照政府采购项目的程序和规则来运行。② 因此，未来应进一步推动合同招标③等公共服务市场化的方式在法律援助领域的应用。当然法律援助的市场化，不仅是指由政府向市场购买法

① 另外，各类提供法律援助的社会组织在通过市场机制参与法律援助服务提供时，也被认为是市场化的参与主体，此处的讨论以律师和律师事务所为重心。

② 王正航等：《法律援助政府购买服务机制研究》，《中国司法》2016年第5期。

③ 合同招标是工业化国家公共服务输出市场化的主要形式，又称为合同出租或者合同外包，是公共服务市场化过程中应用最为广泛的模式。参见周义程、蔡英辉：《公共服务合同制购买的运作风险及其防范策略》，《行政论坛》2016年第1期。

律援助服务这一方面，还包括一切符合市场经济发展规律的做法，如通过经济学的供给需求理论，在法律援助资源既定的情况下，寻求法律援助服务的均衡产量和均衡供给，从而制定出法律援助案件合理的范围；另外，可以探讨在一些民事法律援助案件中，建立受援人费用分担的机制①，在条件成熟的情况下，可以探讨建立诉讼保险（Legal Expenses Insurance）制度②，利用法律服务业和保险业的利益协同性③，将其纳入社会保障范围之内，进一步辐射法律援助的受益面。

市场化对于整个法律援助系统的价值在于：(1)促进政府管理角色的回归，从具体服务提供者繁重的任务中获得解放，从事必躬亲的"划桨者"转变为运筹帷幄的"掌舵人"，精简机构，节约行政成本，提升行政效能。(2)对于法律援助的案件质量提升的价值在于，解决了法律服务市场的逐利性与法律援助的公益性的矛盾，缩小法律援助案件补贴与市场价格之间的差距，使律师办理法律援助案件"有利可图"，律师事务所承揽合同以后有动力通过专业分工优化办案流程、通过资源集约运作方式减少单个案件办理成本，来获取利润最大化，提升律师事务所承办法律援助案件的总体收入。同时辅以价格、税收等宏观调控手段的应用，对于其他没有承揽法律援助案件的律师和律师事务所，通过付费的方式履行法律援助义务，补贴法律援助的招标价格；律师是高税收行业，国家可以对承办法律援助案件的律师和律师事务所给予税收等政策优惠。律师有内在激励办理法律援助案件，辅以政府作为购买者对服务质量的监督机制，会有效提高法律援助案件质量。

综上分析，法律援助的市场化供给模式适用于法律服务市场较为发达的地区以及法律援助运作机制较为成熟的服务领域，如民事、行政、刑事案件的诉讼代理和法律援助咨询业务等。而法律服务市场发育程度较低、律师资源缺乏的地区，以及司法改革的试点领域则不适合市场化的供给方式。

---

① 法律援助受援人分担费用机制源于英国，目前已被美国、比利时、德国等 20 多个国家和地区所采纳，其主要方式是对法律援助经济困难标准进行层次性划分，在可获得全部免费法律援助服务范围以外的人，可以通过分担一定费用的方式获得法律援助服务，这一机制的目的在于在资源一定的情况下，尽可能地扩大法律援助的受益覆盖面。参见法言：《关于法律援助受援人分担费用制度几个基本问题的研究（二）：中外制度比较》，《中国司法》2014 年第 5 期。

② 诉讼保险又称法律费用保险，投保人通过购买特定的险种，在发生诉讼时，由保险公司通过理赔方式向投保人支付诉讼费用，广义上的诉讼保险还包括对投保人的法律咨询、法律交涉等法务活动提供费用的保险。参见罗筱琦：《诉讼保险制度再探》，《现代法学》2006 年第 4 期。

③ B. F. Christensen. "Aids in Meetting Legal Expenses", *British Journal of Manangment*, 1986; (4)2:221-233.

2. 法律援助的行政化保障

法律援助行政化保障主要指政府及其所属的法律援助机构直接提供法律援助服务，并较多地采用政策和资金倾斜，通过行政化手段，推动法律援助薄弱地区和领域发展水平的提升。法律援助市场化供给需要特定的条件制约，在市场失灵的特定地区和领域加大法律援助行政化保障具有现实必要性。法律援助供给的行政化保障应主要侧重于以下三方面。

首先，通过行政化的保障实现法律援助区域间的平衡发展。我国地域辽阔，地区之间社会、经济发展不平衡，法律服务市场的发展程度也是如此。以浙江省为例，至 2014 年 6 月，浙江省有律师事务所 1107 家、律师 13277 人，但是地区之间律师数量差距很大，省会杭州市有 4422 名律师，而不少地区特别是一些经济欠发达的山区、海岛县(市)律师资源严重不足，全省 90 个县(市、区)中，有 7 个县(市)只有一家律师事务所，有 8 个县(市)律师人数不足 10 人。[①]浙江省内法律服务资源的差异只是全国的一个缩影，就全国范围来看，很多地区由于社会、经济、文化等多方面的限制，法律服务资源十分匮乏，这些地区显然不具备法律援助市场化的条件，只有通过政策、资金的倾斜，行政力量的推动来确保欠发达地区法律援助的跨越式发展。

其次，通过行政化保障促进法律援助薄弱领域的发展。我国法律援助案件构成比例中，刑事法律援助案件数量偏低，法律援助对刑事司法公平的保障力度不够。在刑事法律服务市场本就不繁荣的情况下，单凭市场的力量无法纠正长时间形成的结构失衡，在未来的发展中，政府需要加大对刑事法律援助工作的特殊扶持和行政化保障：(1)设立专项经费。在法律援助经费的存量及增量投入上，优先考虑、优先保障刑事法律援助。(2)强化管理职能，对案件进行分层细化，制定不同的援助策略。刑事案件本身具有复杂多样性，比如地域分布多寡、轻重罪案件、简单案件和复杂案件的区别，如果不予区分地投入相同的资源，采取单一的模式，则不利于刑事法律援助成本的控制和整体效率的提高。从国外的经验来看，刑事法律援助体系可以由不同的机制构成，如美国刑事法律援助体系由指定律师制度、公设辩护人制度和合同制三种实施机制构成。[②] 对于大量轻罪和简单案件，可以适用市场化的合同机制；对于刑事案件多发，当地律师资源不足，不具备市场化条件的地区以

① 浙江省司法厅：《关于支持律师资源不足地区加快公共法律服务体系建设的指导意见》，2014 年 8 月 8 日发布。

② Alissa Pollitz Worden. "Counsel for The Poor: An Evaluation of Contracting for Indigent Criminal Defense", *Justice Quarterly*, 1993(10): 613-614.

及少数重罪、复杂案件，可以探索公设辩护人制度，将其纳入国家公务员序列，由国家提供工资、福利等相关待遇，专职从事统一指派的刑事法律援助辩护工作，发挥其稳定性、高效性、专业性优势。①

最后，通过行政化保障推动法律援助新领域、新机制的成熟。法律援助范围的扩大以及司法改革的制度创新，使得一些新的事项和工作机制被纳入法律援助体系中，对于这些处于试点和磨合阶段的法律援助服务内容，尚缺乏成熟的经验，如法律援助参与申诉案件代理，法律援助机构在法院、看守所派驻值班律师，法律援助参与刑事速裁程序，刑事和解，死刑复核案件等试点工作机制。这些新的法律援助形式需要通过政府直接提供法律援助服务，以确保试点工作的顺利完成，在形成成熟的工作机制后，可以在有条件的地区逐渐推行市场化。

3. 法律援助的社会化补充

法律援助不仅要依靠市场化和行政化的力量，未来还应该着重培育社会法律援助力量，以弥补"政府失灵"、纠正"市场失灵"，在政府力不从心、市场不愿涉足的领域发挥拾遗补阙的作用，具体表现为丰富法律援助形式，促进法律援助总量增长。政府在法律援助社会化过程中，主要担任管理的角色，如探讨建立社会组织参与法律援助的准入机制，对各类法律社会组织实施分类管理，统筹法律援助社会化的整体规划，形成社会法律援助与政府法律援助协调发展的机制等。法律援助的社会化可以从以下三个方面展开。

首先，法律援助社会化要与政府法律援助进行合理分工，形成优势互补的发展模式，避免边界不清的重复投入产生资源浪费。具体而言，社会组织可以将业务向法律援助的核心业务外围延伸。例如政府可以将法律援助咨询、代拟法律文书、法律援助宣传等业务剥离出来，通过购买的形式交由社会组织承担，社会组织的多样性和专门性更有利于高效地开展这些业务。通过社会组织的咨询服务可以在当事人申请政府法律援助之前获得初步分流，有助于减轻政府的工作压力。在宣传方面，社会组织可以发挥与特定人群联系密切的优势，加强对特定人群的宣传，提高法律援助知晓率。在具体案件代理上，社会组织主要承担法定法律援助事项范围外的案件，法律援助机构应与社会组织保持顺畅的沟通机制，使不符合法律援助条件的申请及时流转到

① 谢佑平：《刑事法律援助与公设辩护人制度的构建——以新〈刑事诉讼法〉第三十四条、第二百六十七条为中心》，《清华法学》2012 年第 3 期。

相应的法律援助社会组织。另外，对于法律援助案件办理前后，当事人的心理安抚以及困境帮扶等，社会组织更具优势，这些延伸工作可以使法律援助对贫困群体的扶助产生更实质性的效果。

其次，社会组织法律援助的专门化。如果说政府法律援助着眼于法律援助的覆盖广度，那么社会组织法律援助应当以"专门化和精品化"作为自身的优势定位。目前民间法律援助组织往往缺乏明确的专业定位，大部分是提供综合法律援助服务，缺乏竞争力，无法获得社会信任，更无法获取社会资源支持，往往是昙花一现，缺乏可持续性的发展动力。因此社会组织法律援助应当加强专业化服务，寻求服务重点，尝试专业攻关、专门服务的提供，形成核心竞争优势和动力，产生社会影响力，吸收社会资源，从而成为法律援助事业中不可替代的重要力量。

最后，法律援助社会组织应建立长远的经营计划和运营机制。在参与社会活动、运用市场规则的过程中获得生存和发展的资源，实现法律援助资源获取的多样化。法律援助的社会化旨在政府法律援助之外增加法律援助总供给，因此资源获取应首先考虑从社会自身系统中募集，如争取国际援助基金、慈善基金、社会捐赠等方式，探索拓展社会组织法律援助经费渠道的新形式。如近年来试行的彩票公益金法律援助项目吸引、引导、培育了一批民间法律援助服务组织参与其中，拓展了民间法律援助组织的经费来源渠道，促进了民间法律援助机构的专业化和规模化建设，同时也催生了新的法律援助组织诞生。①

（三）法律援助协同治理模型

我们可以将这种通过政府、市场、社会的合作来提升法律援助治理能力的方式称为多元"协同治理"（Collaborative Governance）模式。② 协同治理意味着在公共事业管理中，政府以外的行动人加入治理中，为达到共同的目标，各行动人共同努力。③ 对法律援助的协同治理而言，意味着以政府为主导的多元治理主体，通过权力与资源的互动达成协同治理的意向，并在一定的运行机制下实现提升法律援助治理能力的共同目标。简言之，法律援助协同治理体系即以律师和律师事务所为代表的市场主体、以政府为代表的行政主体

① 唐钧、李敬：《探索社会组织参与公共法律服务提供的有效途径——对中国法律援助基金会组织实施彩票公益金法律援助项目的讨论》，《中国司法》2013 年第 12 期。

② See John Donahue. *On Collaborative Governance*（Cambridge：Harvard University，2004）.

③ 田培杰：《协同治理概念考辩》，《上海大学学报（社会科学版）》2014 年第 1 期。

以及以各类社会组织为代表的社会主体，在政府的主导下，通过市场化、行政化和社会化的运行方式提供法律援助服务，实现法律援助社会总供给与总需求的动态平衡。在这一系统的三个层级(治理主体、运行机制、治理目标)之间以及每个层级的子系统内部都存在协同、互动关系。当这些系统要素之间互相协调、互相影响，能够采取集体行动的时候，系统整体就体现出规律的有序运动[①]，如图 8-6 所示。

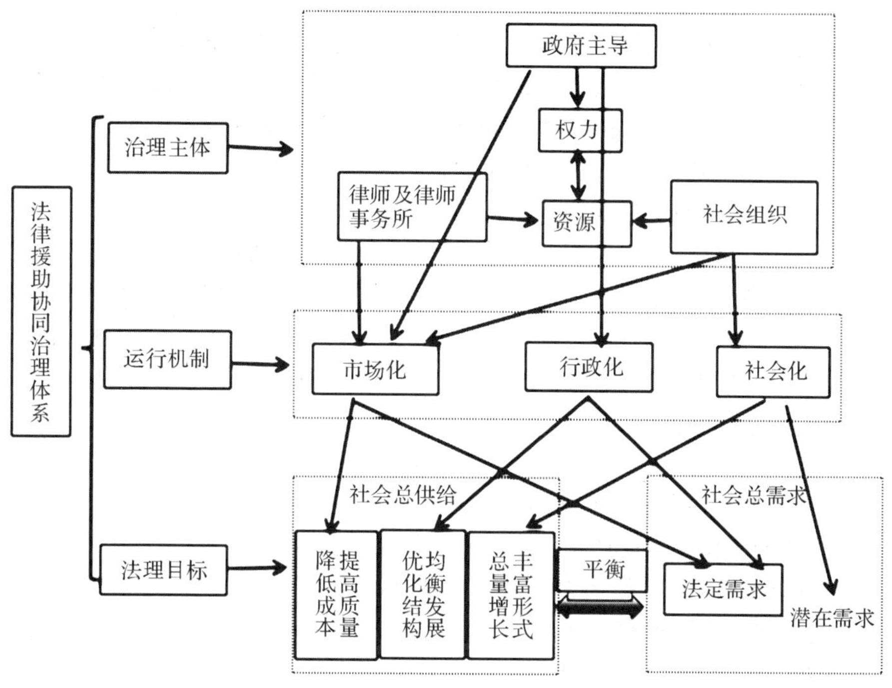

图 8-6　法律援助协同治理体系

1. 治理主体子系统间的平衡

在治理主体这一子系统内，有政府、律师及律师事务所、社会组织的三元结构，这些组织和行为者具有不同的价值和利益追求，拥有不同的社会资本：对于政府而言，政府代表国家拥有制定规则的权力，从而影响资源分配，但是政府单独依靠自身权力和资源无法实现法律援助的治理目标。对于律师而言，法律援助是社会责任和法律义务，但通过所掌握的法律服务智力和

① 李汉卿：《协同治理理论探析》，《理论月刊》2014 年第 1 期。

效率资源追逐利润也是律师行业市场化的需求。社会组织在参与公共服务的过程中，有其自身的组织目标定位，同时也有一套有别于行政和市场的资源获取方式。将这三类价值和利益追求不同的主体整合进法律援助的协同治理体系，需要不同的运行机制，在权力和资源的互动中实现利益共赢的局面。

2. 运行机制子系统间的平衡

通过市场化的子系统，在政府和律师之间达成合作，分别向系统输入各自的优势资源，政府投入法律援助经费，律师投入智力和效率资源，这些资源通过竞争、价格、供求、风险承担等市场机制进行有效的整合，从而得到双赢的结果。与此相同，行政化和社会化的运行系统也遵循着相似的机制。在运行机制的三大系统内，协同治理强调各主体之间自愿、平等与协作关系：首先，是政府不再仅仅是依靠行政命令与其他主体建立联系，而是通过三方主体之间的协商对话、相互合作等方式建立共赢的伙伴关系；其次，政府尊重各个主体内部自我治理的自由，减少对市场组织和社会组织的行政干预。但这并不意味着政府的作用变得无足轻重，相反政府的作用会越来越重要。

3. 政府在系统平衡中的作用

市场和社会在各自的价值和利益指引下参与法律援助，是一种自发的秩序，多主体的合作是否能产生 1+1>2 的结果，这还有待于政府这双有形的手在集体行动的规则、目标的制定以及组织间的协调方面发挥宏观的调控作用，政府仍然在协同过程中处于核心地位：首先，在一个典型的协作性公共管理案例中，政府仍然要为公共物品和服务的提供负最终的责任①；其次，政府所拥有的法律和经济杠杆，可以制衡市场化和社会化中任何财政的、信息的和运行的不对称的制衡力量②。具体而言，在法律援助中，政府应当着力于规则体系的构建，主要包括：政策体系的构建，主要规定公民享有什么样的法律援助权利；组织体系的构建，包括法律援助的管理者、提供者、相关方及责任配置；服务体系的构建，指政府提供什么样的产品和服务；程序系统的构建，包括标准规范、制度和机制；文化价值体系的构建，包括法律援助的理论、价

① Michael McGuire. "Collaborative Public Management: Assessing What We Know and How We Know It". *Public Administration Review*, 2006(12): 33-43.

② [美]罗伯特·阿格拉诺夫、迈克尔·麦圭尔：《协作性公共管理：地方政府新战略》，李玲玲等译，北京大学出版社，2007，第 40 页。

值、知识、技能体系等。[①] 通过规则的治理，是政府法律援助宏观调控的主要方式。

4. 治理目标的达成

在规则体系的指引下，使市场化、行政化、社会化的成果形成实现治理目标的合力，对于法律援助的社会总供给而言，市场化着眼于"降低成本、提高质量"，行政化对应于"优化结构、均衡发展"，社会化注重于"总量增长、丰富形式"；对于法律援助的社会总需求而言，市场化和行政化主要保障法律规定范围内的法律援助需求，而社会化可以将潜在的法律援助需求作为保障对象。在子系统实现各自系统目标的前提下，法律援助的社会总供给与总需求之间动态平衡这一整体治理目标最终得以实现。

我国目前政府主导下的法律援助制度，将法律援助定位为政府责任，而忽视了其维护社会公平正义、人权保障、司法公正、社会稳定所承载的国家责任，限制了法律援助发展的空间，这是我国法律援助制度设计的一大误区。世界各国法律援助都被认为是国家的责任，政府只是代行管理职能。与域外情况不同，我国法律援助制度中，法律援助资源输入不仅依靠政府财政经费投入，还将其规定为律师的强制性义务，这种资源输入模式具有不可持续性；政府行政化的组织运作方式，导致资源浪费，行政效率低下，案件结构失衡，社会参与度低。上述缺陷带来的问题是法律援助的供给能力始终无法满足社会的需要，供给质量不高。

应当说，在法律援助制度设计之初，被定位为"政府责任、律师义务、社会参与"的模式并没有错，而不足在于对于责任、义务、参与没有进行合理的制度设计。政府责任是管理责任还是提供者的责任？律师义务的基础是什么，履行方式是否一定是办理具体的法律援助案件？社会参与应当如何参与？法律援助制度试点始于20世纪90年代，《法律援助条例》制定于2003年，相比于西方数百年的发展历程，我国的法律援助制度并无历史的经验积累，对政府在构建法律援助制度中的全面授权，是特定社会发展阶段的选择。规定律师等法律服务者为公众提供一定数量的无偿服务，是在法律援助资源稀缺，政府投入不足的情况下，推动法律援助快速发展的捷径。21世纪初我国法律服务市场并不成熟，采用政府直接提供法律援助服

① 以上关于高效的法律援助体系，根据《联合国关于在刑事司法系统中获得法律援助机会的原则和准则》中强调的要素归纳总结而成，参见刑事法援网：http://www.criminallegalaid.org/a/flfg/3030.html。

务，与指派社会律师和基层法律服务工作者承办法律援助案件相结合的方式符合当时的现实要求。同一时期，我国社会组织尚处于复苏和探索发展期，《法律援助条例》中规定的社会参与也仅限于宣示意义，并没有实质性的鼓励参与机制。在这种背景下形成政府全面主导的法律援助模式是可以理解的。

时至今日，国家治理格局已经发生了巨大的变化，政府、市场和社会在国家治理格局中的地位和作用日渐清晰。国家对于依法治国、社会公平正义、人权保障的重视，使得法律援助作为一种基础保障制度，承载了更大价值和使命，相应的法律援助制度也应该有所创新和发展。就当下的改革而言，应当确立法律援助的国家责任，在国家治理体系的总体框架内，探索政府、市场和社会在法律援助制度中的角色和作用，构建法律援助多元协同治理的模式，发挥政府在法律援助制度中的宏观管理监督作用，市场在法律援助中的效率和竞争机制，社会在法律援助中的多样、补充价值。这不仅是法律援助制度的改革思路，也是未来国家治理的总体方向，希望法律援助改革能借助国家治理体系现代化的东风得以前行。

第三节　社会力量参与刑事司法的域外经验

一、"问题解决型"法庭产生的背景

美国在 20 世纪 70 年代犯罪高峰的冲击下，社会公众对其司法系统存在的诸多不足持续性地表示不满。例如法院处理案件时间较长，法官缺乏与当事人的沟通，被害人需求被忽视，因吸毒、家庭暴力或者精神健康问题引起的犯罪行为屡禁不止。[①] 针对这些现象，美国司法系统反思了以往的审理模式，即不分案件类型，都采取控辩双方平等对抗、法官居中裁判这一传统审理模式进行处理。尽管长久以来这一审判模式在处理谋杀、强奸和抢劫等重罪案件方面能确保公众的安全感，并有效维护被告人的合法权利，但是在面对日益庞大的轻罪案件，如卖淫、少量的持有毒品、家庭暴力引起的犯罪时，这一

① Greg Berman and John Feinblatt, *Good Courts: The Case for Problem-Solving Justice* (New York: The New Press, 2005), p. 3.

审判模式显得不堪重负且收效甚微。①

针对这些问题，美国法院系统在犯罪控制方面采取了更多样化的处置方式，其中“问题解决型法庭”(problem-solving courts)正是这样一种新的审判模式。“问题—解决”理论主导下的社区法院，是对传统轻微违法和犯罪人员的制裁和处置模式在司法组织机构上的创新。这类法庭并非指某种特定的法庭，而是以“问题解决”为导向，以消除被告人犯罪的具体原因为目的，与各类社会机构和人员紧密合作，利用本地社会服务资源，对被告人采取个别化的司法处理手段，减少再犯率，帮助被告(罪犯)重新回归社会的一系列法庭形式的总称，具体包括毒品法庭、精神健康法庭、社区法庭、家庭暴力法庭、回归社会法庭等等。② 经过30多年的实践，“问题解决型法庭”创造性地开展多样化的以修复被违法破坏的社会关系和矫正被告人违法行为为中心的工作，广泛的试点和长期的实证研究证明该类法庭在处置轻微违法和维护当地的社会秩序方面发挥了积极作用，对于弥补传统刑事司法以惩罚为中心的功能缺陷具有积极的意义，并取得了良好的法律效果和社会效果。美国“问题解决型法庭”已经在很多城市中设立并被美国司法部作为司法创新项目推广。③

二、“问题解决型法庭”的特色

“问题解决型法庭”在思想基础以及运作程序上与传统刑事司法有着很大的不同。“问题解决型法庭”之所以能够运作良好、取得成功，最关键的因素在于司法机关与社区以及当地多机构、部门之间密切而良好的合作关系。首先，在“问题解决型法庭”中，法官会与当地社区及社区居民建立密切的联系和互动。问题解决型法庭强调针对犯罪人的自身特点开展有针对性的矫正计划，因此首先要进行有关犯罪人个人信息及其生活社区的信息收集。通常法官会与社区组织保持联系，同时建立特定的渠道方便社区居民和利益相关者向法庭提供信息。其次，“问题解决型法庭”有赖于社区组织和居民的积极参与，达到解决犯罪问题的目标。社区的有效参与有利于增强公众对司法系统的信心，从而自觉遵守法律并积极配合法庭工作。另外，社区成员和志愿者的参与可以减少法庭的运作成本，拓展司法机关的社会资源。最后，以

① 这些轻罪案件的共同特征是由严重的社会问题(包括精神疾病、吸毒和流浪等)诱发犯罪行为，容易激起被害人和社区居民的不满，而且还消耗大量的司法资源。

② 宋英辉、李瑾:《美国“问题解决型法庭”考察》,《国家检察官学院学报》2014年第5期。

③ 李本森:《社区法院的美国创新和对中国的借鉴》,《中国刑事法杂志》2014年第6期。

法庭工作为中心，整合了司法系统内外的所有资源，通过共同的合作治理来应对犯罪以及犯罪带来的社会问题。“问题解决型法庭”克服了刑事司法运作过程中以司法机关、法律执行机关为主的弊端，积极与多个机构展开合作，共同寻求解决犯罪根源的问题，这其中社区机构和社会服务提供者是其有利的合作伙伴，如社区为法庭做出的社区服务令判决提供条件，并协助法庭监督社区服务令的执行，等等。[①]

三、“问题解决型法庭”对我们的启示

“问题解决型法庭”的成功经验，引起了世界其他国家和地区的关注，并被移植到英格兰、苏格兰、加拿大、澳大利亚、新西兰等国家和地区。[②] 在现阶段，由于社区发展程度以及现实国情的不同，我们不一定要按照美国的模式来建立这种“问题解决型法庭”，但是这样一种通过合作治理的方式解决社会问题的思路仍然是值得我们借鉴的。

（一）加强司法机关与社区的联系

基层司法部门在探索社会治理创新的过程中，通过形式上和实质上的让司法接近人民，让人民参与司法，改变了传统司法那种脱离社会、远离公众的形象，努力改变人民群众对法院的疏离感、厌恶感，改善司法机关与基层社区居民的关系。具体做法上，可以建立社区居民参与的审判咨询委员会，在社区内设立工作场所，让社区法庭成为社区的组成部分，让司法融入社区居民生活之中。

（二）司法机关要积极主动地介入本地社区的犯罪治理

基层司法机关要充分掌握本社区内反复发生、普遍存在、传统司法应对失灵的轻微违法犯罪和其他纠纷的信息。发挥积极主动性，确立以社区为导向、以问题为导向的意识，主动地发现社区需求和社区问题，通过为社区和社区居民提供服务的方式，解决社区问题，从根本上预防、减少违法犯罪和纠纷的发生。

---

① 王建林：《美国社区法庭的实践及其启示》，《中共浙江省委党校学报》2015 年第 5 期。

② James L. Nolan Jr., *Legal Accents, Legal Borrowing: The International Problem-Solving Court Movement* (Princeton: Princeton University Press, 2009), pp. 3-4.

(三)充分利用社会资源协助司法

社区法院可成为社会志愿者和大学生的工作和实习基地。社区法院招募实习人员和志愿者,可以解决法院的工作负担和人手不足问题,同时也可以锻炼大学生和青年志愿者管理社会的能力。社区法院的诉讼之外的社会服务主要依靠社会志愿者来承担。

(四)建立以司法为中心,多部门联动的工作机制

司法机关可以协调司法系统内外的机构、组织、个人,整合社区资源,通过社区搭建多方合作的载体和平台,同当地的各种社会服务机构,比如社区矫正机构、司法所、人民调解组织、公安派出所、学校、村委会、居委会等机构建立密切的联系和相关工作规程,建立以司法为中心,多部门联动,共同构筑为基层群众服务、维护社会稳定和安全的长效机制。通过这种多方合作机制,让社区居民在关系社区利益的司法过程中担当更重要的角色,而不是旁观者、无关者,从而建立司法与社区的合作关系。

(五)建立社区导向和问题导向的工作方式

司法工作人员应深入社区,以各种方式了解社区居民所关心的社区问题和需求,以及引发问题的潜在原因,与社区居民和社区组织一起寻求解决问题和需求的恰当方法,改变传统司法只注重司法职业人员依程序办案并做出惩罚性判决的工作方式,使司法审判既重视案件的处理程序,又重视案件处理结果对当事人个体和社区整体利益的实际效果。

参考文献

一、中文类

[1][德]黑格尔.《法哲学原理[M].杨东柱,尹建军,王哲,编译.北京:商务印书馆,2007.

[2][德]李斯特著,徐久生译.德国刑法教科书[M].北京:法律出版社,2000.

[3][古希腊]亚里士多德.政治学[M].吴寿彭,译.北京:商务印书馆,1965.

[4][荷]斯宾诺莎.神学政治论[M].温锡增,译.北京:商务印书馆,1963.

[5][美]E.默登海默.法理学——法律哲学与法律方法[M].邓正来,译.北京:中国政法大学出版社,1999.

[6][美]R.麦克法夸尔,等.剑桥中华人民共和国史(上卷)[M].谢亮生,等译.北京.中国社会科学出版社,1990.

[7][美]保罗·H.罗宾逊.为什么刑法需要在乎常人的正义直观——强制性与规范性的犯罪控制[M]//陈兴良主编.刑事司法评论(第29卷)王志文,译.北京:北京大学出版社,2011.

[8][美]戴维·波普诺.社会学[M].李强,译.北京:中国人民大学出版社,1999.

[9][美]杜赞奇.文化、权力与国家:1900—1942年的华北农村[M].王福明,译.南京:江苏人民出版社,1994.

[10][美]弗洛伊德·菲尼,等.一个案例 两种制度——美德刑事司法比较[M].郭志媛,译.北京:中国法制出版社,2006.

[11][美]卡罗尔·佩特曼.参与民主理论[M].陈尧,译.上海:上海人民出版

社,2006.

[12][美]科塞.社会冲突的功能[M].孙立平,等译.北京:华夏出版社,1988.

[13][美]罗斯.社会控制[M].秦志勇,毛永政,译.北京:华夏出版社,1987.

[14][美]诺内特,塞尔兹尼克.转变中的法律与社会:迈向回应型法[M].张志铭,译.北京:中国政法大学出版社,1994.

[15][美]庞德.通过法律的社会控制[M].沈宗灵,译.北京:商务印书馆,1984.

[16][美]普拉诺.政治学分析辞典[M].胡杰,译.北京:中国社会科学出版社,1986.

[17][美]乔・萨托利.民主新论[M].冯克利,阎克文,译.北京:东方出版社,1998.

[18][美]乔治.弗雷德里克森.公共行政的精神[M].张成福,等译.北京:中国人民大学出版社,2003.

[19][美]乔治・B.沃尔德,等.理论犯罪学[M].方鹏,译.北京:中国政法大学出版社,2005.

[20][美]萨拉蒙,等.全球公民社会——非营利部门国际指数[M].陈一梅,等译.北京:北京大学出版社,2007.

[21][美]塞维斯.文化进化论[M].黄宝玮,等译.北京:华夏出版社,1991.

[22][美]威尔逊・J.功能分析介绍[J].罗述勇,译.国外社会科学,1986(10).

[23][美]詹姆斯・N.罗西瑙.没有政府的治理:世界政治中的秩序与变革[M].张胜军,等译.南昌:江西人民出版社,2001.

[24][日]高见泽磨.现代中国的纠纷与法[M].何勤华,等译.北京:法律出版社,2003.

[25][日]松尾浩也.日本刑事诉讼法(上卷)[M].丁相顺,张凌,译.北京:中国人民大学出版社,2005.

[26][英]戴维・赫尔德.民主的模式[M].燕继荣,等译.北京:中央编译出版社,2008.

[27][英]潘恩.潘恩选集[M].马清槐,译.北京:商务印书馆,1981.

[28][英]朱利安・罗伯茨,等.解读社会公众对刑事司法的态度[M].李明琪,等译.北京:中国人民公安大学出版社,2009.

[29][英]R. A. W.罗茨.新的治理[J].木易编译.马克思主义与现实,1999(5).

[30]阿城,苘子.广西惊天冤案:无罪入狱 28 年释放之后成痴呆[N].工人日报,2003-05-28.

[31]白建军.从中国犯罪率数据看罪因、罪行与刑罚的关系[J].中国社会科学,2010(2).

[32]北京市高级人民法院.判案选编(1949—1989)[M].北京:人民法院出版社,1992.

[33]卞建林.人民监督员制度的运行与完善[J].国家检察官学院学报,2014(1).

[34]蔡岚.合作治理:现状和前景[J].武汉大学学报(哲学社会科学版),2013(5).

[35]陈彬,等.刑事被害人救济制度研究[M].北京:法律出版社,2009.

[36]陈彬.由救助走向补偿:论刑事被害人救济路径的选择[J].中国法学,2009(2).

[37]陈光中,崔洁.司法、司法机关的中国式解读[J].中国法学,2008(2).

[38]陈光中,于增尊.严防冤案若干问题思考[J].法学家,2014(1).

[39]陈光中.刑事诉讼法的成功修改是我国法制建设的一项重大成就[J].中国法学,1997(5).

[40]陈光中.严打与司法公正的几个问题[J].中国刑事法杂志,2002(2).

[41]陈洪杰.从"群众参与"到公民参与:司法公共性的未来[J].法制与社会发展,2014(1).

[42]陈华森.中国共产党政治动员能力研究[D].昆明:云南大学,2005.

[43]陈锐雄.民法总则新论[M].台北:三民书局,1982.

[44]陈瑞华.从"流水作业"走向"以裁判为中心"——对中国刑事司法改革的一种思考[J].法学,2000(3).

[45]陈瑞华.司法过程中的对抗与合作——一种新的刑事诉讼模式理论[J].法学研究,2007(3).

[46]陈瑞华.刑事审判原理[M].北京:中国检察出版社,2002.

[47]陈瑞华.刑事诉讼的前沿问题[M].北京:中国人民大学出版社,2000.

[48]陈瑞华.刑事诉讼的私力合作模式[J].中国法学,2006(5).

[49]陈瑞华.刑事诉讼的中国模式[M].北京:法律出版社,2010.

[50]陈卫东.公民参与司法:理论、实践与改革——以刑事司法为中心的考察[J].法学研究,2015(2).

[51]陈卫东.公民参与司法研究[M].北京:中国法制出版社,2011.

[52]陈卫东.羁押场所巡视制度研究报告[J].法学研究,2009(6).

[53]陈振明,薛澜.中国公共管理理论研究的重点领域和主题[J].中国社会科学,2007(3).

[54]陈宗胜,周云波.非法非正常收入对居民收入差距的影响及其经济学解

释[J].经济研究,2001(4).
[55]程雷.侦查秘密原则初步研究[J].山东警察学院学报,2006(4).
[56]储槐植.刑事一体化[M].北京:法律出版社,2004.
[57]储槐植.刑事一体化论要[M].北京:北京大学出版社,2007.
[58]邓红阳.本报专访河南省高院院长张立勇[N].法治周末,2010-06-10.
[59]邓正来.市民社会理论的研究[M].北京:中国政法大学出版社,2002.
[60]董必武.董必武政治法律文集[M].北京:法律出版社,1986.
[61]董静洁.刑事司法公开的维度与限度[J].河北法学,2015(6).
[62]董士昙.犯罪被害人权利保护的理论与实践[J].法学论坛,2005(2).
[63]樊文.犯罪控制的惩罚主义及其效果[J].法学研究,2011(3).
[64]房保国.被害人的刑事程序保护[M].北京:法律出版社,2007.
[65]风笑天,等.社会管理学概论[M].武汉:华中理工大学出版社,1999.
[66]冯玲,李志远.中国城市社区治理结构变迁的过程分析[J].人文杂志,2003(1).
[67]傅剑锋.最高人民检察院力推被害人补偿立法[N].南方周末,2007-01-18.
[68]高铭宣.社区矫正写入刑法的重大意义[J].中国司法,2011(3).
[69]高通.论无罪判决及其消解程序:基于无罪判决率低的实证分析[J].法制与社会发展,2013(4).
[70]高新华.试论现代司法权的功能体系[J].学习与探索,2006(2).
[71]龚维斌,等.中国社会治理创新之路[M].北京:经济科学出版社,2019.
[72]顾培东.社会冲突与诉讼机制[M].北京:法律出版社,2004.
[73]顾永忠.关于以审判为中心诉讼制度改革的建议[N].法制日报,2016-01-20.
[74]郭建安.犯罪被害人学[M].北京:北京大学出版社,1997.
[75]郭星华.从社会管制、社会管理到社会治理——改革开放以来中国现代法治建设的变迁[J].黑龙江社会科学,2014(6).
[76]国务院办公厅.中国的民主政治建设[N].人民日报,2005-10-19.
[77]国务院发展研究中心公共管理与人力资源研究所“我国社会治理创新发展研究”课题组.我国社会治理的制度与实践创新[M].北京:中国发展出版社,2018.
[78]韩流.论被害人诉权[J].中外法学,2006(3).
[79]韩秀文.中国居民收入差距研究综述[J].经济研究参考,2003(83).
[80]何家弘.当今我国刑事司法的十大误区[J].清华法学,2014(3).

[81]何家弘.刑事司法十大误区[M].北京:北京大学出版社,2014.
[82]何家宏.亡者归来——刑事司法的十大误区[M].北京:北京大学出版社,2014.
[83]何挺."严打":刑事政策研究[D].北京:中国政法大学,2008.
[84]何载.冤假错案是这样被平反的[M].北京:中共中央党校出版社,1999.
[85]何增科.论改革完善我国社会管理体制的必要性和意义[J].毛泽东邓小平理论研究,2007(8).
[86]何增科.市民社会概念的历史演变[J].中国社会科学,1994(5).
[87]贺艺,刘先江.非政府组织与社会治理[J].武汉科技大学学报(社会科学版),2007(8).
[88]胡铭.司法公信力的理性解释与建构[J].中国社会科学,2015(4).
[89]胡铭.刑事被害人人权保障之再思考[J].法治论丛,2005(4).
[90]胡铭.刑事司法的国民基础之实证研究——一项基于城市问卷调查的分析[J].现代法学,2008(3).
[91]胡铭.刑事司法民主论[M].北京:中国人民公安大学出版社,2007.
[92]胡铭.转型社会多元纠纷解决[M].北京:知识产权出版社,2012.
[93]胡伟.政府过程[M].杭州:浙江人民出版社,1998.
[94]黄河.重新犯罪率居高不下,刑释人员面临制度性歧视[J].方圆,2010(1).
[95]季卫东.法律程序的意义[J].中国社会科学,1993(1).
[96]贾玉娇.从社会管理到社会治理:现代国家治理能力提升路径研究[J].吉林大学社会科学学报,2015(4).
[97]江必新,李沫.论社会治理创新[J].新疆师范大学学报(哲学社会科学版),2014(4).
[98]姜晓萍.国家治理现代化进程中的社会治理体制创新[J].中国行政管理,2014(2).
[99]姜涌.中国的"公民意识"问题思考[J].山东大学学报(哲学社会科学版),2001(4).
[100]蒋红珍,李学尧.论司法的原初与衍生功能[J].法学论坛,2004(2).
[101]靳志高.当代中国公民意识的生成机制探析[J].求实,2005(1).
[102]康均心.法学专题研究[M].武汉:武汉大学出版社,2012.
[103]康晓光,韩恒,等.行政吸纳社会——当代中国大陆国家与社会关系研究[M].新加坡:世界科技出版集团,2010.
[104]康晓光,韩恒.分类控制:当前中国大陆国家与社会关系研究[J].社会学研究,2005(6).

[105]孔卫英.改革开放以来中国社会治理思想研究[M].北京:中国社会科学出版社,2018.
[106]李本森.社区法院的美国创新和对中国的借鉴[J].中国刑事法杂志,2014(6).
[107]李本森.社区司法与刑事司法的双系耦合[J].法律科学,2014(1).
[108]李川.修复、矫治与分控:社区矫治技能三重性辩证及其展开[J].中国法学,2015(5).
[109]李奋飞.刑事被害人的权利保护:以复仇愿望的实现为中心[J].政法论坛,2013(5).
[110]李光明.奇案令人反思,关口为何失守[N].检察日报,2006-11-06.
[111]李骏.社区建设:构建中国的市民社会[J].人文杂志,2003(2).
[112]李林.法治的理念、制度和运作[J].法律科学,1996(4).
[113]李林.依法治国与推进国家治理现代化[J].法学研究,2014(5).
[114]李瑞生.新中国刑事司法知识演化论[M].北京:中国人民公安大学出版社,2014.
[115]李楯.法律社会学[M].北京:中国政法大学出版社,1999.
[116]李卫红.刑事司法模式的生成与演进[M].北京:中国社会科学出版社,2012.
[117]李小彤.正视社会工作者的就业困境[N].中国劳动保障报,2014-09-10.
[118]李心鉴.刑事诉讼构造论[M].北京:中国政法大学出版社,1992.
[119]李拥军.人民陪审员制度的现实困境与出路——基于陪审复兴背后的思考[J].法学,2012(4).
[120]李友梅,等.中国社会治理转型 1978—2018[M].北京:社会科学文献出版社,2018.
[121]李友梅.从弥散到秩序——“制度与生活”视野下的中国社会变迁[M].北京:中国大百科全书出版社,2011.
[122]梁根林.刑事政策:立场与范畴[M].北京:法律出版社,2005.
[123]廖小平.改革开放以来中国社会价值观变迁之基本特征[J].哲学动态,2014(8).
[124]林钰雄.检察官论[M].北京:中国法律出版社,2008.
[125]刘爱良.我国司法信息公开制度的重构、检讨与展望[J].时代法学,2012(1).
[126]刘爱童.社区矫正法律制度探究:以城市社区为视角[J].法学评论,2012(6).

[127]刘德厚.广义政治论[M].武汉:武汉大学出版社,2004.
[128]刘少奇.刘少奇选集[M].北京:外文出版社,1985.
[129]刘双舟.人的独立意识:分析社会治理模式变迁的一个视角[J].政法论坛,2008(3).
[130]刘振国.民间组织:社工人才发挥作用的重要载体[N].中国社会报,2007-11-29.
[131]刘政.一个具有里程碑意义的法制文件:中共中央1979年9月9日《指示》[J].中国人大,2005(12).
[132]龙宗智.强制侦查司法审查制度的完善[J].中国法学,2011(6).
[133]龙宗智.刑事诉讼的双重结构辨析[J].现代法学,1991(3).
[134]卢建平.刑事政策体系中的民间社会与官方:一种基于治理理论的场域界分考察[J].法律科学,2006(5).
[135]卢建平.刑事政策学[M].北京:中国人民大学出版社,2007.
[136]马登民.德国刑事政策的任务、原则以及司法实践[J].政法论坛,2001(6).
[137]马贵翔,胡铭.正当程序与刑事诉讼的现代化[M].北京:中国检察出版社,2007.
[138]马贵翔.刑事司法程序正义论[M].北京:北京大学出版社,2007.
[139]马贵翔.刑事诉讼的"双重结构"质疑——与龙宗智同志商榷[J].现代法学,1991(6).
[140]马贵翔.刑事诉讼结构的效率改造[M].北京:中国人民公安大学出版社,2004.
[141]马克昌.比较刑法原理:外国刑法学总论[M].武汉:武汉大学出版社,2002.
[142]马明亮.协商性司法——一种新程序主义理念[M].北京:法律出版社,2007.
[143]毛泽东.新中国成立以来毛泽东文稿(第二册)[M].北京:中央文献出版社,1988.
[144]莫洪宪.我国报复社会型犯罪及其预防[J].山东大学学报(哲学社会科学版),2015(2).
[145]倪爱静.遏制刑讯逼供的新尝试——吉林辽源羁押场所巡视制度试点概述[J].人民检察,2008(23).
[146]聂洪勇.分工负责、互相配合、互相制约原则的检讨与重构[J].法律适用,2007(1).
[147]潘泽泉.社区:改造和重构社会的想象和剧场——对中国社区建设理论

与实践的反思[J].天津社会科学,2007(4).
[148]彭小龙.民众参与审判的案件类型学分析[J].中国法学,2012(3).
[149]强世功.惩罚与法治[M].北京:法律出版社,2009.
[150]强世功.法制与治理——国家转型中的法律[M].北京:中国政法大学出版社,2003.
[151]乔耀章.从"治理社会"到社会治理的历史新穿越[J].学术界,2014(10).
[152]乔耀章.论社会治理原理与原则[J].阅江学刊,2013(6).
[153]荣剑.马克思的国家和社会理论[J].中国社会科学,2001(3).
[154]若泉,何方.不许篡改人民法院的性质——驳贾潜等人"审判独立"、"有利于被告"等谬论[N].人民日报,1957-12-24.
[155]若泉,何方.打碎右派篡改法院性质的迷梦,高院反右派斗争取得大胜,彻底揭露刑事审判庭庭长、副庭长、研究室主任的反动言论[N].人民报日,1957-12-12.
[156]佘湘.1949—1978 年中国群众运动成因问题研究[D].北京:中共中央党校,2010.
[157]沈仲衡.西方法哲学利益观评述——兼论利益在法学理论研究中的意义[J].当代法学,2003(5).
[158]舒国滢.从司法的广场化到司法的剧场化:一个符号学的视角[J].政法论坛,1999(3).
[159]宋英辉,李瑾.美国"问题解决型法庭"考察[J].国家检察官学院学报,2014(5).
[160]宋英辉.涉罪未成年人审前非羁押支持体系实证研究[J].政法论坛,2014(1).
[161]孙辉.转型社会与社会治理工作的转型——第三部门在消解社会矛盾、构建和谐社会中的作用分析[J].理论与现代化,2006(3).
[162]孙康.计划经济是阶级斗争扩大化的制度根源[J].炎黄春秋,2010(4).
[163]孙立平.转型与断裂——改革以来中国社会结构的变迁[M].北京:清华大学出版社,2004.
[164]孙谦.人民检察制度的历史变迁[M].北京:中国检察出版社,2009.
[165]孙万胜.司法权的法理之维[M].北京:法律出版社,2002.
[166]孙晓莉.多元社会治理模式探析[J].理论导刊,2005(5).
[167]孙晓莉.西方国家政府社会治理的理念及其启示[J].社会科学研究,2005(2).
[168]孙笑侠.公案的民意、主题与信息堆成[J].中国社会科学,2010(3).

[169]孙笑侠.论法律与社会利益[J].中国法学,1995(4).
[170]汤维建.人民陪审团制度试点的评析和完善建议[J].政治与法律,2011(3).
[171]汪海燕.刑事诉讼模式的演进[M].北京:中国人民公安大学出版社,2004.
[172]汪建成.非驴非马的“河南陪审团”改革应当慎行[J].法学,2009(5).
[173]汪强.论我国社会主义市场经济[D].北京:中共中央党校,2012.
[174]王超.分工负责、互相配合、互相制约原则之反思——以程序正义为视角[J].法商研究,2005(2).
[175]王晨.司法公正的内涵及其实现路径选择[J].中国法学,2013(3).
[176]王桂五.试论刑事犯罪与阶级斗争[J].中国法学,1984(1).
[177]王稼祥.王稼祥选集[M]北京:人民出版社,1989.
[178]王建林.美国社区法庭的实践及其启示[J].中共浙江省委党校学报,2015(5).
[179]王婧.庞德:通过法律的社会控制[M].哈尔滨:黑龙江大学出版社,2010.
[180]王雷鸣,邬焕庆.阳光行动,路有多远?——政法机关清理超期羁押透视[N].检察日报,2003-11-11.
[181]王浦劬.国家治理、政府治理和社会治理的含义及其相互关系 [J].国家行政学院学报,2014(3).
[182]王浦劬.中国的协商治理与人权实现[J].北京大学学报(哲学社会科学版),2012(6).
[183]王启梁.法律世界观紊乱时代的司法、民意和政治——以李昌奎案为中心[J].法学家,2012(3).
[184]王瑞君.刑事被害人谅解不应该成为酌定量刑情节[J].法学,2012(7).
[185]王延军.被害人化问题刍议[J].法学研究,1990(3).
[186]王延军.论被害人被害后心理的恶性变化——兼论非被害人化过程[J].求是学刊,1997(1).
[187]王作富.犯罪功能分析与价值评判的路径选择[J].法学,2008(9).
[188]韦建桦.马克思恩格斯选集(第4卷)[M].北京:人民出版社,2012.
[189]魏礼群,等.中国社会治理通论[M].北京:北京师范大学出版社,2019.
[190]魏晓娜.背叛程序正义:协商性刑事司法研究[M].北京:法律出版社,2014.
[191]吴高庆.我国刑诉结构及价值追求探析[J].当代法学,2000(1).
[192]吴高庆.证据法学[M].北京:清华大学出版社,2010.

[193]吴家庆,王毅.中国与西方治理理论之比较[J].湖南师范大学社会科学学报,2007(2).
[194]吴忠民.社会矛盾倒逼改革发展的机制分析[J].中国社会科学,2015(5).
[195]吴忠民.重新发现社会动员[J].理论前沿,2003(21).
[196]吴宗宪.论社区矫正立法与刑法修正案[J].中国司法,2009(3).
[197]席小华.社会工作介入少年司法的基础与现状研究——以《刑事诉讼法》修改为背景[J].预防青少年犯罪研究,2013(1).
[198]夏勇.知情:权利与义务的解读[N].工人日报,2001-03-23.
[199]向书坚.全国居民收入分配基尼系数的测算与回归分析[J].财经理论与实践,1998(1).
[200]肖建国,姚建龙.女性性犯罪与性受害者[M].上海:华东理工大学出版社,2002.
[201]肖剑鸣,皮艺军.犯罪学引论[M].北京:警官教育出版社,1992.
[202]肖俊林,等.被害人母亲缘何替被告人说话[N].检察日报,2015-12-02.
[203]谢春涛.历史的轨迹:中国共产党为什么能?——为什么能收拾好国民党留下的烂摊子[N].光明日报,2011-05-05.
[204]谢海生.我国刑事司法功能之检讨及其重构:从犯罪嫌疑人(被告人)的视角[J].中国刑事法杂志,2001(4).
[205]谢澍.从司法公开到司法信息公开[N].法制日报,2014-04-02.
[206]熊秋红.司法公正与公民的参与[J].法学研究,1999(4).
[207]徐赫喃.刑事诉讼中的国家、社会与个人[D].北京:中国政法大学,2004.
[208]徐益初.刑事诉讼与人权保障[J].法学研究,1996(2).
[209]徐勇.GOVERNANCE:治理的阐释[J].政治学研究,1997(1).
[210]燕继荣.三种统治模式下的社会治理 [J].人民论坛,2012(6).
[211]杨奎松.新中国"镇压反革命"运动研究[J].史学月刊,2006(1).
[212]杨敏.作为国家治理单元的社区——对城市社区建设运动过程中居民社区参与和社区认知的个案研究[J].社会科学研究,2007(4).
[213]杨一平.司法正义论[M].北京:法律出版社,1999.
[214]姚莉.功能与结构:法院制度比较研究[J].法商研究,2003(2).
[215]俞可平.全球治理引论 [J].马克思主义与现实,2002(1).
[216]俞可平.推进国家治理与社会治理现代化[M].北京:当代中国出版社,2014.
[217]俞可平.治理与善治[M].北京:社会科学文献出版社,2000.
[218]俞可平.中国治理变迁30年[M].北京:社会科学文献出版社,2008.

[219]虞崇胜.政治协商:协商民主在中国的理论创新与实践探索[J].中国人民政协理论研究会会刊,2007(2).
[220]虞平,郭志媛.争鸣与思辨.刑事诉讼模式经典论文选译[M].北京:北京大学出版社,2013.
[221]郁建兴,关爽.从社会管控到社会治理——当代中国国家与社会关系的新进展[J].探索与争鸣,2014(12).
[222]曾新华.当代刑事司法制度史[M].北京:中国检察出版社,2012.
[223]张晋藩.中华人民共和国国史大辞典[M].哈尔滨:黑龙江人民出版社,1992.
[224]张敬博.公民参与刑事司法的空间与制度设计——公民参与司法与人民监督员制度学术研讨会观点综述[J].人民检察,2011(13).
[225]张康之.公共行政:超越工具理性[J].浙江社会科学,2002(4).
[226]张康之.论伦理精神[M].南京:江苏人民出版社,2010.
[227]张康之.论新型社会治理模式中的社会自治[J].南京社会科学,2003(9).
[228]张康之.论主体多元化条件下的社会治理[J].中国人民大学学报,2014(2).
[229]张林江.社会治理十二讲[M].北京:社会科学文献出版社,2015.
[230]张明楷.责任主义与量刑原理——以点的理论为中心[J].法学研究,2010(5).
[231]张文显.法治与国家治理能力现代化[J].中国法学,2014(4).
[232]张小玲.刑事诉讼中的程序分流[J].政法论坛,2003(2).
[233]张新宝.司法公开三题[J].交大法学,2013(4).
[234]张中.中国刑事司法的实践困境[J].证据科学,2015(1).
[235]章元.城乡收入差距、民工失业与中国犯罪率的上升[J].经济研究,2011(2).
[236]赵秉志.刑事司法正义论[J].中国刑事法杂志,2000(6).
[237]赵秉志.刑法论丛[M].北京:法律出版社,2014.
[238]赵国玲.被害人补偿立法的理论与实践[J].法制与社会发展,2002(3).
[239]赵震江.法律社会学[M].北京:北京大学出版社,1998.
[240]郑杭生.中国社会发展研究报告 2014:走向社会治理的中国社会[M].北京:中国人民大学出版社,2015.
[241]中共中央文献编辑委员会.毛泽东选集(第 1 卷)[M].北京:人民出版社,1991.
[242]中共中央文献研究室.新中国成立以来重要文献选编(第 4 卷)[M].北京:中央文献出版社,1993.

[243]中共中央文献研究室. 三中全会以来重要文献选编(上)[M]. 北京:人民出版社,1982.
[244]周岑银. 新中国成立初期中国共产党政治动员的成因和影响及启示[J]. 延边党校学报,2011(4).
[245]周光辉. 从管制转向服务:中国政府的管理革命——中国行政管理改革30年[J]. 吉林大学社会科学学报,2008(3).
[246]周红云,等. 社会治理[M]. 北京:中央编译出版社,2015.
[247]周建军. 刑事司法政策原理[M]. 北京:清华大学出版社,2011.
[248]周旺生. 论法律的秩序价值[J]. 法学家,2003(5).
[249]周晓丽. 西方国家的社会治理:机制、理念及其启示[J]. 南京社会科学,2013(10).
[250]宗寒. 中国所有制结构探析[M]. 北京:红旗出版社,1996.
[251]左卫民. 刑事诉讼基本结构论纲[J]. 上海社会科学院学术季刊,1993(1).
[252]左卫民. 法院制度功能之比较研究[J]. 现代法学,2001(1).

二、外文类

[253]Daniel Nagin & Raymond Paternoster. The Preventive Effects of the Perceived Risk of Arrest: Testing an Expanded Conception of Deterrence [J]. Criminology,1991(29):561-562.
[254]Greg Berman & John Feinblatt. Good Courts: The Case for Problem-Solving Justice[M]. New York: The New Press,2005.
[255]Harold G. Grasmick & Donald E. Green. Legal Punishment, Social Disapproval and Internalization as Inhibitors of Illegal Behavior[J]. J. Crim. L. ,1980(71).
[256]Herbert Packer. Two Models of the Criminal Process [J]. University of Pennsylvania Law Review,1996(13).
[257]Hough,M. & Roberts,J. V. Confidence in Criminal Justice. An International Review. ICPR Research Paper No. 3. [M]. London: King's College, 2004.
[258]John Griffiths. Ideology in Criminal Procedure or a Third "Model" of the Criminal Process[J]. Yale Law Journal,1970(79):359.
[259]Jone M. Bryson & Barbara C. Crosby. Falling into Cross-Sector Collaboration Successfully[M]// Lisa Blomgren Bingham, Rosemary O'Learyeds. Big

Ideas in Collaborative Public Management. New York: M. E. Sharpe Inc. ,2008.

[260]Kirk Emerson, et al. An Integrative Framework for Collaborative Governance[J]. Journal of Public Administration Research and Theory Advance Access,2012,22(1):29.

[261]Max Weber. On Law in Economy and Society[M]//Edward Shils,Max Rheinstein (trans.). Harvard:Harvard University Press,1954.

[262]Nancy Roberts. Public Deliberation in the Age of Direct Citizen Participation[J]. American Review of Public Administration,2004(34).

[263]North,D. Structure and Change in Economic History[M]. New York:W. W. Norton & Co,1983.

[264]R. Bouwen, et al. Multi-party Collaboration as Social Learning for Interdependence:Developing Relational Knowing for Sustainable Natural Resource Mannagement[J]. Journal of Community & Applied Social Psychology,2013,14(3).

[265]Raymond Paternoster & Lee Ann Iovanni. The Deterrent Effect of Perceived Severity:A Reexamination[J]. Soc. Forces,1986(64):751,757.

[266]Roxane Salyer Lulofs, et al. Conflict:From Theory to Action[M]. Boston:Allyn and Bacon,2000.

[267]Shui-Yan Tang, et al. Understanding Collaborative Governance from the Structural Choice,Politics,IAD,and Transaction Cost Perspectives[Z]. ,2010.

[268]Todd R. Clear & David R. Karp. The Community Justice Ideal[M]. Bolder:Westview Press,1999:25.

[269]Victor Nee & David Mozingo P. Mozingo. State and Society in Contemporary China[M]. New York:Cornell University Press,1983.

[270]Walker,N. ,Hough,M. & Lewis,H. Tolerance of Leniency and Severity in England and Walse[M]//Walker N. & Hough M. (eds) . Public Attitudes to Sentencing. Surveys from Five Countries. Aldershot:Gower,1988.

[271]Wayne R. LaFave,Jerold H. Israel,Nancy J. King. Criminal Procedure [M]. Fourth Edition. New York:West Group,2004.